高等职业教育"十三五"创新型规划教材

2015 年国家旅游局"万名旅游英才计划——双师型教师培养项目（高职）"

内蒙古旅游

主　编：苏伦高娃　任　静

副主编：陈　程　李文艳　马丽敏　都叶利纳

北京理工大学出版社

BEIJING INSTITUTE OF TECHNOLOGY PRESS

图书在版编目（CIP）数据

内蒙古旅游/苏伦高娃，任静主编 . —北京：北京理工大学出版社，2017.3（2021.3 重印）

ISBN 978-7-5682-3446-7

Ⅰ.①内… Ⅱ.①苏… ②任… Ⅲ.①地方旅游业–内蒙古–高等职业教育–教材 Ⅳ.①F592.726

中国版本图书馆 CIP 数据核字（2016）第 294903 号

出版发行／北京理工大学出版社有限责任公司

社　　址／北京市海淀区中关村南大街 5 号

邮　　编／100081

电　　话／（010）68914775（总编室）

　　　　　（010）82562903（教材售后服务热线）

　　　　　（010）68948351（其他图书服务热线）

网　　址／http：//www.bitpress.com.cn

经　　销／全国各地新华书店

印　　刷／北京虎彩文化传播有限公司

开　　本／787 毫米×1092 毫米　1/16

印　　张／8.25　　　　　　　　　　　　　　　责任编辑／王晓莉

字　　数／190 千字　　　　　　　　　　　　　文案编辑／王晓莉

版　　次／2017 年 3 月第 1 版　2021 年 3 月第 3 次印刷　　责任校对／周瑞红

定　　价／29.00 元　　　　　　　　　　　　　责任印制／李志强

图书出现印装质量问题，请拨打售后服务热线，本社负责调换

前 言

为了适应我国高职高专教育发展及其对教育改革和教材建设的需要，在国家旅游局的指导下，结合内蒙古旅游业发展现状，我们成立了教材编审委员会。教材编审委员会成员皆为教学改革成效较大、实践经验丰富的老师。

此次规划教材按照教育部制定的"高职高专教育课程教学基本要求"，突出应用性、针对性和实践性的原则编写，并重组系列课程教材结构，力求反映高职高专课程和教学内容体系改革方向，反映当前教学的新内容，突出基础理论知识的应用和实践技能的培养；在兼顾理论和实践内容的同时，避免"全"而"深"的面面俱到，基础理论以"应用"为目的，以"必要、够用"为尺度；尽量体现新知识和新方法，以利于学生综合素质的形成和科学思维方式与创新能力的培养。

此外，为了使规划教材更具广泛性、科学性、先进性和代表性，我们在充分吸收以往相关教材编写经验的基础上，在体例、内容和写作特点等方面，根据旅游业发展的新趋势和内蒙古旅游业发展的新形势、新要求，做了新的调整。全书紧紧围绕导游人员的职业特点和知识要求去阐述，使结构更加合理，内容更切合实际，理论与操作实例的结合更加紧密，重点更加突出。

全书分为五章内容，第一章"内蒙古自治区概况"由马丽敏老师编写；第二章"内蒙古自治区旅游业发展及现状"由都叶利纳老师编写；第三章"内蒙古自治区自然旅游资源"由任静、李文艳老师编写；第四章"内蒙古自治区历史文化及相关旅游资源"由苏伦高娃老师编写；第五章"内蒙古自治区主要旅游城市及线路"由陈程老师编写。

由于水平有限，书中难免有不妥之处，希望同行们提出宝贵意见。

编 者

目 录

内蒙古自治区概况

内蒙古自治区地处祖国的正北方，北部与俄罗斯、蒙古国接壤，东、南、西分别与黑、吉、辽、冀、晋、陕、宁、陇为邻，是中国邻省最多的省级行政区之一，面积为118.3万平方公里①。内蒙古自治区是我国成立的第一个省级少数民族自治区，居住着汉、蒙古、鄂温克、鄂伦春、达斡尔等49个民族，总人口2 500万。内蒙古下辖12个盟市、两个计划单列市、102个旗县区市，以及首府呼和浩特市。内蒙古是中国经济发展最快的省市区之一。

第一节　内蒙古自治区地理区位与资源环境

一、区位与行政区划

（一）区位

内蒙古自治区位于中国北部边疆，由东北向西南斜伸，呈狭长形。东起东经126°04′，西至东经97°12′，横跨经度28°52′，东西直线距离2 400多公里②；南起北纬37°24′，北至北纬53°23′，纵占纬度15°59′，南北直线距离1 700多公里。全区总面积118.3万平方公里，占我国陆地面积的12.3%，是中国第三大省区，仅次于新疆和西藏。东、南、西依次与黑龙江、吉林、辽宁、河北、山西、陕西、宁夏和甘肃八个省区毗邻，横跨我国东北、华北、西北地区，靠近京津；北部同蒙古国和俄罗斯接壤，国境线长4 221公里。其中满洲里和二连浩特两个重要的边境城市，是去往俄罗斯、蒙古国和欧洲各国的国际铁路干线枢纽。

内蒙古自治区的地理位置具有十分重要的经济、政治战略地位，被称为"祖国的北大门"。

（二）行政区划与人口

内蒙古自治区成立于1947年5月1日，是我国建立的第一个少数民族自治区。全区现辖9个地级市、3个盟，21个市辖区、11个县级市、17个县、49个旗、3个自治旗。9个

---

① 1平方公里＝1平方千米。
② 1公里＝1千米。

地级市是呼和浩特市、包头市、乌海市、赤峰市、通辽市、鄂尔多斯市、乌兰察布市、巴彦淖尔市、呼伦贝尔市。3个盟是兴安盟、锡林郭勒盟、阿拉善盟。内蒙古自治区首府为呼和浩特市，是全区政治、经济、文化、教育的中心，也是国家历史文化名城和我国北方沿边开放地区重要的中心城市。

内蒙古自治区是一个以蒙古族为主体，以汉族为大多数人口的少数民族自治区。截至2015年年底，全区常住人口为2 511.04万人，由49个民族组成，其中人口在100万人以上的有汉族、蒙古族；人口在10万人以上的有回族和满族；人口在1万人以上的有朝鲜族、达斡尔族、鄂温克族；人口在1 000人以上的有壮族、锡伯族、俄罗斯族、鄂伦春族；人口在1 000人以下的有藏族、维吾尔族、彝族、布依族等38个民族。

二、地貌与气候

（一）地形地貌

全区地势较高，平均海拔高度1 000米左右，基本上是一个高原型的地貌区。在世界自然区划中，属于著名的亚洲中部蒙古高原的东南部及其周沿地带，统称内蒙古高原，是中国四大高原中的第二大高原。在内部结构上又有明显差异，其中高原约占总面积的53.4%，山地占20.9%，丘陵占16.4%，平原与滩川地占8.5%，河流、湖泊、水库等水面面积占0.8%。其地貌结构总体表现为带状分布的特点，自国境线向南，依次为高原带、山地带和平原带。

内蒙古自治区的地貌以高原为主体，除东南部外，内蒙古大部分地区处于高原上，其形态特征是结构简单、起伏和缓、高原面宽广坦荡，其上没有绵延的山脉。从东北向西南绵延3 000多公里，可划分为呼伦贝尔高原、锡林郭勒高原、乌兰察布高原、巴彦淖尔及鄂尔多斯高原。

山地是自然地理的重要分界线，山地两侧地貌和自然景观差别非常大。内蒙古最重要的山地为东部东北—西南走向的大兴安岭、中部东西横亘的阴山山地和西部南北走向的贺兰山，从东北向西南连接长达2 600公里。这些山地连贯起来构成了内蒙古高原地貌的脊梁，是内蒙古农牧业过渡地带和内、外流河的分界线，将全自治区截然分成了北部和南部不同的地貌特征。

大兴安岭、贺兰山山地东侧和阴山南侧断续分布着平原。自东向西分别是位于大兴安岭东麓的嫩江西岸平原、西辽河平原，阴山脚下的土默川平原、河套平原。这里地势平坦、土质肥沃、光照充足、水源丰富，是内蒙古的粮食和经济作物的主要产区。

内蒙古地区沙漠和沙地分别处在景色迥异的自然地带内，其中著名的有阿拉善盟的巴丹吉林沙漠、腾格里沙漠、乌兰布和沙漠，鄂尔多斯高原北部的库布齐沙漠和南缘的毛乌素沙地，锡林郭勒南部的浑善达克沙地，通辽市的科尔沁沙地，位于呼伦贝尔的呼伦贝尔沙地等。它们有的是危害较大的流动沙丘，有的是固定或半固定沙丘，有些地方水草条件较好，可供放牧或种植饲草料。

（二）气候特征

内蒙古自治区地处欧亚大陆内部，地域广袤，所处纬度较高，高原面积大，距离海洋较远，边沿有山脉阻隔，以温带大陆性季风气候为主。大兴安岭北段地区属于寒温带大陆性季风气候，巴彦浩特—海勃湾—巴彦高勒以西地区属于暖温带大陆性季风气候，介于两者之间的广大地区属于中温带大陆性季风气候：春季气温骤升，多大风天气；夏季短促炎热，降水集中；秋季气温剧降，霜冻来临早；冬季漫长严寒，多寒潮天气。气温和降水量的区域差异大。内蒙古自治区全年太阳辐射量从东北向西南递增，降水量由东北向西南递减，形成水热分布不均衡的状况。内蒙古日照充足，大部分地区日照时数都大于 2 700 小时，全年大风日数平均在 10~40 天。内蒙古旅游季节性比较明显，7、8 月气候宜人、百花盛开，是旅游的旺季；冬季寒冷，旅游进入淡季。

三、资源概况

(一) 气候资源

气候资源是指人类能够利用的气候要素，比如光照、热量、水、风等。内蒙古自治区日照充足，太阳能丰富；冬春多大风等，风能资源丰富。

1. 太阳能

内蒙古自治区海拔较高、晴天多，太阳辐射强。全区辐射年总量为 4 500~6 500 兆焦耳/平方米，仅次于西藏，居全国第二位。全年日照时数为 2 600~3 400 小时，太阳能从东北向西南递增，西部高于东部，高原多于平原。其中，乌拉特草原西北部的海力素、阿拉善左旗的吉兰泰和额济纳旗的大部分地区是太阳能最丰富的地方。

2. 风能

除河套平原、大兴安岭林区及岭东风能略小，其余大部分地区风能都相当丰富，一年四季均可利用。全区平均风速为 3.3~5.7 米/秒，其中以春季（3—5 月）风速最大，冬季次之。阿拉善盟和锡林郭勒盟以及阴山山地属风力丰富区，年有效风能密度大于 200 瓦/平方米，有效风能出现时间达 70%，3~20 米/秒风速年积累 5 000 小时以上。内蒙古自治区风能资源储量约占全国风能资源总储量的 1/3，居我国首位。依靠丰富的风能资源，内蒙古自治区已投资上百亿元建成一批大型风电场。"草原风电三峡"主要分布在人口稀少的沙漠、荒漠和干旱草原，建设费用低廉，区位优越，而且紧邻东北、华北和西北电网，输电经济合理。

(二) 土地资源

内蒙古自治区总面积为 118.3 万平方公里，占全国土地面积的 12.3%。全区人均土地资源面积、人均耕地面积、人均林地面积、人均牧草地面积远高于全国平均水平，分别是全国平均水平的 6.5 倍、4.8 倍、4.2 倍和 12.6 倍。

以大兴安岭、阴山、贺兰山山地为界，内蒙古自治区土地资源的利用方式存在明显的差异。山地以北，以高原为主，镶嵌有沙漠与沙地，其利用以牧业为主，是我国重要的牧业生产基地。山地以南，以丘陵、台地及平原为主，也有部分沙漠和沙地，农牧林交错分布，形成我国重要的农牧林交错带。平原地以灌溉农业为主，形成粮油糖生产基地；山地以林地为主，其中大兴安岭北部是我国重要的林业生产基地。土地资源的质量和适宜性东部优于西部、南部优于北部。

(三) 矿产资源

1. 能源资源

内蒙古自治区是我国重要的煤电基地。内蒙古从东到西，含煤面积达 10 多万平方公里，煤炭产地遍及全区。截至 2014 年年底，内蒙古已探明的煤炭储量居全国第一。储量最大的是鄂尔多斯市，占到全区总储量的 62%，鄂尔多斯的东胜、准格尔，锡林郭勒的胜利、白彦花，通辽市的霍林河，呼伦贝尔的宝日希勒六大煤田的探明储量都在 100 亿吨以上。

内蒙古的煤炭资源不仅储量大、分布广，而且种类比较齐全，大部分煤田地质结构简单、煤层稳定、厚度大、埋藏浅，易于露天开采，全国的五大露天煤矿，内蒙古境内就有四处，分别是通辽霍林河、呼伦贝尔伊敏河、赤峰元宝山、鄂尔多斯准格尔。

内蒙古的石油、天然气的蕴藏量也十分可观，已探明 13 个大油气田，预测石油总资源量为 20 亿~30 亿吨，天然气为 2 700 亿~10 000 亿立方米，世界级的大油气田川—陕甘宁油气田的主体就在内蒙古的鄂尔多斯盆地。

2. 黑色金属资源

内蒙古已探明储量的黑色金属矿种有铁、铬、锰。其中铁、铬在国内占据重要地位，铁矿主要分布在包白铁路（连接包头钢铁稀土公司与白云鄂博铁矿的铁路支线）和集二铁路（集宁南站至二连浩特）两侧，以及赤峰市、兴安盟、呼伦贝尔市和乌海市。铬矿主要分布在锡林郭勒盟北部和巴彦淖尔市索伦山一带，其中锡林浩特市北面的赫格敖拉矿区储量最大，占全区总储量的 72%。锰矿主要分布在包头市固阳县附近及巴彦淖尔市索伦山一带。

3. 有色和贵重金属资源

有色金属是内蒙古重要的优势矿产，现已探明储量的有铜、铝、铅、锌、锡等 18 种。探明储量居全国前五位的矿种为锌、铅、锡、铋，居第七至第十位的是铜、钨、钼、铝土、镍、钴等。主要分布在巴彦淖尔市狼山—渣尔泰山，集二铁路线两侧，锡林郭勒盟东北部，赤峰市北部和呼伦贝尔市北部。

金矿也十分丰富，黄金总产量居全国第五位。有原生金、沙金和伴生金三种。原生金分布于赤峰南部和乌兰察布市四子王旗白乃庙地区。沙金矿分布普遍，从呼伦贝尔到阿拉善均有，主要集中在呼伦贝尔市额尔古纳河和乌兰察布市大青山一带。伴生金分布在乌兰察布市白乃庙、小南山和兴安盟的孟恩套力盖三处。

4. 稀有金属及稀土矿产资源

稀有金属及稀土矿产在自然界中分布稀少，内蒙古自治区的稀土资源得天独厚，已探明的稀土储量占全国的 97%，为世界罕见的富饶稀土矿区。在现代冶金、航天、电子工业上有重要用途的稀有金属铌的储量居全国首位，且仅次于巴西，居世界第二位。主要集中分布于包头的白云鄂博矿区。

5. 非金属矿产资源

非金属矿产种类繁多，具有矿床规模大、矿石品位高、产地集中、矿种齐全、伴生矿多等特点。主要有硫铁矿、盐类矿物、石墨、石膏、宝石等。

（四）水资源

内蒙古自治区大部分地区年降水量在 350 毫米以下，除蒸发、蒸腾外，水资源转化率不高，仅占全国水资源总量的 1.8%，水资源缺乏。在地区、时程的分布上很不均匀，且与人口和耕地分布不相适应。东部地区黑龙江流域土地面积占全区的 27%，耕地面积占全区的 20%，人口占全区的 18%，而水资源量占全区的 65%，人均占有水资源量 8 420 立方米，为全区均值的 3.6 倍。中西部地区的西辽河、滦河、黄河三个流域总面积占全区的 26%，耕地面积占全区的 30%，人口占全区的 66%，但水资源量仅占全区的 25%，其中除黄河沿岸可利用部分过境水外，大部分地区水资源紧缺。

内蒙古自治区地表水资源主要分布在嫩江流域、额尔古纳河流域、西辽河流域和黄河流域。内蒙古自治区地下水资源分布普遍，东部水质优于西部。

矿泉和热泉主要分布在东部，呼伦贝尔市鄂温克旗的碳酸泉、兴安盟阿尔山矿泉水以及赤峰宁城县热水乡、敖汉旗林家地、克什克腾旗张家营子的热泉全国闻名，热泉可建热电站和医疗疾病服务站。此外，凉城县中水塘泉和乌拉特中旗阿善泉，属中温泉，也可以开发利用。

（五）草场和畜牧资源

内蒙古自治区拥有丰富的天然草场资源，总面积位居全国五大草原之首，是我国重要的畜牧业生产基地。截至 2013 年年底，草原总面积达 13.2 亿亩[①]，其中可利用草场面积达10.2 亿亩，占全国草场总面积的 1/4。内蒙古自治区的天然草场分布范围很广，现有呼伦贝尔、锡林郭勒、科尔沁、乌兰察布、鄂尔多斯五大草原。由于地形、气候、土壤等条件的差异，全区由东到西大致可分为草甸草原、典型草原、荒漠草原及荒漠四个地带。

在天然草场中，饲草种类繁多，生长有 790 多种饲用植物，饲用价值高、适口性强的有100 多种，尤其是羊草、羊茅、冰草、披碱草、野燕麦等禾本和豆科牧草非常适合饲养牲畜。从类型上看，内蒙古东北部的草甸草原土质肥沃，降水充裕，牧草种类繁多，具有优质高产的特点，适于饲养大畜，特别是养牛；中部和南部的干旱草原降水较为充足，牧草种类、密度和产量虽不如草甸草原，但牧草富有营养，适于饲养马、牛、羊等各种牲畜，特别宜于养羊；阴山北部和鄂尔多斯高原西部的荒漠草原，气候干燥，牧草种类贫乏，产草量低，但牧草的脂肪和蛋白质含量高，是小畜的优良放牧场地；西部的荒漠草场很适合饲养骆驼。丰富的草场资源为从事畜牧业生产提供了优越的条件，畜牧业是内蒙古自治区主要的经济优势，是内蒙古自治区国民经济的基础。

（六）森林资源

内蒙古自治区是国家森林资源大省区之一，是我国北方重要的生态安全屏障。全区森林面积为 2 487.9 万公顷[②]，占全国森林总面积的 1/8，居全国第一位。森林覆盖率达21.03%。活立木总蓄积量 14.84 亿立方米，居全国第五位。全区树木种类繁多，乔灌树种达 350 多种，既有寿命长、材质坚硬的优良用材林树种，又有耐旱耐风沙的防护林树种，还有经济树种和列入国家保护的珍贵树种。林区主要树种有兴安落叶松、青海云杉、杜松、侧柏、圆柏、沙地柏、樟子松等珍贵针叶树种和栎、桦、杨、柳、榆、桑等阔叶树种。在沙地或沙漠绿洲中，还分布有胡杨、沙枣、梭梭等乔灌木树种，在防风固沙中发挥重要作用。

内蒙古自治区原始森林主要分布在大兴安岭北部山地，森林面积占全区森林面积的32.41%，林木蓄积量占全区活立木总蓄积量的 62.92%，被誉为"祖国的绿色宝库"。这里盛产的兴安落叶松、白桦等，均为著名的优质木材。由东向西分布着大兴安岭南部山地、宝格达山、迪颜庙、罕山、克什克腾、茅荆坝、大青山、蛮汉山、乌拉山、贺兰山和额济纳11 片次生林区，次生林区总面积 1 084.95 万公顷，森林总面积 486.44 万公顷，林木蓄积量3.1 亿立方米，森林覆盖率 44.84%。罕山地区的云杉、油松、柞木、山杨，大青山、乌拉山、蛮汉山的山杨、白桦，贺兰山的云杉、油松以及大青沟阔叶树等，都是具有较高经济和

---

① 1 亩 = 666.67 平方米。

② 1 公顷 = 10 000 平方米。

科学研究价值的珍贵树种。

内蒙古自治区地域辽阔，具有多样的气候和不同的生态环境，同时许多地区人烟稀少，为野生动植物的繁衍发展提供了有利条件。

大兴安岭林区，以林栖型动物为主，主要有马鹿、驼鹿、驯鹿、獐子、狍子、熊、貂、野猪等。在阴山、贺兰山主要有青羊、盘羊、北山羊、黄鼬、狐狸、艾鼬等，其中贺兰山和大兴安岭林区的麝，是珍贵的药用动物。在广阔的草原上，分布着大量的黄羊、狼、沙狐、野马、百灵鸟等草原型动物。其中百灵鸟被蒙古族人民视为吉祥、智慧、幸福的象征，1983年5月，经内蒙古自治区政府批准，百灵鸟被定为内蒙古自治区的区鸟。在河湖中有鱼类近百种，如黄河大鲤鱼、鲫鱼等，还有秀丽白虾、水獭等，河湖周围栖息着许多珍贵的禽类，如天鹅、鸿雁、鸳鸯以及各种野鸭等。

内蒙古自治区野生植物资源种类多、数量大，其中很多是国家收购的出口商品，可换取大量外汇，是广大农村牧区的重要副业收入。在野生植物资源中，经济价值较大的有甘草、麻黄、黄芪、肉苁蓉、榛子、芨芨草、灰菜、沙枣、蘑菇、蕨菜等。被列为国家保护植物的珍稀品种有24种，其中属于国家二级保护植物的有7种，包括蒙古四合木、半日花、裸果木、绵刺、革苞菊、狭叶瓶尔小草、东北岩高兰。

第二节　内蒙古自治区历史概况

一、自治区建立之前的历史

内蒙古地区历史悠久，早在几十万年前的旧石器时代，古人类就在此留下了生活的足迹，留下了"大窑文化""萨拉乌苏文化"。新石器时代，生活在内蒙古地区的先人创造了著名的"兴隆洼文化""红山文化"等。无数历史文物和考古发现证明，内蒙古地区也是中华文明发源地之一。青铜时代和早期铁器时代的"夏家店下层文化""夏家店上层文化""鄂尔多斯青铜文化"遗址出土的精美青铜器及其他文物，证明了游牧文化在内蒙古地区的萌芽和发展。

进入有文字记载的时代，匈奴、乌桓、鲜卑、突厥、回纥、契丹、女真等北方游牧民族在蒙古高原相继崛起、此起彼伏，对中国历史都产生过深远的影响。至13世纪，蒙古民族登上历史舞台，并且留下了辉煌的足迹，成吉思汗及其继承者们，为了征服世界，南征西讨，建立了一个横跨亚欧的蒙古帝国。

1206年，在铁木真经过10多年的征战统一蒙古高原后，蒙古高原各部在鄂嫩河畔召开忽里勒台（蒙古和元朝的诸王大会、大朝会），铁木真被推举为蒙古诸部的最高统治者，尊称成吉思汗，建立了蒙古汗国。后经过三次西征，建立了钦察、察合台、窝阔台和伊尔大汗国。四大汗国与中央保持藩属关系。1227年蒙古军灭西夏，同年成吉思汗因病去世。此后成吉思汗的继承者窝阔台汗联合南宋共同对金作战，1234年蒙古军队与南宋联合灭掉金朝。后蒙哥汗又相继征服了吐蕃和大理。1260年，忽必烈在开平（今锡林郭勒盟正蓝旗东）继大汗位，以开平为都城。此后忽必烈与阿里不哥进行了持续4年的汗位争夺。1264年，阿里不哥向忽必烈投降，忽必烈加强了对漠北地区的控制，改称开平为上都，燕京为中都，并于1267年在中都东北修建新城，由上都迁居至此。1271年，改国号为"大元"，次年改中都为大都（今北京），完全实现了其政治中心向汉地的转移。忽必烈在结束汗位争夺、稳定内部后又集中军力大举攻宋，于 1279 年灭掉南宋，完成了全国的统一。元朝是我国历史上幅员最辽阔的多民族统一国家，结束了唐末五代以来辽宋夏金割据对峙的局面，把大理、吐蕃、台湾和海南诸岛纳入领土范围，基本上奠定了今天中国的版图。1368 年，由朱元璋领导的起义军，攻取大都（今北京），建立明朝。元顺帝妥懽帖睦尔被迫北迁上都，在漠北的元君臣仍沿用大元国号，史称北元。1388 年，蒙古分裂为鞑靼、瓦剌和兀良哈。之后明朝在辽东西部、漠南南部、甘肃北部和哈密一带先后设置了蒙古卫所 20 多处，各卫所长官均由蒙古封建领主担任。15 世纪初，漠西蒙古瓦剌部和东部蒙古鞑靼部先后向明朝称臣纳贡，建立了臣属关系。15 世纪末，东部蒙古首领达延汗统一漠南，蒙古实现"中兴"。1572 年，达延汗的孙子阿拉坦汗率土默特部驻牧呼和浩特地区，并修建了"库库和屯"城（明朝赐名"归化城"），从此土默特部从草原游牧过渡到定居生活。

明末，女真建立后金政权。1636 年后金改为清，漠南蒙古各部封建主也先后被清朝征服。1644 年明朝灭亡后，清入关统一全国，直到 1757 年平定准噶尔部落，至此蒙古族完全置于清朝的统治之下。清朝为了加强对蒙古族的统治，在重新调整蒙古原来的大小封建领主基础上，参照满族的八旗制度，在蒙古族地区建立了盟旗制度，颁布了以盟旗制度为核心的一系列诏令，强化和发展了蒙古的封建制度。清朝对蒙古族统治的加强，有效地制止了封建割据和战争，使蒙古族社会获得了近两百年的稳定，畜牧业经济得到了很大发展。

1840 年鸦片战争爆发后，蒙古族人民积极投入反帝反封建的斗争中。1911 年辛亥革命爆发后，蒙古族的知识分子和上层人士积极参加辛亥革命，以谋求蒙古族的自由解放。中国共产党成立以后，蒙古族的革命斗争进入了新的历史阶段，以乌兰夫等同志为代表的蒙古族先进分子加入了中国共产党，领导了内蒙古的革命，同国民党反动派、日本帝国主义和民族分裂主义势力进行了坚决的斗争。

二、自治区的建立及沿革

抗战胜利后，中国共产党根据蒙古族各阶层要求民族解放和实现民族自治的愿望以及内蒙古地区民族运动的形势，及时制定了对内蒙古自治问题的基本方针。1945 年 10 月，中共中央提出了内蒙古地区"实行区域自治"的基本方针，并确定先在各盟旗开展自治运动，成立盟旗政权，准备将来建立内蒙古自治政府。11 月，在河北张家口成立了内蒙古自治运动联合会，并向内蒙古中、东部地区派出大批干部，开展自治运动，建立各盟旗政权。

1946 年 4 月 3 日，内蒙古自治运动联合会和东蒙古人民自治政府代表在河北承德召开了著名的"四三"会议，统一了内蒙古东西部的自治运动。12 月，中共中央根据内蒙古自治运动胜利发展的形势，决定成立内蒙古自治政府。为此，经过一段时间的筹备，于 1947 年 4 月 23 日在王爷庙（今乌兰浩特市）召开了内蒙古人民代表会议，5 月 1 日正式成立了中国第一个少数民族自治区——内蒙古自治区，在中国首次实现了民族区域自治。自治政府驻王爷庙。

1949 年 11 月经中央人民政府政务院批准，自治政府迁至河北张家口。1949 年 9 月 19 日，以国民党高级将领、绥远省代省长董其武为首的 19 人率部举行起义，其后成立绥远省人民政府。1954 年 3 月 5 日，内蒙古人民政府、绥远省人民政府委员会、绥远军政委员会、绥远省各界人民代表会议协商委员会在归绥市（今呼和浩特市）联合召开扩大会议，撤销绥远省建制和省人民政府，原绥远省辖区并入内蒙古自治区，自治区人民政府驻呼和浩特市。

第三节　内蒙古自治区社会经济发展

一、经济发展概况

新中国成立以来，内蒙古自治区社会经济发生了翻天覆地的变化，地区经济规模和发展水平不断提高，逐渐实现以农牧业为主的传统经济向以加工制造和服务业为主的现代经济转变。特别是进入21世纪以来，内蒙古自治区工业化水平迅速提高，成功实现了跨越式发展，综合经济实力大幅度提升。自治区统计局公布的数据显示，2002—2009年，内蒙古自治区经济增速连续8年位居全国第一；2003—2011年，内蒙古自治区经济增速连续9年均在14%以上。2011年内蒙古自治区生产总值达到14 359.88亿元，扣除价格因素，比2002年增长3.5倍，年均实际增长18.3%。全区地方财政总收入由2002年的100多亿元增加到2011年的2 261.81亿元，年均增长30%以上，10年上了两个千亿元的台阶。2002—2011年，全区固定资产投资由715.09亿元增加到10 899.79亿元，投资规模增加了14倍多，投资增速之快、规模之大达到历史之最。

内蒙古自治区紧紧抓住国家西部大开发和振兴东北老工业基地等战略机遇，借力于国家经济进入重化工业阶段的契机，结合地区实际，发挥比较优势，逐渐形成了能源、冶金、农畜产品加工、化工、装备制造、高新技术六大优势特色产业体系。同时，内蒙古自治区坚持对内搞活、对外开放的发展方针，逐步形成了全方位、多层次的口岸开放格局，对外贸易取得了长足发展。2002—2011年，全区进出口总额由30亿美元增加到119亿美元，增长近3倍。在经济总量不断增加的过程中，内蒙古自治区十分注重发展成果由人民共享，推动经济社会全面协调发展。2002—2011年，全区城镇单位在岗职工年平均工资由9 683元提高到41 481元，年均增长17.5%。其中，2011年全区城镇单位在岗职工平均工资总量在全国的位次由21世纪初的第25位上升至第10位；2003—2011年，全区农牧民人均纯收入在西部12个省区市中连续9年位居第一。2011年全区农牧民人均纯收入达6 642元，比2002年增长2.2倍，扣除价格因素，10年中年均实际增长9.7%。

进入21世纪以来，内蒙古通过主导产业的"再集约、再集聚、再配套"打造以呼包鄂为龙头的蒙西经济板块，以优势产业的"再布局、再融合、再互补"为手段加快蒙东地区发展，推动区域经济协调发展。从加快建设以呼包鄂为核心的西部经济区，到规划发展以呼包鄂为核心构建沿黄河交通干线经济带，再到东部五盟市经济圈的加快发展，两大经济圈的崛起，为自治区优化生产力布局结构创造了条件。如今，呼包鄂"金三角"地区经济总量、财政收入等主要经济指标占到了全区一半以上，蒙东五盟市整体经济增速、固定资产投资增速、规模以上工业经济增速连续几年超过全区乃至全国平均水平。在推动两大经济板块快速发展的同时，内蒙古通过政策资源、劳动力资源、自然资源和资本要素的高效组合，支持蒙西、蒙东两大经济板块突破区域界限并通过产业互补搞联合，鼓励各盟市突破行政界限并通过产业分工搞协作，引导有实力的企业通过开发高附加值、高效益产品走出自治区并放眼国际市场谋发展，推动高效生产力的再布局、再集聚、再优化，形成各盟市、各产业的整体发展优势。伴随着区域经济的发展，全区加快建设了一批各具特色的产业重镇，促进了生产要素的合理有序流动。

经过多年的快速发展，内蒙古自治区三大产业结构更加协调，农牧业基础地位日益巩固，工业主导地位显著增强，服务业发展水平不断提高。内蒙古自治区目前已成为我国粮食主产区和商品粮调出区。第二产业方面，全区新能源、现代煤化工和以稀土、光伏为主的新材料产业迅猛发展，风电装机、发电量均居全国首位；煤制油、煤制烯烃、煤制二甲醚、煤制甲烷气、煤制乙二醇等国家新型煤化工五大示范工程陆续建成投产；装备制造业保持年均40%以上的高速增长；云计算、生物医药等高新技术产业快速发展，国家级高新技术企业达到132家。与此同时，内蒙古大力发展第三产业，商贸流通等传统服务业繁荣活跃，物流、旅游等现代服务业加快发展。

总之，在21世纪前十几年中，内蒙古自治区的经济增长、结构调整和民生改善等方面都取得重大进展。2015年实现全区生产总值18 032.8亿元，按可比价格计算，增长7.1%。其中，第一产业增加值1 618.7亿元，增长3.0%；第二产业增加值9 200.6亿元，增长8.0%；第三产业增加值7 213.5亿元，增长8.1%。2015年，内蒙古自治区人均生产总值达到71 903元，增长7.4%，按年均汇率计算折合为11 547美元；城镇化率达到60.3%，比上年提高0.8个百分比。内蒙古一、二、三产业结构由2002年的21.5∶42.1∶36.4调整为2015年的9∶51∶40，地区经济总体上完成了向工业主导型的历史性转变。

2015年，面对错综复杂的国际形势和艰巨繁重的国内改革发展稳定任务，内蒙古自治区各族人民在自治区党委、政府的正确领导下，深入学习贯彻党的十八大，十八届三中、四中、五中全会及习近平总书记系列重要讲话精神，按照"五位一体"总布局和"四个全面"战略布局的总要求，牢固树立和贯彻落实创新、协调、绿色、开放、共享的发展理念和"8337"发展思路，着力推进"十个全覆盖"等重点工程建设，适应经济发展新常态，经济总体发展实现了稳中有进、稳中有好、进中有创、创中提质的良好态势，结构调整出现积极变化，改革开放不断深化，民生事业持续进步，经济社会发展迈上新台阶，实现了"十二五"圆满收官，为"十三五"经济社会发展、全面建成小康社会奠定了坚实基础。

二、交通事业发展

随着自治区经济的发展，内蒙古自治区交通运输业实现了跨越式发展，铁路网络进一步完善，公路等级大幅提升，民航机场建设步伐加快，航线网络规模不断扩大，全区综合运输体系初步形成，为富民强区和旅游业发展提供了强有力的支撑。

按照全区经济工作会议的总体部署，2016年在交通方面，力争将呼和浩特至银川、包头至西安、满洲里至海拉尔至齐齐哈尔、通辽至乌兰浩特至海拉尔、集宁至大同、锡林浩特至张家口、巴彦浩特至银川等高铁项目纳入国家"十三五"规划盘子或中长期规划，加快推进呼张客专和通辽赤峰至京沈客专建设，开工建设呼和浩特新机场，争取全年铁路建设里程达到5 400公里，公路建设规模达到2万公里，力争完成投资1 250亿元以上。

（一）铁路交通

经过多年努力建设，内蒙古自治区铁路网逐渐趋于完善，客、货运实现了从量到质的飞跃，初步建成了通往全国各地的铁路旅游交通网络。"十二五"期间内蒙古先后建成集宁至张家口、集包第二双线、锡林浩特至乌兰浩特、扎兰屯至阿荣旗、额济纳至哈密、锡林浩特至二连浩特等 49 个铁路项目,共建成铁路约 4 936 公里,其中新建 3 506 公里,改扩建 1 430 公里。全区铁路运营里程 2015 年年底可达 1.35 万公里,居全国首位,比"十一五"末增加 4 000 公里,增长约 42%。

目前内蒙古自治区境内的铁路线路由中国铁路总公司下属的三个铁路局管辖:

(1)哈尔滨铁路局管辖部分,包括呼伦贝尔市全境。铁路线路有:干线 2 条,即滨洲线(哈尔滨—满洲里)、牙林线(牙克石—满归)。支线 5 条,即博林线(博克图—塔尔气)、伊加线(伊图里间—加格达奇)、伊敏线(海拉尔东—伊敏)、朝乌线(朝中—莫尔道嘎)、卓江联络线(牙克石—汇流河)。

(2)沈阳铁路局管辖部分,包括兴安盟全境、通辽市全境、赤峰市南部。铁路线路有:干线 2 条,即平齐线(四平—齐齐哈尔)、京通线(北京北—通辽西)。支线 4 条,即大郑线(大虎山—郑家屯)、通让线(通辽东—让湖路)、通霍线(通辽北—霍林河)、通辽南线(通辽—通辽南)。

(3)呼和浩特铁路局管辖部分,包括呼和浩特市、包头市、乌海市、鄂尔多斯市、巴彦淖尔市、乌兰察布市、阿拉善盟、锡林郭勒盟、赤峰市北部。铁路线路有:干线 4 条,即京包线(北京北—包头)、包兰线(包头西—兰州东)、集二线(集宁—二连浩特)、集通线(集宁—通辽北)。支线 7 条(含一条环线),即包白线、包石线、包环线、乌吉线、海公线、郭查线、包神线。

(二)公路交通

内蒙古自治区不断加大公路基础设施投资力度,加快建设高速公路、一级公路,新、改建农村牧区公路,一个以高速、一级公路为骨架,农村牧区公路为补充的公路网格局初步形成。截至 2015 年年底,内蒙古自治区公路总里程达到 17 万公里,其中高速公路突破 6 000 公里,一级公路突破 6 000 公里,实现了 90 个镇县区通高速或一级公路,65.23% 的行政区(嘎查)通沥青水泥路。2015 年,全区公路完成旅客运输总量 19 820 万人次,旅客周转量 365.9 亿人公里;货运量 12.7 亿吨,货物周转量 4 401.5 亿吨公里。

内蒙古自治区境内国家级高速公路主要有 12 条,已建和规划建设的省级高速公路主要有 9 条,分别是:

(1)阿力得尔—锡林浩特高速公路,简称阿锡高速(S20)。

(2)海拉尔—乌兰浩特,简称海乌高速(S21)。

(3)呼和浩特—白音查干,简称呼白高速(S22)。

(4)鲁北—霍林郭勒,简称鲁霍高速(S23)。

(5)兴和—巴拉贡高速,简称兴巴高速(S24)。

(6)锡林浩特—张家口,简称锡张高速(S27)。

(7)呼和浩特—朔州,简称呼朔高速(S29)。

(8)呼和浩特—准格尔旗,简称呼准高速(S31)。

(9)乌海—银川,简称乌银高速(S33)。

境内国道主要有 14 条,分别是:

(1)北京至拉萨的 G109 国道,由清水河县十七沟进入内蒙古,经鄂尔多斯、大饭铺、东胜、查汗淖、深井,于石嘴山市出境并与 G110 国道相接,穿越呼和浩特市、鄂尔多斯市、乌海市,是贯穿西部地区南路的大通道,区内全长 603 公里。

（2）北京至银川的 G110 国道，由兴和县老爷庙进入内蒙古，经集宁、呼和浩特、包头、临河、乌海市至麻黄沟出境，是内蒙古西部腹地东向首都、西向宁夏的国家主干线公路，区内全长 838 公里。

（3）北京至加格达奇的 G111 国道，由赤峰市兴巨德进入内蒙古，经通辽、乌兰浩特、扎兰屯至加格达奇，是内蒙古东部通往首都的主干线，全长 1 606 公里。G111 复线两次跨经内蒙古境内，第一段兴安盟境内的音德尔—塔子城段，全长 18 公里，第二段呼伦贝尔市境内的大杨树—嫩江段，区内全长 129 公里。

（4）明水至沈阳的 G203 国道，经通辽市的岗岗村、查日苏、三眼井，区内全长 43 公里。

（5）锡林浩特至海安的 G207 国道，经灰腾梁、哈叭嘎、宝昌，从三号地入河北省张家口市，区内全长 306 公里。

（6）二连浩特至长治的 G208 国道，经二连浩特、赛罕塔拉、集宁、土贵乌拉、丰镇，由德胜口入山西省，区内全长 466 公里，是国家主干线公路，也是通往二连浩特口岸的重要通道。

（7）呼和浩特至北海的 G209 国道，经昭君坟、和林、清水河，由川峁入山西省西部，区内全长 184 公里。

（8）包头至南宁的 G210 国道，经树林召、东胜、阿腾席连、兰家梁，由川峁入陕西省西部，区内全长 199 公里。

（9）绥芬河至满洲里的 G301 国道，从阿荣旗阿甘界进入内蒙古，经音河、牙克石、海拉尔、巴彦库仁至口岸重镇满洲里，区内全长 630 公里，是国家主干线公路。

（10）图们至乌兰浩特的 G302 国道，由吉林省界石头井子入内蒙古，区内全长 34 公里，是兴安盟通向吉林省白城地区的重要通道。

（11）集安至锡林浩特的 G303 国道，从吉林省界巴西进入内蒙古，经通辽市、赤峰、锡林郭勒盟达锡林浩特市，区内全长 730 公里。

（12）丹东至霍林河的 G304 国道，由辽宁省界浩勒宝入内蒙古，经甘旗卡、通辽、舍伯吐、鲁北达霍林河煤田，是北临乌珠穆沁草原和阿尔山林区，东通辽宁省沈阳市的大通道，区内全长 409 公里。

（13）庄河至林东的 G305 国道，由大黑山进入内蒙古，经贝子府、新惠、哈拉道口、红山、玉田皋、海日苏抵林东，区内全长 338 公里，此线是贯穿赤峰地区腹地，南往辽西走廊的重要通道。

（14）绥中至经棚的 G306 国道，由南三十家子入内蒙古，经大明、小城子、赤峰、杜家地、土城子达经棚镇，区内全长 350 公里。该线为赤峰市西部山区，北向锡盟草原，南往辽西走廊的又一重要通道。

（三）民航交通

随着经济社会快速发展，内蒙古自治区不断加大机场建设力度，拓展和优化航线网络结构，增强航空运力，构建多枢纽、多层级的机场体系和航线网络体系。近几年来，自治区航空运输总周转量平均增速位居全国前三位。

截至 2014 年年底，内蒙古民用机场总数为 18 个，通勤通用机场 5 个，自治区内绝大多数盟市都有了机场。国内首个通勤航空试点项目——阿拉善通勤机场正式通航，呼伦贝尔拓宽通用航空服务领域试点稳步推进，辖区首家基地运输航空公司——国航内蒙古有限公司取得运行合格证。

从航线网络布局来看，自治区的航线网络已经形成了各盟市连接首府进而辐射全国的格局。各机场的通达性得到了显著提高，除新建机场外，各支线机场与呼和浩特市之间都实现了当天往返。截至 2014 年年底，各机场开通的航线数量增加到 280 条。除拉萨外，呼和浩特机场已开通至全国所有省会城市的航线，基本实现与省会城市全部通航；与中国台北、中国台中、中国香港及蒙古乌兰巴托定期通航；来往于北京的航班量不断增加。2014 年，内蒙古地区旅客吞吐量达到 1 491.6 万人次，货物吞吐量达到 7.6 万吨。目前内蒙古自治区运营的支线快线扩展到锡林浩特、通辽、赤峰、乌海四个盟市，加之区内通用航空服务快速发展，使内蒙古自治区内外航空交通变得日益便捷。

第二章

内蒙古自治区旅游业发展及现状

第一节 内蒙古自治区旅游业概况

一、发展历程

自 20 世纪 70 年代末以来，伴随着改革开放的步伐，内蒙古自治区经济社会发展水平不断提高，内蒙古自治区旅游业经历了由无到有、由小到大的发展历程。2014 年，在习近平总书记"把祖国北部边疆这道风景线打造得更加亮丽"重要讲话的精神指导下，自治区旅游业进入一个全新的发展态势。总体上可以分为以下几个阶段。

（一）发展阶段（1990 年前）

这一时期，旅游业还没有被正式纳入国民经济发展序列之中，处于自发的发展状态中。全区没有独立的旅游管理机构，旅游业规模很小，仅成立了几家国际旅行社，以接待性的国际旅游为主，国内旅游未受关注。受交通和服务设施等方面的制约，旅游活动主要集中在呼和浩特、包头等少数几个中心城市和口岸城市。在呼和浩特市周边，以草原旅游为主，开发建设了辉腾锡勒、希拉穆仁、格根塔拉三处较为著名的草原旅游区。1979—1990 年，累计接待外国游客 13.74 万人次，累计创汇 925 万美元。

（二）规模扩张阶段（1991—1999 年）

这一时期，旅游业随着国民经济发展规模迅速扩张，旅游需求和供给都出现规模化效应。1992 年成立旅游局，1998 年将旅游业纳入国民经济发展规划，旅游业的产业地位得以确立。全区旅游企事业单位由 100 多家发展到 600 多家，直接从业人员由 4 000 多人扩大到 3 万多人，主要旅游服务项目开始出现，旅游产业体系初步形成。

在此时期，全区的入境、国内、出境旅游都增长很快。随着与邻国蒙古国、俄罗斯双边关系的改善和沿边开放政策的实施，经国务院批准，开办了中蒙、中俄边境贸易旅游，来自俄蒙两国的旅游者人数迅速递增，带动了全区国际旅游人数和创汇数的成倍增长。与此同时，以近距离节假日旅游为主的国内旅游迅猛发展。1999 年入境 37.15 万人次，国内游 650 万人次，出境 2.6 万人次。旅游的经济地位大大提升，1999 年创汇 1.2 亿美元，全区旅游收入 21.98 亿元，占全区国内生产总值的 1.73%。

（三）快速增长阶段（2000—2010 年）

进入 21 世纪以后，旅游业的发展更加迅猛，尤其是全国经济的结构调整和稳定增长，为旅游业发展提供了强大的支持。2006 年，全区旅游业总收入将近 280 亿元，国内游规模达到 2 400 多万人次，入境达到 123 万人次，旅游业已经成为国民经济重要的增长点。2010 年，旅游收入 732 亿元，创汇 6.02 亿美元，接待游客 4 620.8 万人次，其中，入境游客 142.8 万人次，国内旅游 4 478 万人次。

（四）转型升级阶段（2011 年至今）

这一时期，旅游业产业化趋势深入发展，旅游产业体系日益完善，旅游业在规模扩张过程中开始整合创新，旅游产品开发、旅游管理和服务水平迅速提高。随着对旅游人才需求的增加，自治区旅游教育也取得长足进步，各类高等院校几乎都开设了旅游管理相关专业，内蒙古大学、内蒙古师范大学等高校开始招收旅游管理专业硕士研究生，旅游研究和决策水平也得到了明显提高。同时，旅游经济也呈现出很多新的复杂态势，低价竞争和产品雷同问题迫切需要解决，自助游、自驾游、度假、养生和出境旅游等更高水平旅游需求蓬勃兴起，而自治区旅游业整体水平偏低的局面没有得到根本扭转，远不能满足旅游市场需要。为此，自治区旅游业开始在政策和市场压力下进入转型升级新阶段。

2015 年内蒙古自治区接待旅游者 8 542.61 万人次，同比增长 12.67%；实现旅游业总收入 2 257.1 亿元，同比增长 25.0%，旅游业对自治区经济社会发展的支撑力明显增强。

二、发展现状

目前，内蒙古自治区旅游业总体上处于转型发展阶段，产业规模不断扩张，产业水平和产品质量逐渐提升。综合来看，自治区旅游产业呈现出一片良好发展局面：

一是发展速度比较快。2014 年 7 414 万人次的旅游规模，是 2000 年的 8.7 倍；旅游业总收入 1 403.46 亿元，是 2000 年的 31.9 倍，年均增速分别达到 19.81% 和 33.51%。2014 年内蒙古自治区旅游总人数较 2000 年增长 12%；旅游业总收入较 2000 年增长 28.6%。2015 年，内蒙古自治区旅游投资完成 332 亿元，旅游行业直接、间接就业 165 万人，旅游收入对 GDP 的综合贡献率达 11.8%。品牌创建、"厕所革命"、宣传促销和冬季旅游成为 2015 年旅游工作的新亮点。

二是旅游企业成长势头好。截至 2015 年，内蒙古自治区有 A 级景区 318 家，其中 5A 级 2 家、4A 级 78 家；有旅游星级饭店 318 家，其中五星级 10 家；旅行社 956 家，其中出境社 68 家、边境社 34 家、赴台社 7 家。全国休闲农业与乡村旅游示范县 6 个，全国休闲农业与乡村旅游示范点 19 个，全区乡村旅游接待户 4 200 家；全区拥有注册导游员 12 356 人；全区直接、间接就业人数 165 万人，分别占全社会和第三产业就业人数的 10.52% 和 26.54%，旅游业已经成为自治区容纳社会就业最多的行业之一。旅游食、住、行、游、购、娱"六要素"全面发展，内蒙古正在成为一个特色鲜明、项目丰富、内涵深邃、魅力独具、环境舒适、交通便捷、诚信安全的重要的旅游目的地。

三是旅游产品不断丰富。内蒙古有丰富的旅游资源和产品，不仅有独特的草原文化、浓郁的民俗风情、悠久的历史古迹和边境口岸，还有大草原、大沙漠、大森林、大湖泊、大湿地、大温泉、大口岸、大民俗、大冰雪等壮美的自然风光，打造了草原旅游、森林旅游、避暑度假旅游、冰雪旅游、温泉疗养、自驾车旅游、摄影旅游、都市旅游、商务会展旅游、沙漠观光、民俗旅游、康体养生、工农业旅游、红色旅游、航天旅游和休闲度假等旅游产品体系，发展旅游业有得天独厚的优势和条件。

四是旅游品牌正在形成。经过不断努力，内蒙古旅游博得众彩。在 2015 年全国旅游发展产业年会上颁布的 10 类奖项中，内蒙古夺得 5 项大奖，分别为：万里茶道（中俄蒙）入选 2015 "美丽中国" 主题旅游线路 TOP10、赤峰旅游+休闲入选 2015 "旅游+" 创新项目 TOP10、库布齐七星湖沙漠酒店入选 2015 中国主题酒店 TOP10、赤峰松枫山庄入选 2015 中国特色民宿 TOP10、内蒙古自治区阿尔山市入选 2015 "美丽中国" 旅游县（区）TOP10。标志着内蒙古旅游业开始进入品牌发展的新时代。

三、发展思路与目标

2016 年内蒙古自治区旅游工作继续深入贯彻落实国家旅游局 "515" 战略，紧扣发展重点，转变发展思路，变革发展模式，加快发展阶段演进，逐步推动经典旅游向全域旅游转变。内蒙古旅游局着力加强 "10+3" 工程和 "643X" 品牌体系建设，瞄准旅游基地建设和旅游产业跨越式发展目标，创新方式，全力推进旅游业转型升级、快速增长。2016 年，全区计划接待旅游者 9 500 万人次（其中入境旅游者 174 万人次），同比增长 12%，经过努力，力争突破 1 亿人次；全区旅游业总收入 2 700 亿元（其中入境旅游创汇 10.9 亿美元），同比增长 20%。争取 2017 年基本建成草原文化旅游大区并向旅游经济强区迈进；到 2020 年基本建成旅游观光、休闲度假基地，为打造祖国北疆亮丽风景线做出重要贡献。

第二节　内蒙古自治区的旅游产品体系

多年以来，内蒙古立足于丰富独特的旅游资源，开发了独具特色的旅游产品，形成了与市场需求和发展阶段相适应的观光、休闲度假和专项旅游三大旅游产品系列，培育和推出一批旅游精品和品牌。

一、观光旅游产品

观光旅游产品是内蒙古的主要旅游产品，以草原、沙漠、森林、文物古迹、边境口岸观光为主要内容。

（一）草原旅游

每逢夏季，一望无际的内蒙古大草原上，绿草茵茵、牛羊成群，再加上怡人的气候，是人们旅游观光、休闲娱乐的好去处。内蒙古从东到西分布着呼伦贝尔、科尔沁、锡林郭勒、乌兰察布、乌拉特、鄂尔多斯等著名草原，现已开发建设多处草原旅游区，著名的有格根塔拉、希拉穆仁、辉腾锡勒、呼和诺尔、金帐汗、蒙古汗城等，为中外旅游者提供草原观光、风情体验、骑马、篝火晚会、民族歌舞、民族美食等多项特色旅游服务，成为内蒙古享誉国内外的草原旅游产品。

（二）沙漠旅游

浩瀚的沙漠是内蒙古极具吸引力的旅游资源之一，内蒙古的沙漠和沙地位于我国整个沙漠带的东部和东北部，总面积 22.67 万平方公里，其中沙漠 12 万平方公里，沙地 10.67 万平方公里，戈壁、沙漠和沙地约占自治区总面积的四分之一。从东到西有科尔沁沙地、浑善达克沙地、毛乌素沙地、库布齐沙漠、乌兰布和沙漠、腾格里沙漠、巴丹吉林沙漠。近年来全区各地利用独具特色的沙漠资源，开发了多处沙漠旅游区，最具代表性的鄂尔多斯响沙湾旅游区、腾格里沙漠月亮湖旅游区、巴丹吉林沙漠旅游区等，为中外旅游者提供沙漠观光、沙漠冲浪、滑沙、骑骆驼等特色旅游产品。

（三）森林旅游

广袤的森林是内蒙古重要的生态旅游资源。内蒙古森林旅游资源主要分布在大兴安岭、阴山和贺兰山。内蒙古的森林与草原景观结合（大兴安岭西麓、克什克腾旗）、森林与火山熔岩景观结合（阿尔山）、森林与湖泊景观结合（达尔滨湖区）、森林与高山峡谷景观结合（贺兰山）以及森林与"三少民族"（狩猎）风情的结合，极大地丰富了内蒙古森林旅游产品类型，森林生态旅游成为内蒙古观光旅游的重要组成部分。著名的森林生态旅游景区有阿尔山—柴河、大青沟、凤凰山、莫尔道嘎白鹿岛、美林谷、赛罕乌拉、贺兰山（南北寺）、额济纳胡杨林等。

（四）文物古迹

内蒙古历史久远，文化古迹丰富，主要有古城及民间聚落遗址、史前文化遗迹与遗址、宗教建筑、古墓、纪念性建筑（以王府建筑为主）、岩画和长城遗迹等，著名的有：辽上京和辽中京遗址、元上都遗址、巨岩古城遗址、成吉思汗陵、昭君墓、嘎仙洞、美岱召、五当召、贝子庙、巴林右旗庆州白塔、宁城县中京大塔、呼和浩特市万部华严经塔、五塔寺、阴山岩画、贺兰山岩画，以及战国长城（以秦长城、赵长城为主）、汉长城、金长城、明长城等，这些文物古迹所在大部分成为自治区重要的文化观光旅游景区，为旅游者提供丰富多彩的文化观光旅游产品。

（五）边境口岸

内蒙古地处中国北部边疆，由东北向西南斜伸，呈狭长形，与俄罗斯、蒙古两国接壤，国境线长 4 221 公里。拥有满洲里、二连浩特、阿尔山、珠嘎达布其、阿日哈撒特、策克、甘其毛道、满都拉、额布都格 9 个边境口岸。通过这些口岸，联系俄罗斯和蒙古国，发展边境旅游、跨国旅游。中国与俄罗斯的界河——额尔古纳河是黑龙江的源头，这里是蒙古民族的发源地，界河两岸风情各异，生态环境良好，是发展生态旅游、边境旅游的宝贵资源。满洲里、二连浩特是中国最大的陆路口岸之一，依托口岸建设的中俄、中蒙边境旅游观光区是内蒙古最著名的口岸旅游区。到中蒙、中俄边境口岸领略独特的北国异域风情，是内蒙古的特色观光旅游产品。

二、休闲度假旅游产品

内蒙古地处中国北方，四季分明，夏季凉爽，冬季寒冷，适合发展特色休闲度假旅游。主要的休闲度假类旅游产品有：温泉度假、冰雪旅游、森林度假、沙漠度假、草原休闲、湖泊度假等几种类型。

（一）温泉度假

内蒙古拥有多处温泉资源，著名的有阿尔山温泉群、克什克腾热水、宁城热水塘、敖汉温泉、凉城岱海温泉等多处天然温泉，还有呼和浩特哈素海、鄂尔多斯布龙湖、碧海阳光、万通水世界等多处温泉。利用这些宝贵的温泉资源开发了多处温泉度假旅游地，将温泉资源与森林山地、湖泊和凉爽的避暑气候有机结合，形成了内蒙古独具特色的温泉度假旅游产品。

（二）冰雪旅游

内蒙古冬季寒冷漫长，大部分地区冬季的积雪厚度较大，时间较长，形成了茫茫雪原的景观，适宜发展冬季旅游。内蒙古建设了多处冬季冰雪旅游场所，如牙克石凤凰山、阿尔山、扎兰屯金龙海拉尔东山、喀喇沁美林谷、呼和浩特太伟、凉城岱海、东胜九成宫等。呼伦贝尔根河市开发了冷极项目，呼伦贝尔、锡林郭勒等地在冬季举办冬季那达慕，满洲里、阿尔山等地举办冰雪旅游节，极大地丰富了内蒙古冰雪旅游产品，提升了内蒙古冬季旅游的影响力和知名度。

（三）森林度假

内蒙古的众多山地如大兴安岭、贺兰山、大青山、乌拉山、狼山等，森林茂密、生态环境优越，气候凉爽，山地、森林、河流、湖泊有机组合，构成适合休闲度假的良好环境。内蒙古利用这些资源和环境，开发了具有北疆特色的森林度假旅游产品，著名的森林度假地有：莫尔道嘎白鹿岛、凤凰山、根河房车营地、阿尔山——柴河、宁城黑里河、多伦榆木川、兴和苏本山、凉城蛮汉山、呼和浩特大青山、贺兰山（南北寺）等。

（四）沙漠度假

内蒙古的沙地和沙漠中分布着众多的湖泊，形成了若干沙漠绿洲，景观独特、气候凉爽，非常适合发展度假旅游。利用这些得天独厚的沙漠绿洲资源开发了多处高品位的沙漠休闲度假地，著名的沙漠度假地有：鄂尔多斯的响沙湾、恩格湖、七星湖、大沙头，赤峰的玉龙沙湖，锡林郭勒的上都湖，阿拉善的月亮湖、天鹅湖等。特别是响沙湾旅游区，将沙漠风光与现代休闲有机结合，并融入民族文化元素，利用新材料、新技术建设度假设施，在中国度假旅游产品中独树一帜，成为内蒙古具有代表性的沙漠旅游度假地。

（五）草原休闲

内蒙古各地把握当今旅游休闲度假的新趋势，开发了具有内蒙古特色的草原度假旅游产品。著名的草原度假地有：呼伦贝尔的白音哈达，赤峰的乌兰布统，锡林郭勒盟的蒙古汗城，呼和浩特的敕勒川哈素海，乌兰察布的格根塔拉、辉腾锡勒，鄂尔多斯的苏泊罕草原等。草原旅游度假地为旅游者提供具有民族特色的蒙古包式宾馆、传统民族美食、民族歌舞、民族婚礼、民族体育、探访牧民生活等多种度假旅游项目。

（六）湖泊度假

内蒙古草原上分布着众多的天然湖泊和大型水库，其中著名的度假旅游地有：呼伦贝尔呼伦湖、呼和诺尔湖、尼尔基水库，兴安盟斡嘎利湖，赤峰紫蒙湖、达来诺尔湖、锡林郭勒盟多伦湖、乌兰察布岱海、呼和浩特哈素海、巴彦淖尔纳林河、阿拉善盟万泉湖、乌海市乌海湖。

三、专项旅游产品

根据内蒙古旅游资源特色，充分发挥区位优势，着力培养十大专项旅游产品，即生态旅游、文化旅游、红色旅游、商务旅游、科普旅游、乡村旅游、体育旅游、边境旅游、自驾车旅游、工业旅游。

（一）生态旅游

充分发挥内蒙古生态环境多样性的优势，创建自治区和国家级生态旅游示范区。全力推进风景名胜区、自然保护区、森林公园、沙漠公园、地质公园、矿山公园、湿地公园、水利风景区等国家级生态旅游基地的建设，为把内蒙古打造成为全国一流的生态旅游目的地奠定了基础。

（二）文化旅游

加强旅游与文化的融合，依托自治区蒙古、达斡尔、鄂温克、鄂伦春等少数民族独具特色的民俗文化生态旅游资源，利用内蒙古丰富的非物质文化遗产优势，与自然风光相融合，深度开发以体验性、参与性、娱乐性为主的民族体验型和文化主题型的旅游产品，增强对游客的吸引力。大力推进旅游文化街区、文化创意旅游园区、旅游购物街区、特色名镇（村）建设，打造文化旅游特色产业聚集区，把提升内涵贯穿到旅游各个环节和旅游业发展全过程。

（三）红色旅游

利用自治区的红色旅游资源，完善和提升大青山抗日根据地遗址、乌兰夫纪念馆和故居、满洲里红色国际秘密交通线遗址等红色旅游经典项目，重点建设乌兰浩特内蒙古自治区政府成立纪念地、海拉尔世界反法西斯战争胜利纪念园、多伦县察哈尔抗日纪念地、凉城县绥蒙抗日纪念地四个重点红色旅游项目，同时，深入挖掘各地红色旅游资源，建设一批自治区级的红色旅游景区。

（四）商务旅游

利用内蒙古夏季气候凉爽，自然景观独特的优势和毗邻俄罗斯、蒙古国，紧邻京津冀和东北三省的良好区位条件，加快会展和商务设施建设，不断提高会展商务的服务水平，将呼包鄂地区打造成为区域性的会展商务旅游目的地。依托呼和浩特民族经济贸易全天会、内蒙古旅游那达慕、昭君文化节、鄂尔多斯国际那达慕、满洲里中俄蒙三国旅游节、通辽科尔沁赛马节的旅游节庆活动，培育内蒙古的商务会展、商务考察旅游产品。

（五）科普旅游

发挥内蒙古独特的山地、沙漠、草原、湿地旅游资源优势，积极开发古生物、地质地貌、生物多样性等一批科技含量高、趣味性浓、参与性强、寓教于乐的科考科普性旅游产品，重点在呼伦贝尔草原、锡林郭勒草原发展草原生态科普旅游，在克什克腾世界地质公园、阿拉善沙漠世界地质公园、阿尔山地质公园、老牛湾黄河峡谷地质公园发展地质地理科普旅游。规划建设一批适应学生消费需求的青年旅馆，使内蒙古成为专家学者和学生科考及修学旅游的重要目的地。

（六）乡村旅游

重点发展呼和浩特、包头、鄂尔多斯、海拉尔、通辽、赤峰等重点旅游城市周边区域的乡村旅游，开展各具特色的农业观光、农（牧）家乐、休闲农庄（牧场）等体验性乡村旅游活动，将乡村旅游培育成社会消费重点和品牌旅游产品。

（七）体育旅游

依托民族体育产业，培育具有内蒙古特色的骑马和马术旅游项目，带动康体旅游发展。

积极开发和推出自行车、徒步、野营等满足当地居民和游客消费需求的自助旅游系列产品，打造"内蒙古休闲健康时尚之旅"。引导开发登山、攀岩、漂流、野生动物追踪探寻等一批安全性高、吸引力强的体育健身旅游产品，满足客户的多层次需要。

（八）边境旅游

利用内蒙古独特的沿边区位优势，大力发展跨境旅游，并向纵深推进，增强内蒙古旅游经济的外向型功能，把跨境旅游产品打造成内蒙古最有影响力的旅游产品之一。积极推进边境旅游，使旅游业成为边境地区的经济增长和向北开放桥头堡的重要推动力。不断完善满洲里和二连浩特两个口岸城市的旅游功能。

（九）自驾车旅游

针对国内外日益增长的自驾车旅游需求，加大自驾车旅游产品的开发力度，完善自驾车标识、汽车旅馆、旅游厕所、餐馆、露天影院、停车场、加油站、修理站等自驾车旅游配套服务设施，建立健全满足自驾车旅游咨询服务、急救设施，引导和建立自驾车网站，鼓励异地租车等多种形式的中介服务，使自驾车旅游成为新的重要专项旅游产品。举办环呼伦湖和环多伦湖自行车赛、呼（和浩特）海（拉尔）大通道汽车摩托车拉力赛、环阿拉善沙漠户外赛等具有影响力的赛事活动。培育和树立内蒙古作为全国重要自驾车旅游目的地的品牌形象。

（十）工业旅游

依托伊利和蒙牛乳业、鄂尔多斯等羊绒企业、吉兰泰盐湖、鄂尔多斯现代化能源基地、包头重工业基地、河套酒业等工业旅游资源，开展现代工业园区参观、生产流水线参观、工业旅游购物娱乐活动等。加强工业博物馆、工业文化景观建设，引导和支持资源枯竭型城市利用工业资源开展工业旅游。依托自治区的风力基地开发风力旅游，依托航天基地发展航天旅游。

第三节　内蒙古自治区旅游业发展布局

按照"一带四区十二圈多点连线"的布局要求，着力提升东中西部地区旅游业协同发展水平，加快培育多层次、特色化的优秀旅游目的地，加快打造一批以四大旅游区域中心城市为龙头，依托内蒙古独有的自然资源和文化资源的旅游品牌和精品路线，不断提高全区旅游业空间运行的整体效率。

一、"一带"：中国北疆跨境旅游业

"一带"即以满洲里、二连浩特、阿尔山等边境城市及口岸为节点，以中俄、中蒙边界为依托的中国北疆跨境旅游带。要充分发挥满洲里、二连浩特两个口岸旅游中心城市对中俄、中蒙跨境旅游发展的核心带动作用。以策克、甘其毛都、满都拉、珠恩嘎达布其、阿尔山、额布都格、阿日哈沙特、黑山头、室韦等口岸为节点，以草原丝绸之路（含茶叶之路）为主题，深入推进中俄蒙三国跨境旅游线路开发，全面提升边境旅游、跨境旅游品质，有效带动边境地区开发与发展。

二、"四区"：四大旅游发展区域

依托自治区的旅游资源禀赋和区域空间格局，科学构建四大旅游区域，即：

（1）以海拉尔、乌兰浩特、满洲里、阿尔山为旅游中心的呼伦贝尔—兴安草原森林生态、民族异域风情、冰雪温泉体验的国际养生休闲度假旅游区，打造呼伦贝尔草原、大兴安岭国家级生态旅游目的地。

（2）以通辽科尔沁区、赤峰市区、锡林浩特为中心的内蒙古中东部文化生态体验旅游区，充分挖掘民族文化和历史文化资源，利用草原、森林、沙漠、湖泊、温泉等多种生态资源，打造国家级的文化体验和生态旅游目的地。

三、"十二圈"：构建十二个旅游经济圈

打造主题突出、功能完善、要素集聚的旅游经济合作区，成为自治区建设旅游观光、休闲度假基地的核心区域。

（1）呼包鄂旅游经济圈。以呼和浩特、包头、鄂尔多斯为主体，发展都市风情、民族风情、黄河文化、西口文化和草原沙漠休闲等特色旅游业态。

（2）海满阿旅游经济圈。以海拉尔、满洲里、阿尔山为主体，构建草原、口岸、森林、温泉旅游环线，积极打造内蒙古旅游的国家品牌。

（3）大兴安岭东麓旅游经济圈。以乌兰浩特、扎兰屯为主体，将阿尔山—柴河、五角枫树林草原作为核心板块，创新休闲度假业态，提升休闲度假品质。

（4）科尔沁旅游经济圈。以科尔沁区、科左后旗、库伦旗等为主体，建设以科尔沁文化、马文化、生态旅游为特色的休闲度假旅游区。

（5）赤峰南部旅游经济圈。以赤峰市区、喀喇沁、宁城为主体，加快发展生态旅游、温泉度假、乡村旅游、文化旅游，形成当地服务周边的生态休闲旅游区域。

（6）锡克乌旅游经济圈。以锡林浩特、克什克腾、西乌珠穆沁等为主体，跨区域整合资源，提升旅游公共服务，完善旅游产品体系，建设国内一流的草原休闲度假旅游目的地。

（7）锡林郭勒南部旅游经济圈。以正蓝、多伦为主体，依托世界文化遗产元上都遗址，建设国家级草原文化体验与休闲度假基地。

（8）蒙西旅游经济圈。以乌海市为中心，以阿拉善左旗、磴口、鄂托克前旗为主体，建设西部风情旅游休闲目的地。

（9）乌兰察布旅游经济圈。以集宁为中心，以凉城、兴和、察右后旗、四子王旗为主体，建设区域性草原旅游休闲基地。

（10）河套旅游经济圈。以临河为中心，带动周边旗县，突出黄河、西口、农耕文化，发展乡村休闲旅游。

（11）额济纳旅游经济圈。以额济纳旗、阿拉善右旗为主体，建设世界级的沙漠探险、胡杨体验旅游目的地。

（12）二连浩特旅游经济圈。以二连浩特为中心，带动周边旗县，重点发展对蒙旅游。

四、"多点"

培育多层级旅游目的地。以完善目的地旅游服务设施、提升目的地服务质量、提高目的

地友好程度为主要内容，以游客满意度和富民贡献度为评价标准，积极引导各类旅游目的地彰显特色、错位发展，加快培育一批优秀国际旅游目的地、优秀旗县旅游目的地和优秀乡村旅游目的地。

（一）建设 4 个旅游集散中心城市（群）

1. 呼包鄂旅游集散城市群

充分发挥呼和浩特、包头、鄂尔多斯已经形成的城市集群优势、经济综合优势，进一步强化其旅游聚焦功能、综合服务功能和辐射带动功能，建设功能齐全、方便游客的旅游集散中心服务体系，以适应和满足未来旅游发展需求。将呼包鄂旅游城市群建设成为覆盖自治区中西部，联系周边省区和远程客源地的中国北部旅游集散中心。

2. 海拉尔旅游集散中心

依托呼伦贝尔市丰富独特的旅游资源，围绕呼伦贝尔市建设国际化旅游目的地，完善海拉尔的城市文化休憩、商务会展和度假购物功能，增加城市的旅游产业组织、服务和集散能力，培育以海拉尔为中心，联系满洲里、阿尔山、额尔古纳的区域旅游集散中心。

3. 赤峰旅游集散中心

依托锡林郭勒—赤峰—通辽旅游协作区丰富独特的旅游资源，围绕建设环京津冀的旅游观光、休闲度假基地的区域旅游定位和发展目标，加强赤峰市区的旅游集散中心服务功能，建设以赤峰市（红山区、松山区）为中心，联系锡林浩特、克什克腾旗、通辽部分区域的旅游集散中心。

4. 乌海旅游集散中心

以内蒙古西部独特的生态文化旅游为基础，充分发挥日渐改善的对外交通优势和连接宁夏、阿拉善、鄂尔多斯、巴彦淖尔周边区域的区位优势，加强与银川市的合作联动，完善城市游览观光、文化娱乐、商务会议和休闲购物功能，完善旅游服务设施和公共服务体系，将乌海建设成为带动和联系阿拉善盟、鄂尔多斯和巴彦淖尔西部的区域旅游中心城市。

（二）打造 10 个区域旅游中心城镇

将乌兰浩特市、通辽科尔沁区、锡林浩特市、乌兰察布集宁区、巴彦淖尔临河区、巴彦浩特镇、扎兰屯市、阿尔山市、锡林郭勒市、多伦诺尔镇（锡林郭勒南部中心城）10 个城市（区、镇）打造成为自治区四大旅游区域的旅游中心城镇。重点完善旅游服务和信息咨询功能，提升综合接待能力和服务水平；突出地域文化特色，建设旅游文化街区、购物娱乐场所和城镇景观，打造城镇品牌形象；深度开发城镇周边的旅游景区（点），完善连接重点景区（点）的旅游交通线路，建设以旅游城镇为中心的旅游目的地体系。

（三）建设两个边境口岸旅游城市

（1）满洲里市要加强旅游基础设施和服务设施建设，完善城市的旅游服务功能，大力开发边境特色文化、红色文化和购物街区，提升满洲里国门、俄罗斯套娃广场、扎赉诺尔猛犸旅游区等重点旅游景区的档次和功能，丰富城市的旅游内容，发展成为带动辐射中俄蒙三国交界地区的旅游中心城市。

（2）二连浩特市要进一步优化城市环境，完善城市的旅游服务体系，提高城市的旅游功能，大力开发恐龙地质公园、边境驿站文体园、茶叶之路以及地方民俗文化，将二连浩特由一个口岸过境型城市转化为旅游目的地型城市。

（四）打造一批品牌旅游目的地

以构造"中国北疆风景线旅游目的地"品牌为目标，在自治区四大旅游区域的框架下，依托中心旅游城镇，完善旅游服务体系，打造观光、休闲、度假复合发展的旅游目的地。在自治区政府总体统筹下，以目的地城市政府为主体进行创建试点，形成各级地方党委、政府发展旅游业的新抓手。

1. 推进品牌旅游景区建设

按照世界水准、国际一流、国内领先的要求，大力推进旅游景区转型升级，实施旅游景区提升三年行动计划，创建一批 5A 级旅游景区或国家级旅游度假区，重点推进昭君博物馆、五当召、呼伦贝尔草原国家公园、阿尔山国际养生度假旅游区、孝庄园、克什克腾旅游区、元上都遗址旅游区、凉城岱海旅游区、响沙湾休闲度假旅游区、黄河大河套文化园、乌海湖休闲度假旅游区、额济纳胡杨林旅游区、满洲里中俄边境示范旅游区、二连浩特国际茶路驿站文化旅游区和阿尔山—柴河生态旅游区 15 个重点旅游区建设，力争到 2017 年建成 5A 级旅游景区或国家级旅游度假区。鼓励盟市集中创建国家 A 级旅游区和旅游度假区，包括国家生态旅游示范区、地质公园、风景名胜区、森林公园等。

2. 推进特色旅游聚集区建设

重点支持资源禀赋优良、发展基础扎实、要素保障全面、政府推进有力的地方打造自治区特色旅游聚集区，把旅游业培育成为当地经济发展的支柱产业和引导消费、扩大就业、提高人民生活水平的引领产业，把特色旅游聚集区打造成为国内外旅游者到内蒙古旅游的首选目的地。自治区将加快推进额尔古纳—根河—阿尔山、库伦、克什克腾、喀喇沁—宁城、多伦—正蓝旗、首府周边草原（希拉穆仁、格根塔拉、辉腾锡勒）、蒙晋黄河大峡谷、东胜—康巴什—阿拉腾席勒、乌兰布和沙漠（纳林湖、万泉湖、敖伦布拉格）、乌海湖、额济纳 11 个特色旅游聚集区建设，加大对旅游交通、游客集散、信息服务等旅游公共服务设施的资金投入，提升旅游服务水平和质量，使之成为自治区构建"中国北疆风景线旅游项目目的地"品牌的重要支撑。

（五）建立旅游产业发展平台

1. 充分利用国家级平台发展旅游业

鼓励和支持大兴安岭北部林区、呼伦贝尔草原、阿尔山、克什克腾、黄河大峡谷等争取国家公园试点；重点支持额济纳胡杨林、科右中旗五角枫树林草原、科左后旗大清沟、清水河老牛湾黄河峡谷等创建国家级生态示范区；积极创建国家旅游综合改革试点城市、全国旅游标准化示范区、国家生态旅游示范区、国家休闲农牧业和乡村旅游示范县。

2. 实施自治区特色旅游名旗（县、市、区）创建工程

鼓励旅游资源条件好、旅游工作推进力度大的旗（县、市、区）创建特色旅游名旗（县、市、区），在政策和资金方面予以支持。各地以国家和自治区平台为依托，大力发展旅游业，使旅游业成为当地经济社会发展中的特色产业、引领产业、支柱产业。

五、连线：打造品牌旅游路线

在自治区"一带四区十二圈"旅游发展格局的基础上，以旅游公路、城市和景区为依托，串联相关景区连点成线、聚点成块，逐步形成全域化、多元化、大众化的旅游路线图，集中打造若干条多主题、分时段、强辐射的内蒙古品牌旅游线路。

（一）重点培育 3 大主题旅游线路

（1）以国家级品牌资源为依托，重点打造草原丝绸之路（万里茶叶之路）、长城、黄河、风情冰雪体验等品牌旅游线；

（2）以民族历史文化为主题，重点打造成吉思汗、哈萨尔、红山文化、河套文化、辽文化、科尔沁文化、匈奴鲜卑探源、岩画、闯关东、走西口、藏传佛教、狼图腾等品牌旅游线；

（3）以知名自然生态旅游资源为基础，重点打造大兴安岭、额尔古纳界河、巴丹吉林沙漠等品牌旅游线。

（二）着力打造 18 条精品旅游环线

1. 呼伦贝尔—兴安旅游区

（1）海拉尔区—鄂温克旗—新巴尔虎旗—阿尔山市—新巴尔虎右旗—满洲里市—海拉尔区旅游环线，该线路是呼伦贝尔核心旅游环线。

（2）海拉尔区—陈巴尔虎旗—满洲里市—额尔古纳市—海拉尔旅游环线，该线路向北延伸连接黑龙江漠河北极村。

（3）海拉尔区—额尔古纳市—根河市—鄂伦春自治旗—莫力达瓦达斡尔族自治旗—阿荣旗—扎兰屯市—牙克石市—海拉尔区旅游环线，该线路向东延伸连接黑龙江省加格达奇、齐齐哈尔，向南连接乌兰浩特至吉林省白城、长春。

（4）乌兰浩特市—突泉县—科尔沁右翼中旗—扎鲁特旗—霍林郭勒—阿尔山市—扎兰屯市柴河镇—乌兰浩特市的旅游环线。

2. 锡林郭勒—赤峰—通辽旅游区

（1）赤峰市（红山区、松山区）—喀喇沁旗—宁城县—赤峰市，该线路向南延伸连接至辽宁锦州、河北承德。

（2）赤峰市（红山区、松山区）—翁牛特旗—巴林右旗—克什克腾旗（阿斯哈图石林）—西乌珠穆沁旗—乌拉盖—霍林郭勒市—锡林浩特市—克什克腾旗（乌兰布统）—赤峰市（红山区、松山区），该线路是锡林浩特—赤峰核心旅游环线，延伸连接河北围场、承德。

（3）通辽市（科尔沁区）—科尔沁左翼后旗—库伦旗—奈曼旗—敖汉旗—赤峰市—翁牛特旗—巴林右旗—巴林左旗—阿鲁科尔沁旗—开鲁县—通辽市（科尔沁旗），该线路向南连接辽宁沈阳。

（4）太仆寺旗—正蓝旗—多伦县—锡林浩特市—阿巴嘎旗—苏尼特左旗—苏尼特右旗—二连浩特市，该线路是贯穿锡林浩特大草原的核心旅游线路，向南延伸连接张家口至北京，向北延伸由二连浩特口岸出境至蒙古国。

（5）锡林浩特市—西乌珠穆沁旗—东乌珠穆沁旗—乌拉盖—霍林郭勒市—阿尔山—海拉尔区，该线路是连接锡林郭勒大草原和呼伦贝尔大草原的精品草原旅游线路。

3. 呼包鄂—乌兰察布—巴彦淖尔旅游区

（1）呼和浩特市区—土默特左旗—土默特右旗—包头市区—达拉特旗—鄂尔多斯市核心区（东胜、康巴什）—准格尔—清水河县—和林格尔县—呼和浩特市区，该线路是呼包鄂核心旅游大线路。

（2）呼和浩特市区—卓资县—乌兰察布市（集宁区）—凉城县—和林县—托克托县—

呼和浩特市区，该线路延伸连接山西大同，由集宁兴和县连接张家口北。

（3）呼和浩特市—武川县—四子王旗—察哈尔右翼中旗—察哈尔右翼后旗—乌兰察布市（集宁区）—卓资县—呼和浩特市区，该线路向北延伸连接苏尼特右旗、二连浩特市。

（4）包头市区—乌拉特前旗—五原县—巴彦淖尔临河区—杭锦后旗—磴口县—乌海市—鄂托克旗—杭锦旗—鄂尔多斯市核心区（东胜、康巴什）—达拉特旗—包头市区。

（5）包头市区—固阳县—白云区—达尔罕茂明安联合旗—武川县—呼和浩特市区。

（6）鄂尔多斯市核心区（东胜、康巴什）—伊金霍洛旗—乌审旗—鄂托克前旗—鄂托克旗—杭锦旗—鄂尔多斯市核心区（东胜、康巴什），该线路是延伸连接鄂尔多斯旅游大环线，向南连接陕西榆林、延安，向西连接宁夏银川。

4. 乌海—阿拉善旅游区

（1）乌海市—阿拉善左旗—额济纳旗—阿拉善右旗，该线路将乌海市和阿拉善三个旗连接起来，是阿拉善核心旅游线路，延伸连接甘肃酒泉市、嘉峪关市。

（2）乌海市—阿拉善左旗—吉兰泰盐池—敖伦布拉格—磴口县—乌海市，该线路向南延伸连接宁夏银川市。

第三章

内蒙古自治区自然旅游资源

第一节　地文景观

一、高原与山地景观

（一）高原景观

内蒙古自治区的地形以内蒙古高原为主体。内蒙古高原是中国的第二大高原，属于蒙古高原的一部分，它东起大兴安岭，西至马鬃山—龙首山—乌鞘岭一线，南界长城，北接蒙古国，东西长2 000多公里，面积占全区的二分之一左右，海拔为1 000~1 400米。内蒙古高原自东向西横跨半湿润、半干旱、干旱三个地带，自然条件具有明显差异，所以自东向西分为呼伦贝尔、锡林郭勒、乌兰察布、鄂尔多斯和阿拉善五个高原单元，并形成了五种特征不一的高原景观。

呼伦贝尔高原地处内蒙古高原最东端，因高原内有呼伦湖、贝尔湖而得名，是以山丘环抱和波状起伏的高原特色，配以林、草、沙和水形成的特殊高原景观。呼伦贝尔高原东与大兴安岭山地连成一片，西部为低山丘陵，中部为波状起伏的海拉尔台地高平原，海拔一般在600~800米，最高的巴彦山海拔1 030米，呼伦湖附近最低，为540米。高原上森林茂密、牧草丰美，是以羊草和针茅为主的草甸草原和典型草原，是中国最好的天然草牧场，也是中国重要的畜牧业基地。呼伦贝尔高原地表水系发达，水资源丰富，形成大多为西北流向的众多河流，构成了黑龙江上游海拉尔河—额尔古纳河水系与呼伦湖水系。高原上湖泊星罗棋布，含有包括呼伦湖、贝尔湖在内的500多个湖泊，湖中鱼类繁多，湖滨滩地生长有盐生草甸。高原上还有三条较大沙带和零星沙丘。因此，呼伦贝尔高原景观由茂密森林、草甸草原和镶嵌其中的呼伦湖、贝尔湖、呼伦贝尔沙地，共同构成了山水相映、林草同生、沙环水绕的高原风光。

锡林郭勒高原以蜿蜒河曲、典型温带草原、熔岩台地、沙地为主要景观特色。锡林郭勒，蒙古语意为高原上的河流。锡林郭勒高原东连大兴安岭南段，南接阴山山脉北麓，西至集宁—二连浩特铁路一线，北至中蒙边境，海拔一般为800~1 200米。高原的东北部为乌珠穆沁盆地，水系密度较大，深嵌的河流曲折蜿蜒于冲积—洪积平原中；北部水草丰美，为良好的天然牧场；西部地形平坦，湖泊零星分布于其间，地下水缺乏，为缺水草场；西南部为浑善达克沙地，垄岗起伏的沙地上金沙翻滚；中、北部为阿巴嘎熔岩台地，台地上耸立着熔岩低冈、平顶山、火山锥等；整个高原上，河、湖、沙、火山、草原穿插分布，形成了独具魅力的高原风光。

乌兰察布高原位于内蒙古高原中部，以荒漠草原景观为主。乌兰察布高原南抵阴山，北至中蒙边境，东界集宁—二连浩特铁路线，西接阿拉善高原，海拔900~1 500米，南高北低，高原面和缓起伏，相间分布有冈阜洼地。高原上气候比较干旱，风沙较大，河流少且流程短，但在近河地段或在雨水丰沛的夏秋季节，草原植被较好，多呈现出天地悠远、绿草深长的美丽高原风光。

鄂尔多斯高原位于内蒙古高原的西部，以沙漠（地）、盐碱湖、荒漠草原为主要景观特色。鄂尔多斯，蒙古语意为"宫帐"，因成吉思汗陵在此而得名。鄂尔多斯高原的北、西、东三面处于黄河"几"字形弯环抱之中，东南部以古长城为界与陕北黄土高原相连接。海拔在1 200~1 400米，地势中西部高，四周低。高原西部有毛乌素沙地和库布齐沙漠分居南北，整个高原面上风沙地貌和剥蚀丘陵非常多，盐碱湖沼星罗棋布，其间穿插分布着荒漠草原，形成了"大漠无垠、草原广袤、湖泊散布"的高原风光。高原东南部因长期遭受剥蚀，沟壑纵横，红、黄、白色砂岩和泥岩裸露于切穿的底层上，景象颇为壮观。

阿拉善高原位于内蒙古高原西部，以典型的大漠风光为主要景观特色。阿拉善，蒙古语意为野骏马。东起色尔腾山、狼山北侧，南至贺兰山，西至河西走廊合黎山、龙首山和马鬃山，北至中蒙边境。海拔一般为1 000~1 500米，地势由南向北倾斜。东部巴彦淖尔市境内的乌拉特高平原，缓缓起伏，为荒漠半荒漠草原。其余部分为著名的乌兰布和、巴丹吉林、腾格里三大沙漠。西、北部广泛分布着风蚀残丘、戈壁和风蚀洼地。阿拉善高原上，沙丘连绵、瀚海无边、沙湖镶嵌、绿洲散布，共同构成了大漠高原风光。

（二）山地景观

内蒙古自治区的山地挺立于高原和平原之间，面积为24.67万平方公里，占全区总面积的20.9%。它由东北部的大兴安岭经中部的阴山山地、贺兰山与西南缘的北山山地连接，组成了内蒙古高原外围的一个弧形中等山地地带。除个别山峰外，山地海拔高度一般都在1 200~2 200米，与相邻的平原一侧以陡立的断层崖为界。山地一线是自然的重要分界线，山地两侧地貌和自然景观差异极大。内蒙古自治区自东向西有三大山地，分别是大兴安岭山地、阴山山地和贺兰山山地。

大兴安岭山地又称兴安岭，是中国的著名山地，也是中国最重要的林业基地之一，是中国面积最大的林区，木材储量占中国的一半。大兴安岭山地以大兴安岭为骨架，附以山势、植被，形成了大兴安岭山地景观。大兴安岭中的"兴安"是满语，意为"极寒的地方"，因其气候寒冷而得名；大兴安岭的"岭"即满语的"阿林"，其意为山。大兴安岭北起黑龙江南岸和额尔古纳河，南至赤峰市境内的西拉木伦河上游谷地，全长1 400公里，是内蒙古境内最长的山脉，由低山、中山、丘陵和山间盆地组成，地势呈东北—西南走向，西高东低。大兴安岭以洮儿河为界分为南北两段，北段山势雄浑，山体低而宽，海拔1 000~1 100米，植被覆盖率高达60%以上，其山地原始森林景观最为典型，闻名中外，素有"绿色海洋"之称；南段地势升高，山体高而窄，海拔1 000~1 300米，最高峰为黄岗梁，海拔2 034米，植被较北段稀疏，且火山广为分布。大兴安岭是中国自然地理的一条重要分界线，为重要的气候带。夏季海洋季风受阻于山地东坡，东坡降水多，西坡干旱，呈明显的对比，但整个山区的气候比较湿润，年降水可达500毫米以上。山脉北段是中国东部地区最冷之地，冬季严寒（平均气温为-28℃），有大面积多年冻土区。漠河地区的年平均气温为-4℃，冬季气温低过-40℃，但由于有森林挡风，气温虽然很低，但并非人们想象中那么可怕，游客冬季来此，穿好棉衣棉裤、羽绒服，再加上帽子、围巾和手套即可。

阴山山地以阴山山脉为主体，以山势巍峨为主要景观特征。阴山，蒙古语名为"达兰喀喇"，意思为"70个黑山头"。阴山山脉是古老的断块山，横亘在内蒙古自治区中部及河北省最北部，阴山西起狼山，西端以低山没入阿拉善高原，东抵西拉木伦河上游，止于多伦以西的滦河上游谷地，东西走向，全长约1 200公里。南界在河套平原北侧的大断层崖和大同、阳高、张家口一带盆地、谷地北侧的坝缘山地；北界大致在北纬42°，与内蒙古高原相连，南北宽50~100公里。阴山西段为狼山、乌拉山，中段为大青山（狭义阴山）、灰腾梁山，南为凉城山、桦山，东段为大马群山，山顶海拔2 000~2 400米，主峰呼和巴什格，海拔2 364米。

阴山山脉是中国北部的重要地理分界线之一，山地南北两坡不对称，北坡和缓倾向内蒙古高原，属内陆水系。南坡以1 000多米的落差直降到黄河河套平原，是断层陷落形成的。山地大部分由古老变质岩组成，在断陷盆地中有沉积岩分布，煤藏丰富。同时，阴山山脉还是中国季风区与非季风区的北界，属温带半干旱与干旱气候的过渡带。高大的山脉仿佛是一座巨大的天然屏障，阻挡了南下的寒流与北上的湿气。阴山南北气候差异显著，是草原与荒漠的分界线，山南为农业区，山北为牧业区，山区为农牧林交错地区。阴山地区人类活动历史十分悠久，是内地汉族与北方游牧民族交往的重要场所，山脉间宽谷多为南北交往的通途。阴山山区现存名胜有昭君墓（青冢）、战国赵长城、高阙鸡鹿塞、五当召（汉名广觉寺）、美岱召、百灵庙等。阴山还存有大量闻名中外的岩画。

贺兰山脉位于阿拉善盟巴彦浩特镇东10公里，宁夏回族自治区与内蒙古自治区交界处，北起巴彦敖包，南至毛土坑敖包及青铜峡，山势雄伟，若群马奔腾。蒙古语称骏马为"贺兰"，故名贺兰山。贺兰山海拔2 000~3 000米，主峰在巴彦浩特镇东南达呼洛老山（银陕敖山），海拔3 556米，是内蒙古自治区最高点。贺兰山脉为近南北走向，绵延270多公里，宽30多公里，是中国西北地区的重要地理界限。贺兰山势略呈新月形，北高南低，北部和中部山高谷深，陡峭险要，有头关、大武口、三关口等多处交通口道。南部山势较低，最后没于宁卫平原。贺兰山西坡较缓，逐渐过渡到内蒙古高原；东坡陡峭，山势雄伟，高差较大，构成了一道天然屏障，从而削弱了西伯利亚高压冷气流，阻截了腾格里沙漠的东侵，也阻止了潮湿的东南季风西进，使得贺兰山东西两侧气候、水源、植被都有着显著的差别，成了中国外流区和内流区的分水岭，是温带荒漠草原与荒漠、季风气候和非季风气候的分界线，也是半农半牧区和牧区的分界线。贺兰山植被垂直地带变化明显，有高山灌丛草甸、落叶阔叶林、针阔叶混交林、青海云杉林、油松林山地草原等多种类型。贺兰山生产的黏板岩质地细润、清雅莹柔，用它雕成的贺兰山石砚是宁夏"五宝"之一。贺兰山也是中国农耕民族和猎牧民族的交界地带，有20处遗存岩画，展现了北方少数民族生产生活的场景，再现了当时的审美观、社会习俗和生活情趣。同时，广宗寺、福音寺两座内蒙古西部最大的藏传佛教寺庙坐落山中。

二、沙漠与沙地景观

内蒙古自治区的沙漠与沙地，位于我国整个沙漠带的东部与东北部，总面积 22.6 万平方公里，其中沙漠 12 万平方公里，沙地 10.6 万平方公里。

(一) 沙漠景观

在内蒙古的西部和中西部地区分布着大面积的沙漠，内蒙古有五大沙漠，即巴丹吉林沙漠、腾格里沙漠、巴音温都尔沙漠、乌兰布和沙漠、库布齐沙漠，它们犹如金色的海洋，绵延分布，形成一道奇特的旅游景观。

1. 巴丹吉林沙漠

巴丹吉林沙漠位于内蒙古自治区阿拉善盟境内，是我国第三大沙漠，世界第四大沙漠，处于阿拉善高原中心地带，总面积 4.92 万平方公里。巴丹吉林沙漠以"奇峰、鸣沙、湖泊、神泉、古庙"五绝著称。最高沙峰为必鲁图峰，海拔 1 609 米，相对高度 500 多米，是世界最高的沙山，俗称"世界沙漠珠峰"。巴丹吉林沙漠是世界上最大的鸣沙区，整个中心区均为相对高度在 200~500 米的鸣沙山，响沙如同雷鸣，又酷似战斗机群的轰鸣，沉闷而深远，可传至十几里，被誉为"世界鸣沙王国"。巴丹吉林沙漠以流动沙丘为主，高低起伏，蔚为壮观，巴丹吉林沙漠沙丘系统主要由简单新月形沙丘、新月形沙丘链、金字塔形沙丘和高大沙山四类组成，其中以新月形沙丘链和高大沙山分布最广。

巴丹吉林沙漠已探明的湖泊共有 144 个，俗称"沙漠千湖"，最大的湖泊诺日图海子面积 2 205 亩，水深 28 米。俯瞰巴丹吉林，大大小小的湖泊宛若一颗颗绚丽璀璨的明珠，镶嵌在深圆妩媚的沙窝之中。巴丹吉林湖泊中还有众多甘泉，其中音德尔图的泉水最为著名，历史上阿拉善王爷不远千里用骆驼驮饮此水，誉为"神泉"。该泉处于湖心，涌于石上，在不到 3 平方米的小岛上有 108 个泉眼，泉水甘洌爽口，水质极佳，据德国专家化验鉴定，"神泉"水中含有十多种人体所必需的微量元素，具有提精养神、延年益寿和治疗多种疾病的功效。著名的巴丹吉林庙是阿拉善最古老、最有名的历史人文景观之一。该庙建于 1755 年，建筑分上下两层，面积近 300 平方米。巴丹吉林沙漠中有丰富的动植物资源和矿产资源。湖泊中盛产卤虫等微生物，湖畔生息着天鹅、野鸭、盘羊、黄羊等十几种野生动物和鸟类，沙漠中有丰富的碱、盐、芒硝等矿藏资源，除此之外，还盛产甘草、麻黄、锁阳、苁蓉等野生药材。

巴丹吉林历史悠久，考古学家在沙漠腹地已经发现了新石器时代的陶器碎片，证明 5 000 年前这里就有人类活动的足迹。

目前，巴丹吉林沙漠是内蒙古阿拉善沙漠国家地质公园的重要组成部分，该地质公园是我国唯一一处以沙漠地质遗迹为主体的国家地质公园。公园分为三大园区——腾格里园区、巴丹吉林园区和居延海园区，巴丹吉林园区是阿拉善沙漠国家地质公园的主园区，由 4 个景区组成，分别为巴丹吉林沙漠景区、曼德拉山岩画景区、额日布盖峡谷景区和海森楚鲁风蚀地貌景区。巴丹吉林园区是以奇特的沙漠景观、典型的雅丹地貌、悠久的历史文化为主要特色的生态探险和科普科考区。

2. 腾格里沙漠

腾格里为蒙古语，意为"天"，指茫茫沙海如渺无边际的天空一般。腾格里沙漠位于阿拉善盟阿拉善左旗的西南部和甘肃省中部的边界地区，介于贺兰山山前平原与雅布赖山之间，在行政区划上东部属内蒙古自治区，西部属甘肃省，南部属宁夏回族自治区，面积约3.67万平方公里，是中国第四大沙漠。

腾格里沙漠在阿拉善左旗境内为2.56万平方公里，占全旗总面积的31.93%。地势由东南向西北缓降，海拔为1 200~1 400米。以多淡水湖泊绿洲著称，沙漠内部沙丘、湖盆、残丘、山地及沙砾平原交互分布。其中沙丘占71%，大部分为流动沙丘，常向东南移动，每月移动7米，对附近黄河和铁路安全威胁极大。少部分为固定和半固定沙丘。南部以单个新月形沙丘为主，一般高5~10米；腹地以新月形链状沙丘为主，一般高10~15米；东北部以格状沙丘为主，一般高约100米，最高可达200米左右。

腾格里沙漠中的水源条件较好，有小湖盆472个，有规则地南北向排列，其间隔为3~5公里，是古湖干缩后的残余部分。腾格里沙漠中的湖泊多为深水湖，可供人畜引用，周围植被生长茂盛，为主要牧场。此外在无水干涸的湖盆处，地下水较浅，植被也较好。腾格里沙漠是我国湖泊最多的沙漠，著名的国家4A级旅游景区月亮湖就在此沙漠中。

3. 巴音温都尔沙漠

巴音温都尔为蒙古语，意为"富饶的高地"。巴音温都尔沙漠位于巴彦淖尔市乌拉特后旗和阿拉善盟阿拉善左旗境内，狼山的北部。由面积不大的雅玛雷克沙漠、本巴台沙漠、海里斯沙漠及白音查干沙漠组成。巴音温都尔沙漠地处内蒙古高原西部巴音戈壁高原，平均海拔1 500米以上。以带状、片状分布在剥蚀残丘与干旱的山间盆地中，共同特点是以流动沙丘为主，形态多属新月形沙丘链，一般高度10~20米，最高处可达50米。东部的白音查干沙漠以固定、半固定沙垄和白刺灌丛沙滩为主，约占该沙漠的78%。在流沙边缘和湖盆周围，都有比较密集的梭梭林，最高覆盖度可达30%。

巴音温都尔沙漠是典型的中温带大陆性季风气候，具有冬季寒冷漫长、春秋季短、夏季炎热、干燥少雨、风大沙多等气候特征。巴音温都尔沙漠是河套地区西北部的最后一道生态防线。

4. 乌兰布和沙漠

乌兰布和为蒙古语，意为"红色的公牛"。乌兰布和沙漠地处巴彦淖尔市和阿拉善盟境内，东濒黄河，西临吉兰泰盐湖，南抵贺兰山北麓，北接狼山，东西宽约110公里，南北长约150公里，总面积约1万平方公里。沙漠地势平坦，由东南向西北倾斜，海拔1 028~1 054米。在沙漠的东南部，即在磴口—敖伦布拉格—吉兰泰一线的东南，地貌景观类型以流动沙丘为主，多为新月形沙丘链、格状新月形沙丘和新月形沙山，一般高10~30米，中心可达50~100米；该线以西即沙漠的西部为古湖积平原，现今仍保留着湖泊的遗迹。现开采的吉兰泰盐湖为我国著名的盐湖之一，景观类型为固定及半固定的白刺灌丛沙滩和长有梭梭的沙垄，风蚀和盐渍化强烈。磴口、沙拉井一线以北的区域是古代黄河冲积平原，河床自西向东逐步摆动，沙漠中广泛分布着东南—西北走向的古河床遗迹，这些遗迹表现为现代沙漠中呈曲带状断续分布的低洼地、低湿地和湖泊。

乌兰布和沙漠日照丰富，可以引黄河水灌溉，湖地具有发展农业、牧业、林业和渔业的良好基础。尤为值得一提的是，新中国成立后，在磴口县二十里柳子至杭锦后旗太阳高庙一线营造了一条防风固沙带，宽300~400米，长175公里，林带两侧5公里内种植封沙草，控制了沙漠的东移。

5. 库布齐沙漠

库布齐为蒙古语，意思是"弓上的弦"。库布齐沙漠是中国第七大沙漠，也是距北京最近的沙漠。库布齐沙漠位于内蒙古自治区鄂尔多斯高原东胜—杭锦旗高原脊线的北部，黄河南岸平原以南，西起巴彦高勒对岸，东至托克托对岸。沙漠呈东西带状，横越鄂尔多斯市杭锦旗、达拉特旗和准格尔旗的部分地区。西、北、东三面均以黄河为界，地势南部高、北部低。南部为构造台地，中部为风城沙丘，北部为河漫滩地，东西长约 365 公里，南北宽 30 公里，最宽处可达 65 公里，总面积约 1.68 万平方公里，流动沙丘约占 80%，形态以流动的新月形沙丘链和格状沙丘为主。其中，边缘零星沙丘前移速度较快，西部在杭锦旗阿门其日格、四十里梁等处，已和毛乌素沙地连成一片，形成引人注目的"握手沙"。库布齐沙漠气候类型属于温带干旱、半干旱区。沙漠西部和北部因其地靠黄河，地下水位较高，水质较好，可供草木生长。库布齐沙漠的植物种类多样，植被差异较大。东部为草原植被，西部为荒漠草原植被，西北部为草原化荒漠植被。库布齐沙漠内分布着众多的湖泊、温泉，并在其周围形成片片绿洲，成为良好的牧场。此外，在库布齐沙漠的东北和东缘还有世界罕见的特大响沙带。

（二）沙地景观

内蒙古自治区的沙地主要分布在内蒙古中、东部，在水热状况上，属半干旱和半湿润地区。沙地中沙丘起伏和缓，固定程度高，易于利用和改造，著名的有中国四大沙地，即毛乌素沙地、浑善达克沙地、科尔沁沙地、呼伦贝尔沙地，这些地区因其多变的气候和复杂的地质条件形成了独特的沙地景观。

1. 毛乌素沙地

毛乌素是蒙古语，意为"不好的水"。毛乌素沙地主要位于鄂尔多斯高原与黄土高原之间的湖积冲积平原凹地上，海拔多为 1 100~1 300 米，西北部稍高，达 1 400~1 500 米，个别地区可达 1 600 米左右，东南部河谷低至 950 米。出露于沙区外围和伸入沙区境内的梁地主要是白垩纪红色和灰色砂岩，岩层基本水平，梁地大部分顶面平坦。各种第四系沉积物均具明显沙性，松散沙层经风力搬运，形成易动流沙。沙区年均气温 6.0℃~8.5℃，1 月平均气温-9.5℃~12℃，7 月平均气温 22℃~24℃，年降水量 250~440 毫米，集中于 7—9 月，降水年际变率大，常发生旱灾或涝灾，且旱多于涝。夏季常降暴雨，又多雹灾，最大日降水量可达 100~200 毫米。沙地东部属淡栗钙土干草原地带，流沙和巴拉（半固定和固定沙丘）广泛分布，西北部属棕钙土半荒漠地带。

毛乌素沙区处于几个自然地带的交接地段，植被和土壤反映出过渡性特点。除向西北过渡为棕钙土半荒漠地带外，向西南到盐池一带过渡为灰钙土半荒漠地带，向东南过渡为黄土高原暖温带灰褐土森林草原地带。

2. 浑善达克沙地

浑善达克为蒙古语，意为"孤驹"。浑善达克沙地是我国十大沙地之一，内蒙古四大沙地之一，位于内蒙古自治区中部锡林郭勒草原南端，东起大兴安岭南段山麓，西至集二线，距北京直线距离 180 公里，是离北京最近的沙源。沙地东西长约 340 公里，南北宽 30~100 公里，总面积大约 2.14 万平方公里，地势由东南向西北倾斜，平均海拔 1 100~1 300 米。浑善达克沙地气候温和，雨量丰富，属中温带大陆性气候。夏季凉爽宜人，是避暑的好地方。

浑善达克沙地是中国著名的有水沙漠，在沙地中分布着众多的小湖、水泡子和沙泉，水草丰美，景观奇特，风光秀丽，有人称它为"塞外江南"，也有人称它为"花园沙漠"。沙地中野生动植物资源较多，是候鸟的产卵繁育地，还有很多珍稀的植物和药材，拥有种子植物共计 708 种。浑善达克沙地北部东端发育有杨、桦次生林，西部低山丘陵的山体阴坡有岛状灌木林，北部是沙地榆树疏林，中部有大面积的草原。在浑善达克沙地的腹地沙丘连绵不断，这些沙丘的上面长着沙蒿、茅草和黄柳，沙丘的下面则是美丽的红柳林。在红柳林中间，有许多奇花异草，有的地方甚至有上千亩的野生黄花菜，花开时节，金光耀眼，甚为壮观。在浑善达克沙地东北缘的白音敖包国家自然保护区里，生长着 3.6 亩世界珍奇树种——沙地云杉，是世界同类地区尚未发现的稀有树种，被称为"生物基因库"和"活化石"。

3. 科尔沁沙地

科尔沁沙地位于内蒙古自治区东部的西辽河中下游通辽市附近，北起大兴安岭东南山麓低山丘陵，南至燕山北部赤峰—库仑黄土丘陵，西起巴林巧，东至郑家屯，是中国面积最大的沙地，总面积达 4.34 万平方公里。科尔沁沙地地势为南北高，中部低，西部高，东部低。西辽河水系贯穿其中。地貌最显著的特点是沙层有广泛的覆盖，丘间平地开阔，形成了坨甸相间的地形组合，当地人称它为"坨甸地"。

科尔沁沙地多是西北—东南走向的垄岗状，在沙岗上广泛分布着沙地榆树疏林。西辽河上游老哈河流域还有沙黄土堆积，植被以虎榛子灌丛和油松人工林为主。科尔沁沙地西部翁牛特旗松树山及附近沙地分布有油松林，沙地东南部大青沟内分布有水曲柳林。

科尔沁沙地在历史上曾是水草丰美的科尔沁大草原，但由于清朝时期的放垦开荒，再加上气候干旱，大部分草原都已沙化，演变成中国面积最大的沙地，正在发展为以风蚀沙地半固定状态为主的荒漠化土地。

4. 呼伦贝尔沙地

呼伦贝尔沙地位于内蒙古自治区东北部呼伦贝尔高原。东部为大兴安岭西麓丘陵漫岗，西对达赉湖和克鲁伦河，南与蒙古相连，北达海拉尔河北岸，地势由东向西逐渐降低，且南部高于北部。该区东西长 270 公里，南北宽约 170 公里，沙地面积近 1 万平方公里。呼伦贝尔沙地的气候具有半湿润、半干旱的过渡特点，沙地境内的河流、湖泊、沼泽较多，水分条件优越，年平均气温较低，年降水量多集中在夏秋季。沙地土壤中含沙量较大，一般多为中、细沙。风沙土主要分布在沙带及其外围的沙质平原上，在固定的风沙土中，发育着有机质含量较高的黑沙土。

三、地质遗迹景观

地质遗迹，指在地球演化的漫长地质历史中，由各种内外动力作用形成、发展并遗留下来的珍贵的、不可再生的地质自然遗产。依其形成原因和自然属性，可分为标准地质剖面、著名古生物化石遗址（如恐龙化石）、地质构造形迹、典型地质与地貌景观（如火山地质景观、石林景观）特大型矿床、地质灾害遗迹等类型。内蒙古经历了多期的地质构造运动，各时代不同环境形成的岩层均有分布，地质遗址非常丰富，从 30 多亿年前的原始地壳地层、岩石，到现今地层土壤，从原始海洋生物，到各地质时代的海陆湖沼古生物化石，以及地球运动形成的典型构造形迹、稀有岩石、矿物、火山、温泉、湖泊、山石等奇特地质景观均有展现。典型的地质景观有：

（一）冰川遗迹

冰川遗迹包括冰臼群、冰石林、刃脊、角峰、石河等形态。有学者认为赤峰市克什克腾旗境内的大兴安岭南侧的青山上有遗留下来的近千个白穴即古冰穴，同时还有冰斗、条痕石等。如果此说正确，那里将是我国目前发现数量保存最多的古冰川遗迹。该区域的阿斯哈图石林，有奇特的石林景观。石林通体为坚硬的花岗岩石，类型众多，形状千姿百态，有的像"石柱""石丛""石笋"，有的好似"石塔""石墙"，还有的像"秀女望月""比萨斜塔"等。这是花岗岩地貌的新类型，在国内外尚属首次发现，为中国独有。

（二）火山温泉景观

内蒙古地区的火山温泉景观以阿尔山最为集中。阿尔山的火山熔岩地貌丰富多样，如火山灰、火山熔岩、火山口及温泉。阿尔山有联合国 A 级保护区，亚洲面积最大、保存最完整的火山玄武岩地貌——石塘林，有世界罕见的天池群，有世界最大、可洗可饮的温泉矿泉群及四座非常年轻的活火山和火山口湖群等大量罕见的火山遗迹。阿尔山地质公园遗迹、自然景观保存良好，展现了独特多样的火山温泉地貌景观。

阿尔山温泉群处在阿尔山断裂带上。受新生代构造中期的喜马拉雅山运动的影响，阿尔山地区形成了伊尔施、阿尔山、五岔沟等一系列断裂带。地下水沿断裂带渗透到不同深度与不同成分的岩隙中，经过长期热作用与矿化作用，形成了今天矿泉的不同温度与不同矿化成分；被矿化的地下水在不断热循环的作用以及地表水的不断补给下，涌出地面，形成了今天的阿尔山矿泉群。而冷泉水来自地表潜水，温泉、热泉、高温泉水来自地下深层循环水。

（三）熔岩台地景观

大兴安岭两侧、内蒙古高原中部、阴山山地东段和西辽河上游等地区，沿着东西向和东北—西南向的华夏断裂带有大量的玄武岩喷溢，形成较大面积的岩熔台地，岩熔台地生成地貌包括火山锥、火山堰塞湖和火山口湖。内蒙古自治区较为著名的该类地质景观有：集宁火山群、达里诺尔火山群、阿巴嘎火山群、达尔滨湖及天池等。

（四）地质构造景观

在各种地壳运动的影响下，内蒙古自治区形成了丰富多样的构造形迹。例如，乌海地区受燕山期和加里东期造山运动的影响，形成远古到现代十几个地质年代的地层分布和出露，构成了许多独特的自然景观。如蘑菇石、石花洞、飞来峰、一线天等。

（五）化石遗迹景观

内蒙古地区从远古时代就有许多生物栖息繁衍，保存了许多古生物遗迹，发现了大量古生物化石。到 1985 年，二连浩特盐池地区相继发现恐龙化石及与恐龙共生动物化石达到三百多件，被古生物学家称为"恐龙墓地"，也被誉为"恐龙之乡"。在锡林郭勒盟苏尼特右旗出土了亚洲最大、最完整的恐龙化石，身长 21 米、高 6 米，被定名为查干诺尔龙。除此之外，阿拉善盟、乌海、鄂尔多斯等地也发现有大量恐龙化石。1980 年，满洲里市扎赉诺尔先后发现了两具猛犸象骨骼化石。这是我国迄今古象化石标本中最大的一具，被誉为中国古象王国中的"巨人"。

除此之外，内蒙古境内还发现了众多其他种类古生物化石遗迹，如阿拉善右旗境内的晚白垩纪恐龙蛋化石和大型蜥脚类、兽脚类、原角龙类、窃蛋龙类恐龙化石；鄂尔多斯市鄂托克旗境内的早白垩纪似鸟龙类、翼龙类恐龙化石，一些鹦鹉嘴龙骨骼、牙齿化石以及硅化木化石；鄂尔多斯市杭锦旗境内的驰龙类恐龙骨头、尾椎骨化石和较完整的龟甲化石；呼伦贝尔市新发现的两处化石产地，一处分布在莫力达瓦达斡尔族自治旗的早白垩纪龙江地层中，含有丰富的热河生物群化石，主要类型有鱼类、两栖类、昆虫类、龟类、叶肢介类、大型动物骨骼化石以及丰富的古植物化石。另一处分布在新巴尔虎左旗，这一处化石产地新发现了猛犸象牙齿化石、哺乳动物牙齿化石、硅化木化石及其他古脊椎动物化石。

第二节　水文景观

内蒙古自治区境内共有大小河流千余条，其中流域面积 1 000 平方公里以上的河流有 107 条；流域面积大于 300 平方公里的有 258 条，有近千个大小湖泊。全区按自然条件和水系的不同分为：大兴安岭西麓黑龙江水系地区，呼伦贝尔高原内陆水系地区，大兴安岭东麓山地丘陵嫩江水系，阴山北麓内蒙古高平原内陆水系地区，海河、滦河水系地区，阴山南麓河套平原黄河水系地区，鄂尔多斯平原水系地区，西部荒漠内陆水系地区。

一、河流景观

内蒙古境内分布的千余条河流和近千个湖泊，根据其河川径流排泄条件的不同，可分为外流和内流两个水系。大兴安岭、阴山和贺兰山是内、外流水系的主要分水岭。

（一）外流水系

内蒙古外流水系自东而西有额尔古纳河、嫩江、辽河、滦河、永定河、黄河 6 个水系，总流域面积 61.34 万平方公里，占全区总面积的 52.5%，主要汇入鄂霍次克海和渤海。

1. 额尔古纳河水系

额尔古纳河水系由额尔古纳河干流、上源海拉尔河以及支流伊敏河、克鲁伦河、哈拉哈河、乌尔逊河、根河、得尔布干河、激流河等组成。水系全长 1 606 公里，其中额尔古纳河干流是中俄两国界河，右岸为我国呼伦贝尔市，流域面积 15.77 万平方公里。

额尔古纳河是黑龙江的上游，上源海拉尔河发源于大兴安岭西侧的吉鲁契那山麓，向西经乌尔其汗镇、牙克石市、海拉尔区，至阿巴盖堆以下称额尔古纳河，河流折向东北到大司洛夫卡河口与左岸俄罗斯的石勒喀河汇合后称黑龙江，最终注入太平洋水域的鄂霍次克海。河流全长 970 公里，是中俄两国的界河。

海拉尔河是额尔古纳河的上游，位于呼伦贝尔的西南部，自东而西纵贯呼伦贝尔高原的中部。发源于大兴安岭西麓吉鲁契那山，干流长 708 公里，流域面积 5.42 万平方公里。主要支流有库里多尔河、特尼河、莫尔格勒河、免渡河、伊敏河等。

伊敏河是海拉尔河支流。发源于大兴安岭蘑菇山北麓，自南向北流经呼伦贝尔市鄂温克族自治旗，穿过海拉尔区北入海拉尔河，河长 390 公里，流域面积 2.27 万平方公里。伊敏河上游红花尔基以上为山地林区，红花尔基以下河流进入丘陵草原区。伊敏河主要支流有辉河、维纳河、苇子坑河、锡尼河等。

克鲁伦河是额尔古纳河支流。位于呼伦湖的西南部，蒙古国肯特山东麓，在中游乌兰恩格尔西端进入我国，流经呼伦贝尔市新巴尔虎右旗，东流注入呼伦湖。河流全长 1 264 公里，在我国境内长 206 公里，区间流域面积 7 153 平方公里。

哈拉哈河发源于大兴安岭西侧摩天岭北部的达尔滨湖，弯弯曲曲流入贝尔湖。哈拉哈蒙古语意为"屏障"，从河东岸看西岸如同一座长长的壁障在眼前，哈拉哈河由此地貌而得名。全长 399.5 公里，是中蒙界河，在我国境内长 135 公里，沿途有 12 条河流汇入，河面逐渐加宽，最宽处达 80 米，水深平均 2 米，流速每秒 1~2 立方米，河西岸比东岸高，有的地方在东岸一侧看不到西岸的情况。哈拉哈河在呼伦贝尔市境内流域面积 8 736 平方公里，到额布都格卡附近河道分 2 支，一支直接汇入乌尔逊河，一支汇入贝尔湖，主要支流有罕达盖河、胡鲁斯台河。本地人又称这条河为"爱国河""母亲河"，因为哈拉哈河是一条国际河流，源于中国，流经蒙古，就像一位远嫁异乡的姑娘，在国外漂泊半世，临末了又转身回到祖国的怀抱中。哈拉哈河岸丛生着原始的植物群落，蜿蜒的河水隐没在高山峻岭之间。人们可悠闲地在河岸上垂钓，在开满鲜花的草甸上漫步。在哈拉哈河中、下游河段还可以乘木筏顺河漂流，充分领略大自然的风采。

乌尔逊河是额尔古纳河支流，发源于贝尔湖和沙尔勒金河，北流注入呼伦河，河长 223公里，流域面积 1.05 万平方公里。

根河是额尔古纳河支流，发源于大兴安岭伊吉奇山西南侧，自东北向西南流经根河、额尔古纳两市，于额尔古纳市四卡北注入额尔古纳河，河长 428 公里，宽 1~2 公里，流域面积 1.58 万平方公里。主要支流有伊图里河、依根河、库力湖等。

得尔布干河是额尔古纳河支流，发源于根河市得耳布尔镇北上游岭附近，由东北流向西南，于河口附近与哈乌尔河汇合后注入干流，河长 273 公里，流域面积 0.68 万平方公里。

激流河是额尔古纳河支流，发源于大兴安岭西麓的三望山。河长 468 公里，流域面积 1.59 万平方公里，在额尔古纳市田登科附近汇入额尔古纳河，处于大兴安岭西北坡原始森林区。主要流经地区有根河、额尔古纳两市。主要支流有金河、阿龙山河、敖鲁古雅河、安格林河等。

2. 嫩江水系

嫩江干流是内蒙古与黑龙江、吉林两省的界河，右岸支流主要分布在内蒙古，由甘河、诺敏河、阿伦河、雅鲁河、绰尔河、霍林河等众多支流组成。嫩江水系河流全长1 369公里，流域面积 24.34 万平方公里，其中在内蒙古境内的流域面积 15.32 万平方公里。

嫩江是嫩江水系的干流，松花江北源。发源于大兴安岭支脉伊勒呼里山南坡，南北纵贯呼伦贝尔市东部，经过嫩江县、莫力达瓦旗尼尔基镇、齐齐哈尔市，在三叉河附近与第二松花江汇合后称松花江。

甘河是嫩江支流，发源于大兴安岭东侧沃违其山麓。干流为西北—东南流向，主要流经呼伦贝尔市莫力达瓦达斡尔族自治旗、鄂伦春族自治旗。河长 1 188 公里，流域面积 1.97万平方公里。主要支流阿里河，长 124 公里，流域面积 2 183 平方公里。

诺敏河是嫩江支流，发源于大兴安岭西。河长 441 公里，在呼伦贝尔市莫力达瓦达斡尔族自治旗尼尔基镇附近分两支入嫩江。流域面积 2.55 万平方公里，较大的支流有毕拉河，长 229 公里。

阿伦河是嫩江支流，发源于大兴安岭的博克图腰梁子附近。河长 344 公里，流域面积 6 126 平方公里。流域形状为窄长方形，具有河流短和分布均匀的特点。主要流经呼伦贝尔市阿荣旗境内。下游于成吉思汗边堡以下流入黑龙江省境内。

雅鲁河是嫩江支流，发源于大兴安岭东侧博克图附近的光头山。河长 388 公里，主要流经内蒙古牙克石市和扎兰屯市，在黑龙江省龙江县东入嫩江。流域面积 1.91 万平方公里，其中内蒙古境内 1.46 万平方公里，有阿木牛河、济沁河、罕达罕河、卧牛河等主要支流。下游经常移动，遗有很多旧河道、牛轭湖和沼泽地，并有砂砾层分布。扎兰屯城北的秀水吊桥公园便是该河一处旅游名胜。

绰尔河是嫩江支流，发源于大兴安岭顶部石门子站附近。河长 552 公里，流域面积 1.73 万平方公里。主要流经牙克石、扎兰屯两市和兴安盟扎赉特旗，向东南流到与黑龙江省交界处注入嫩江。流域面积大部属内蒙古，仅下游右岸局部地区属黑龙江省。河谷窄深，支流密布且分布均匀。

霍林河是嫩江支流，发源于通辽市扎鲁特旗罕山西麓，经霍林郭勒市、兴安盟科尔沁右翼中旗进入吉林省境内，水流逐渐扩散消失。干流全长 590 公里，流域面积为 2.78 万平方公里，其中内蒙古境内 1 万余平方公里。

3. 辽河水系

位于内蒙古境内的西辽河是辽河水系的右上源，由老哈河、西拉木伦河汇合而成，河流全长 830 公里，流域面积 13.88 万平方公里。主要支流有新开河、教来河、乌力吉木伦河。

老哈河是西辽河南源，发源于河北省七老图山脉的光头山，流经赤峰市东南部，在翁牛特旗与奈曼旗交界处与西来的西拉木伦河汇合后称西辽河。全长 425 公里，流域面积 3.31 万平方公里。主要支流有八里罕河、坤都冷河、英金河、羊肠子河等 10 条，均是常年流水河。

西拉木伦河，蒙古语意为"黄色的河"，属西辽河北源，发源于大兴安岭山地赤峰市克什克腾旗红山北麓白槽沟，古称潢水、饶乐水、吐护真水等。全长 380 公里，流域面积 3.22 万平方公里，主要支流有查干木伦河、少郎河、响水河等，河水夹带黄沙。

老哈河与西拉木伦河汇合，从口苏家堡至辽宁省康平县二道河子的河段称西辽河，西辽河在康平县二道河子与东辽河汇合后称辽河，辽河最终流入渤海。西辽河干流长 403 公里，河谷两岸发育着一级阶地与河漫滩，宽广的阶地构成西辽河冲积平原。

新开河是西辽河水系一级支流。河流自西拉木伦河台河口分流后，经通辽市开鲁县和科尔沁左翼中旗，在英窝与西北来的乌力吉木伦河汇合后，至小瓦房归入西辽河，全长 378 公里，是 1950 年内蒙古自治区政府重新整治西拉木伦河古河道而形成的河流。河流两岸为宽广的西辽河平原，是通辽市主要灌溉农业区和平坦草牧场，沿河两岸还建有他拉干、都西庙等旁侧平原水库。

教来河是西辽河水系一级支流，发源于赤峰市敖汉旗西南努鲁儿虎山，在通辽市科尔沁区王家窝铺与西辽河汇合。河流全长 559 公里，流域面积 1.49 万平方公里，平均河床宽约 300 米，常年流水，可灌溉两岸农田数十万亩。

乌力吉木伦河，蒙古语意为"吉祥的河"，是西辽河水系一级支流，发源于赤峰市巴林左旗北部的巴颜乌兰峰，汇集横河、乌兰达坝河、干支嘎河、浩尔吐郭勒河、沙里河等河流，经赤峰市阿鲁科尔沁旗和通辽市扎鲁特旗，于通辽市科尔沁左翼中旗的英窝与西北来的新开河汇合入西辽河，水质良好。河流全长 598 公里，流域面积 3.34 万平方公里。

4. 滦河水系

滦河古名濡水，发源于河北省丰宁县，由南向北流入沽源县，称闪电河；至内蒙古正蓝旗上都镇折向东，称上都河；入多伦县后，至查干敖包东，慧温高勒自北来汇，始称滦河，经小菜园境复入河北丰宁县。较大支流有慧温高勒、乃仁高勒、吐鲁根河、羊肠子河等。河道蜿蜒曲折，在内蒙古境内长 254 公里，流域面积 0.69 万平方公里。

5. 永定河水系

内蒙古境内的永定河水系属永定河北支洋河和南支御河的上游部分，流域面积5 600平方公里。洋河发源于乌兰察布市兴和县，其主要支流有后河、银子河。御河发源于乌兰察布市丰镇市，主要支流有饮马河。

6. 黄河水系

黄河水系在内蒙古境内由黄河干流和较大的支流大黑河、浑河、纳林川、乌兰木伦河、红柳河、都斯图河等组成。黄河干流自宁夏回族自治区的石嘴山流入内蒙古，由南向北，围绕鄂尔多斯高原，形成一个马蹄形，经乌海市、巴彦淖尔市、包头市、呼和浩特的托克托县，至鄂尔多斯市准格尔旗马栅出境，全长843公里。.

大黑河是黄河支流，由干流和大庙沟河、五贝滩河、石人弯河、小黑河等主要支流组成，流域面积1.37万平方公里。干流发源于乌兰察布市卓资县十八台镇梁顶，往西经卓资县、旗下营，至陶卜齐折向西南，经美岱、三两等地，于托克托县河口镇附近注入黄河，河长236公里。

浑河是黄河支流，由干流和古力半吉河、清水河等支流组成，流域面积0.25万平方公里。河流发源于山西省平鲁县，在长城的杀虎口附近进入呼和浩特市和林格尔县，自东向西经清水河县，于岔河口附近注入黄河。河长200公里，是一条典型的山溪性多泥沙河流。

纳林川、乌兰木伦河分属于黄河支流黄甫川河、窟野河的上游，皆发源于内蒙古鄂尔多斯高原东侧的山地丘陵区。纳林川河长72公里，在其东侧有十里川河平行南流，于陕西省麻镇附近汇入黄甫川河而注入黄河，在内蒙古境内流域面积0.29万平方公里。乌兰木伦河（红河之意）长63公里，在其东侧有悖牛川河平行南流，于陕西省神木县境内汇合后称窟野河而注入黄河，在内蒙古境内流域面积0.47万平方公里。

萨拉乌苏河，又称红柳河，是黄河中游无定河支流的上游，由海流图河、纳林河汇合而成，流域面积0.75万平方公里。红柳河发源于陕西省定边县，在二层河台流入内蒙古鄂尔多斯市最南部的乌审旗境内。

都斯图河是黄河支流，发源于鄂尔多斯市托克旗察汗淖尔镇，向西经鄂尔多斯高原，于内蒙古与宁夏交界处注入黄河。河长166公里，宽50～100米，流域面积0.42万平方公里，无支流汇入。

（二）内流水系

内蒙古自治区内流水系自东向西有乌拉盖尔河、查干诺尔、黄旗海、岱海和高原西部的塔布河、艾不盖河、额济纳河等，皆是无尾河，河川径流均消失于各自封闭的湖盆或洼地内，总流域面积11.41万平方公里。

1. 乌拉盖尔河水系

乌拉盖尔河水系是内蒙古最大的内陆河水系。由乌拉盖尔河干流及其主要支流色也勒吉河、宝日嘎斯太河、音扎干河、高日罕河、巴拉格尔河以及伊和吉仁高勒河、锡林郭勒河等河流组成，其流域面积约6.88万平方公里。

伊和吉仁高勒河是锡林郭勒高原上的河流，发源于赤峰市克什克腾旗境内的大兴安岭西麓，由南向北流至东乌珠穆沁旗额和宝拉格苏木境内消失，在其东侧有支流巴嘎吉仁高勒河平行北流，于西乌珠穆沁旗巴彦高勒苏木境内注入伊和吉仁高勒河。

锡林郭勒河的蒙古语意为"高原上的河"，发源于赤峰市克什克腾旗境内的大兴安岭西麓，纵贯锡林浩特市中南部。上游东西流向，处于丘陵地带，河谷宽1公里；库尼苏曼以下为中下游，河水折向北流，河谷宽2~5公里，形成河间盆地，间有沼泽，至锡林浩特市巴彦宝拉格苏木查干诺尔消失。

2. 查干诺尔水系

查干诺尔水系主要包括巴音河和恩格尔河，流域面积0.51万平方公里。巴音河由高格斯台河、灰腾河汇合而成，发源于锡林郭勒盟正蓝旗浑善达克西部沙地东缘，由东南向西北流入锡林郭勒盟阿巴嘎旗境内的查干诺尔湖，河宽3~10米。恩格尔河发源于正蓝旗浑善达克沙地西部，上游狭小，下游河谷宽2~3米，向北注入阿巴嘎旗境内的查干诺尔湖。

3. 塔布河

塔布河是内蒙古乌兰察布高原上的内陆河，发源于包头市固阳县东北部南沟村，由西向东流经包头市达尔罕茂明安联合旗，至乌兰察布市四子王旗境内渐向北流，最终汇入呼和诺尔湖。干流全长316公里，流域面积约1.05万平方公里。上游段为山区，谷深40米左右，河槽宽10~30米，平时呈干河；中游段山地与丘陵相间分布；下游两岸多是台地，是干旱草原，河道中有零星滩地分布。

4. 艾不盖河

艾不盖河是乌兰察布高原上的内流河，发源于包头市达尔罕茂明安联合旗西南的犄老以根山地，向东流至百灵庙又折向北流，最终归入腾格尔诺尔湖，全长约205公里，流域面积1.21万平方公里。上游区为山地，河谷宽2公里左右；中游流过丘陵与石山交错地带，河谷宽300~600米；下游先后流经宽阔草甸草原和戈壁，河床逐渐消失，河水潜没在诺尔湖之中。

5. 额济纳河

额济纳河为内蒙古西部荒漠区中的最大河流，位于阿拉善盟额济纳旗境内，发源于青海省祁连山南麓，上游为黑河和弱水，向北流入内蒙古境内的额济纳河。额济纳河向北流至狼心山的西河（木仁高勒）和东河（额木讷高勒），最终分别汇入嘎顺诺尔（居延海）、苏泊诺尔。河长250公里，呈南北流向，弯曲度小。西侧有木林高勒、赛罕高勒、乌兰艾立格高勒、克列图高勒和巴嘎高勒5条支流，分别汇入嘎顺诺尔（居延海）。东河下游有昂茨河、古尔本汗立河、哈拉素海河、达西敖包河、纳林河5条支流。河流流经额济纳旗人民政府驻地达来呼布镇。20世纪60年代以后，由于上游来水无保证，加之内蒙古境内又不产流，河流除汛期外很少有水。

二、湖泊景观

内蒙古自治区境内水系丰富，湖泊众多，据不完全统计，全区共有大大小小的湖泊近千个。但由于受气候条件的影响，内蒙古境内绝大多数湖泊面积较小，季节性很强，有的甚至已经干涸。目前，内蒙古境内分布有呼伦湖、贝尔湖、杜鹃湖、松叶湖、达里湖、岱海、黄旗海等10多处著名湖泊景观，是内蒙古自治区的宝贵水域旅游资源。

（一）呼伦湖

呼伦湖是内蒙古自治区最大的湖泊，位于呼伦贝尔市。湖面海拔539米，面积约2 300平方公里，有克鲁伦河和乌尔逊河注入。旧时呼伦湖与海拉尔河相通，湖水流入黑龙江，现已断流成为内陆湖。

　　呼伦湖一带在史前已经有人类居住。历史上曾数易其名:《山海经》称大泽,唐朝时称俱伦泊,辽、金时称栲栳泺,元朝时称阔连海子,明朝时称阔滦海子,清朝时称库愣湖,当地牧人称达赉诺尔(蒙古语,意为"像海一样的湖泊")。而呼伦湖是近代才有的名称,"呼伦"是由蒙古语"哈溜"音转而来,意为"水獭"。古代湖中盛产水獭,生活在湖边的蒙古人便以用动、植物名称为山、河、湖、泉命名的古老习惯为此湖命名。清初,游牧在湖边的蒙古人开始称呼伦湖为"达赉诺尔"。湖中共有鱼类 30 多种,主要有鲤鱼、鲫鱼、鲶鱼等经济鱼类。此外,湖中还盛产白虾。呼伦湖也是中国北方地区重要的鸟类栖息地和东部内陆鸟类迁徙的重要通道。春秋两季,湖中南来北往的鸟类繁多。

　　呼伦湖具有很强的自净能力,这与其所处的特殊地理位置有关。首先,湖的面积大,与多条草原河流相通;其次,由于地处高纬度地区,气温低,对湖体浮游生物有一定的抑制作用;值得一提的是,湖体构造特殊,露出 30 余个泉点,有大量地下水补给。因此,呼伦湖在维持生物多样性和丰富的生物资源方面发挥着巨大作用,在区域环境中具有特殊的地位。

　　据初步统计,呼伦湖地区共有鸟类 17 目 41 科 241 种,占中国鸟类总数的 1/5,主要有天鹅、雁、鸭、鹭等,其中不少属珍稀禽类。其中丹顶鹤、白鹤、黑鹤、大鸨、金雕等是国家一级保护鸟类。全世界有鹤类 15 种,而呼伦湖保护区就有 5 种,鹤类家族中的白鹤、丹顶鹤、白枕鹤已被列入世界濒危物种,这片湿地成为它们重要的避难所。

　　(二)贝尔湖

　　贝尔湖位于呼伦贝尔草原的西南部边缘,是哈拉哈河和乌尔逊河的吞吐湖,是中蒙两国共有的湖泊。贝尔湖呈椭圆形,长 40 公里,宽 20 公里,面积 608.78 平方公里,大部分在蒙古国境内,仅西北部的 40.26 平方公里为我国所有。乌尔逊河从北面把它和呼伦湖连接在一起。湖水为淡水,一般深度在 9 米左右,湖心最深处可达 50 米以上。湖水清澈,为沙砾湖床,是天然渔场。湖内盛产多种鱼类,湖周围为优良牧场。

　　呼伦湖和贝尔湖在草原上有很多美丽动人的传说,有人说它们是夫妻湖,有人说它们是姊妹湖。不管是什么,它们永远是呼伦贝尔草原的象征。也正是因为有着两个美丽的湖泊,才有了"呼伦贝尔"这个美丽神奇的地方。

　　(三)杜鹃湖

　　杜鹃湖位于阿尔山市温泉街东北 92 公里的阿尔山林业局兴安林场境内,面积 128 公顷。因湖畔开满杜鹃花得名。湖面呈月牙形,它是火山喷发期由于熔岩壅塞河谷切断河流形成的堰塞湖,东南为进水口,西南为出水口,上游连着松叶湖,下游衔着哈拉哈河,平均水深2.5 米,最深处达 5 米以上。杜鹃湖为流动活水湖,四季风景美不胜收。当残雪消融、春回大地之时,湖边杜鹃花灿然怒放,花树相间,红绿分明,湖面如霞似火,湖中野凫成群,灰鹤、天鹅栖息,成群的柳根鱼竞相觅食;夏季湖面浮萍田田,迎风摇曳,清香扑面,似江南美景;秋季水清如镜,湖周围层林尽染,湖面金波荡漾;冬季银装素裹,湖水成冰,晶莹剔透,是个天然的滑冰场。有诗赞叹杜鹃湖:"神女新浴幽谷香,金针巧为织女绣,素笔遥寄化春雪,杜鹃湖畔舞霓裳。"

　　(四)松叶湖

　　原名达尔滨湖,位于杜鹃湖东南 10 公里处,距兴安林场 12 公里,距阿尔山市 102 公里，面积 314 公顷，居阿尔山境内堰塞湖群之首。松叶湖水向北流，通过八号沟小河流入杜鹃湖，湖面南北长 1 300 米，东西宽 150 米，南北看湖面呈弯月形，天连水，水连天，水天一色。东西两侧是山，湖西南侧是阿尔山的第二高峰特尔美峰，海拔 1 711.7 米。山上建有望火楼，湖的南端有一个高约 5 米的小瀑布。松叶湖湖底平坦，湖面宽广，盛产鱼类。湖岸山峻峰险，生长着茂密的原始森林。每至金秋时节，松叶纷飞，撒落湖中，在阳光的映照下如锦似缎，形成独特的自然景观，故称"松叶湖"。这里保持着原始的山情野趣，是寻幽、探奇、泛舟的好去处。

（五）达里湖

达里湖，蒙古语又称"达里诺尔"，意为"大海一样的湖"，位于克什克腾旗西部达里诺尔自然保护区，距经棚镇约 90 公里。达里诺尔自然保护区是一个以保护珍稀鸟类及其赖以生存的湖泊、湿地、草原、沙地、林地等多种生态系统为主的综合性国家级自然保护区，已被列入"亚洲重要湿地"名录，2010 年被评为国家 4A 级景区。该自然保护区还有巨大的火山群，是克什克腾世界地质公园的一部分。达里湖是自然保护区的核心，水域面积 240 平方公里，水储量 16 亿立方米，水深 10~13 米，属于苏达型半咸水湖，是内蒙古第三大湖。

达里湖湖面广阔，周围草甸、湿地齐备，是鸟类的天堂，是中国北方重要的候鸟迁徙栖息地，有鸟类 15 目 32 科 152 种。其中有珍稀的丹顶鹤等国家一、二类保护鸟类 26 种，是国家珍稀鸟类保护区。这里鸟类最多的时节是春、秋两季，4 月下旬到 5 月初，冰雪融化，青草萌生，候鸟成群结队地从南方飞来，栖息在湖区，整个湖面百鸟争鸣，热闹非凡。而 9 月下旬到 10 月上旬，各类候鸟陆续南迁，再度光临达里湖，其中以白天鹅和大雁居多。特别是近年来白天鹅数量越来越多，最多时达 7 万余只。天鹅飞起如晴天飞雪，落如素锦铺地，因而达里湖又有"天鹅湖"的美称。达里湖的半咸水质，只有华子鱼和鲫鱼能够存活。鱼种虽少，但产量非常高，且十分有名。华子鱼学名瓦氏雅罗鱼，因眼球周围鲜红，俗称"红眼华子"。此鱼味道鲜美，营养丰富。

（六）岱海

岱海古称"天池"，汉称"诸闻泽"，魏曰"盐池"，宋为"鸳鸯泊"，明称"威宁海"，清初谓"代噶淖尔"，光绪初年正式称为"岱海"，沿用至今。

岱海位于凉城县城东南 8 公里处，水面面积 160 平方公里，平均水深 4 米，最深处达 17 米，是内蒙古自治区第三大内陆湖，也是著名的渔业生产基地，享有"塞外天池""草原明珠""高原仙湖"之美誉。岱海由周边 20 多条河流和中层地下水汇集而成，形成于第三纪造山运动，属典型的内陆淡水湖泊。

岱海四周湿地环境保护良好，总面积 2.7 万公顷，区域内水草丰美，滩涂草原广阔，资源丰富，有湿地草甸植物 56 种、芦苇 5 万亩。海鸥等水鸟种类繁多，每年春季 4、5 月，秋季 8、9 月间，天鹅、鸿雁成群结队飞往岱海栖息，其景色颇为壮观。

2001 年岱海湿地被内蒙古自治区政府批准为自治区级自然保护区，2006 年岱海旅游区被评为内蒙古十大历史风景名胜区，2009 年岱海旅游区被评为国家 4A 级景区。

（七）黄旗海

黄旗海位于内蒙古自治区乌兰察布市察哈尔右旗境内，北魏时期称"南池""乞伏袁池"，金代时期称"白水泊"，明朝时期称"集宁海子"，清代因其地处正黄旗辖地内而称之为"黄旗海",并沿用至今。黄旗海东西长约 20 公里,南北宽 6~9 公里,呈不规则三角形,湖泊面积约 110 平方公里,平均水深 3~5 米,最深处近 10 米,蓄水量约 5 亿立方米。补给水源主要来自霸王河、泉玉林河、磨子山河等 19 条河流,湖盆封闭,没有泄水之路,水质因河水长期只进不出、矿物质沉淀而呈碱性。

历史上的黄旗海湖边长满了芦苇,湖水清澈,碧波荡漾,盛产鱼类,尤其当年以官村鲤鱼最为闻名。但近年来由于气候干旱、上游来水减少、矿物质沉淀等原因,水质下降,生态环境恶化。

(八) 哈素海

哈素海位于呼和浩特市和包头市中间、土默川平原的深处,距呼和浩特市 73 公里,距包头市 81 公里,110 国道和呼包高速路可以直达哈素海旅游区。哈素海为天然湖泊,湖面形状呈不规则多边形。

哈素海蒙古语称"哈拉乌素",意为黑水湖。其南濒黄河水,北倚大青山,水面面积 30 平方公里。哈素海风光优美,波光粼粼,水鸟争鸣,水托大青山,山映水中,使游客心旷神怡,流连忘返。湖内芦苇丛丛,盛产鲜鱼肥虾。岸边建有凉亭水榭、假山牌楼、曲径回廊,有"凝人云泽""津口龙门""彩路通幽""夕阳水榭"等十几处景点。旅游区还有仿古画舟和机械动力游船,可供游人荡舟湖中。

(九) 乌梁素海

乌梁素海位于巴彦淖尔市和乌拉特前旗境内,处于呼和浩特市、包头市、鄂尔多斯市三角地带的边缘,距乌拉特前旗政府所在地西山嘴镇 13 公里,距 110 国道 22 公里,距西王公路 4 公里,距哈磴高速公路山嘴出口 15 公里。乌梁素海,蒙古语意为"杨树湖",古时是黄河的一部分,黄河改道后形成了河迹湖,因此地原是生长杨树林的低洼地,后因山洪和河套灌溉区退水汇集于此,形成了今日的乌梁素海。乌梁素海现在是黄河流域最大的湖泊,全国八大淡水湖之一,总面积 300 平方公里,素有"塞外明珠"之美誉。它是全球范围内干旱草原及荒漠地区极为少见的大型多功能湖泊,也是地球同一纬度最大的湿地,已被国家林业部门列为湿地水禽自然保护示范工程项目和自治区湿地水禽自然保护区,同时列入《国际重要湿地名录》。

(十) 七星湖

七星湖位于鄂尔多斯市杭锦旗境内的库布齐沙漠腹地,是黄河故道的冲积湖,水域面积 380 公顷,由于七个湖泊分布成北斗七星状,故得名"七星湖",也便有了"天上北斗星,地上七星湖"一说。而其中的扎汉道图湖、东达道图湖、大道图湖(又叫伊克道图湖)统称为道图湖。传说过去这里有一种水牛鸟,眼如饭碗,肢如木椽,体如牛身,在空中盘旋轻如羽毛,叫声如牛吼,发出"哞哞"的声音。许多飞禽走兽视它为怪物,只要看到它的影子便都躲起来,当地蒙古族牧民则认为这种鸟能够为人们消灾免难,带来吉祥,于是取名道图,是"响"的意思。其实,七星湖早在康熙年间就有记载,如今通为一体,湖中栖息着十几种鸟类,其中有国家一级保护鸟类遗鸥几千只,还有白天鹅等珍稀鸟类。目前,伊利集团投资兴建了七星湖沙漠旅游区。

(十一) 乌海湖

乌海湖位于内蒙古西部重要城市乌海市区,它的形成归功于黄河海勃湾水利枢纽工程蓄水功能的发挥。正在形成的乌海湖景区，位于城市中心，纵贯乌海市南北，在海勃湾区、乌达区和海南区环抱之中。它西至乌兰布和沙漠，东南与甘德尔山生态文明景区遥相呼应。景区内群山错落，河湖密布，自然资源丰富，在黄河两岸形成了集湖泊、岛屿、沙漠、湿地于一体的独具特色的自然景观。目前，乌海湖面积已经达到 118 平方公里，恰好是自治区面积的万分之一。这里呈现出大漠、平湖、芦苇、飞鸟、沙山、驼铃六大景源有机结合的独特壮丽景观。沙水相融、湖苇相映、鸟飞鱼跃、西沙东湖、沙金湖翠，既显江南之灵秀，又显塞上之雄浑，是原始生态旅游的最佳选择。

（十二）纳林湖

纳林湖是内蒙古西部第二大淡水湖和重要的湿地，距磴口县城 40 公里，距乌海市机场 120 公里，距巴彦淖尔市区 95 公里。

纳林湖是乌兰布和沙漠东缘重要的湿地，湖泊呈不规则半月形，水域面积约 667 公顷，东西长 8 公里，南北宽 1.5～2.5 公里。其中明水面积 335 公顷，占 50%，最深处达 6 米，平均水深 2.5 米，是乌兰布和沙漠中较大的淡水湖之一，是我国西北地区重要的水鸟繁殖场所和迁徙途经地，鸟类有 100 余种，其中国家一、二级保护鸟类和地方保护鸟类有白天鹅、黑天鹅、灰鹤、鸳鸯、鸿雁、雉鸡、野鸭等。湖中有大小岛屿十余个，其中最大的面积约 150 亩；八个游乐湾风光秀丽，景色诱人。湖里长有茂密的芦苇，年产量可达 2 000 吨。这里还是黄河鱼类生长繁殖的重要场所，黄河鲤鱼、草鱼、鲫鱼、鲢鱼、鲶鱼、武昌鱼及河蟹、河虾等水产品在周边地区享有盛名。

（十三）月亮湖

月亮湖位于内蒙古自治区阿拉善盟阿拉善左旗境内，是腾格里沙漠中的天然湖泊，也是全球最具影响力的沙漠深度旅游体验地之一，距巴彦浩特镇 61 公里，距广宗寺（南寺）旅游区 60 公里。当地牧民称之为"月亮湖""中国湖"，因为该湖从东边看好像一轮弯弯的月亮静静地倾诉着古老的故事，从西边沙丘上看好像一幅中国地图，气势磅礴。月亮湖水面 2 000 余亩，水深 2～4 米，南北长 2 公里，东西宽 1 公里，环湖一周 4 公里。湖中芦苇摇曳，湖岸绿草如毯，湖水碧波荡漾，水鸟嬉戏，鱼翔浅底。湖的周围生长着花棒、柠条、沙拐枣、梭梭等各种灌木林草，还有星点的榆树、杨树和沙枣树。这里还生活着黄羊、野兔、獾猪等野生动物，珍稀的白天鹅、黄白鸭、麻鸭等成群结队栖息于此。

月亮湖有三奇。一奇，形状酷似中国地图：站在高处沙丘一看，一幅完整的中国地图展现在眼前，芦苇的分布更是将各省区一一标明。二奇，湖水为天然药浴配方：面积 3 平方公里的湖水，富含钾盐、锰盐、少量芒硝、天然苏打、天然碱、氧化铁及其他微量元素，与国际保健机构的推荐药浴配方极其相似。湖水极具生物净化能力，能迅速改善、恢复自然原生态。三奇，有千万年黑沙滩：长达 1 公里、宽近百米的天然浴场沙滩，拨开其表层，下面是厚达 10 多米的纯黑沙泥，其品质远超死海的黑泥，是天然泥疗宝物。

月亮湖景区分为民俗风情区、会所休闲区、宾馆别墅区、生态示范园区和户外体验区五大模块，能满足商务、会议、探险和休闲度假旅游的需求。旅游区倡导"现代文明与生态保护结合"的先进理念，以"生态教育"为宗旨，构建人与自然和谐相处的健康发展环境，是目前国内沙漠旅游景区依托环境资源和项目实施"生态旅游"与"环境教育"两者结合最好的沙漠生态探险旅游基地。

（十四）居延海

居延海位于内蒙古自治区阿拉善盟额济纳旗北部，形状狭长弯曲，有如新月，额济纳河汇入湖中，是居延海最主要的补给水源。"居延"是匈奴语，《水经注》将其译为"弱水流沙"，在汉代时曾称其为"居延泽"，魏晋时称之为"西海"，唐代时称之为"居延海"。居延海的湖面因额济纳河的改道而时有变动，自元代以后分为亦集乃、哈班哈巴儿、塔剌失三个海子（湖泊），清代以来又分成了东部的苏泊诺尔（蒙古语，意思是"母鹿湖"）和西部的嘎顺诺尔（蒙古语，意思是"苦湖"）。两湖相距约35公里，平均水深1.5米，湖水碧波荡漾，湖畔芦苇丛生，湖中生长着鲤鱼、鲫鱼、胖头鱼、草鱼等鱼类，天鹅、大雁、鹤、水鸭等常来此栖息。

历史上的居延海水量充足，湖畔是美丽的草原，有着肥沃的土地、丰美的水草，早在汉代就开始了农垦，是我国最早的农垦区之一。居延海还是穿越巴丹吉林沙漠和大戈壁通往漠北的重要通道，是兵家必争必守之地。近年来国家十分重视额济纳旗生态环境，为保护居延海绿洲做了大量卓有成效的工作。2002年黑河水流入东居延海后，干涸10年之久的东居延海终于重现波光粼粼的壮观景象。

三、矿泉资源

内蒙古自治区的泉很多，大部分为矿泉，其中有许多与火山和熔岩关系密切的温泉，主要分布在大兴安岭至集二线与集宁、丰镇、大青山山前一带，有三种基本类型：一是碳酸矿水或含碳酸矿水，分布于大兴安岭西麓、呼伦贝尔市和锡林郭勒盟一带，基本呈带状分布，形成矿泉带。含碳酸矿水形成与有机沉淀有关，基本呈面状分布，形成矿水区，如阿尔山矿泉、维纳河矿泉等。二是热矿泉（温泉），主要分布于大兴安岭南端及阴山山地，形成与岩层断裂有关。如克什克腾、宁城、敖汉、岱海等地的热矿泉，矿水温度一般为37℃～85℃。三是偏硅酸矿水，分布于大青山断裂带附近及集宁、丰镇一带，形成分别与新生代断裂及玄武岩喷发有关。

（一）阿尔山矿泉群

阿尔山矿泉丰富，且具有水质好、矿化度高、储量大、易开发利用等优势，主要包括阿尔山市疗养院矿泉群、五里泉、金江沟温泉等。阿尔山矿泉群处在阿尔山断裂带上，受新生代构造中期喜马拉雅运动影响，阿尔山地区形成了伊尔施、阿尔山、五岔沟等一系列断裂带。地下水沿断裂带渗透到不同深度与不同成分的岩隙中，经过长期地热作用与矿化作用，形成了矿泉的不同温度及不同矿化成分，被矿化的地下水在不断的热循环作用以及地表水的不断补给下，涌出地面，形成了今天的阿尔山矿泉群。冷泉水来自地表潜水，温泉、高热泉来自地下深层循环水。阿尔山市疗养院矿泉群属于火山性矿泉，有别于世界上众多的循环水性矿泉，其形成与古老的火山运动有关。

阿尔山矿泉群分为南北两个泉群，南部为冷泉群，主要是放射性氡泉和偏硅酸泉，北部为冷泉、温泉、高热泉相间的温泉群，主要是碳酸氢钠泉、放射性氡泉、偏硅酸泉等。阿尔山矿泉群有48眼温泉，且冷热殊异：最低1.5℃，最高48.5℃，温差47℃；最相近的两泉仅距0.3米，水的温差却在14℃以上。48眼泉中，温度低于25℃的冷泉25眼；温度为25.1℃～37℃的温泉12眼；温度为37℃～42℃的热泉10眼；42℃～48℃的高热泉1眼。这样密集且温差悬殊、功能各异的矿泉，在世界上也是罕见的。48眼温泉除了碳酸氢钠泉、偏硅酸泉、放射性氡泉之外，还有硫酸泉、食盐泉、铁泉、明矾泉、硫黄泉、碘泉等。这些泉具有较丰富的氡、氟、锂、锶等人体必需的微量元素，通过皮肤进入体内，可改善血液循环，促进新陈代谢，调整内分泌和神经系统等，从而起到保健、治疗功效。阿尔山温泉早在几百年前就被科尔沁草原、呼伦贝尔草原及蒙古草原上的游牧民所发现和利用。清咸丰三年（1853 年）黑龙江呼伦贝尔总管府派人考察、勘测，从此阿尔山温泉得到正式开发和利用。1990 年以后，阿尔山温泉的价值真正为世人所认识，并正在适度、合理、科学地开发利用中。

（二）克什克腾热水温泉

克什克腾热水温泉，蒙古语称"嘎拉达斯台阿日山"，俗称"热水汤"，是赤峰三大温泉之一。该温泉距经棚镇北 30 公里，开发利用已有 1 000 年的历史，主要分布在嘎拉达斯台河北岸山前洪积扇裙上，分布范围 0.3 平方公里。热水日动储量 3 017 吨，稳定日自流量 2 592 吨。热水涌水量和承压性较大，补给来源充沛，主要是由大气降水、孔隙水、裂隙水沿断裂破碎带渗透、循环，在地壳深处受热后，又在导水花岗岩破碎带中汇集，沿裂隙上升涌至地表形成温泉，水温在 83℃左右。该温泉为花岗岩构造裂隙中高温热水，含有铀、镭、氡等 47 种化学微量元素及硫化氢气体，泉水望之清澈透明，尝之无味，嗅之有硫黄的特异味，洗浴后皮肤有润滑感，是独具特色的医疗氡性矿泉，具有很好的保健医疗作用，对风湿病、皮肤病等有显著疗效。

早在辽代，萧太后曾在此沐浴，辽太宗及后继皇帝也先后来此沐浴。元代鲁王册封该温泉为"神泉""圣水"。康熙二十九年（1690 年），康熙皇帝亲征噶尔丹，取得乌兰布统之战的胜利后，曾到此热水沐浴，至今还留有"康熙沐井"遗址，现已在其遗址上建起了"圣泉亭"。1930 年，九世班禅曲吉尼玛来经棚庆宁寺讲经时，也曾到此洗浴。

克什克腾热水温泉居全国 11 个甲级温泉中的第 2 位，是克什克腾世界地质公园八个园区之一。2010 年，经中国温泉之乡（城、都）和地热能开发利用示范单位评审委员会评审，赤峰市克什克腾旗被命名为中国温泉之乡（城、都）。这也是内蒙古自治区被命名的首个"中国温泉之乡"。

（三）宁城热水温泉

宁城热水温泉位于内蒙古赤峰市宁城县天义镇西 60 公里处的热水镇，距承德 180 公里，距北京 350 公里，距赤峰 110 公里，紧邻平双公路，交通极为便利。宁城热水温泉是赤峰市三大温泉之一。该热水温泉处在燕山余脉新华夏系八里罕断裂带附近，形成于 1290 年的一次大地震，分布面积约 0.5 平方公里，日动储量 2 000 吨。温泉中心孔口喷出水温达 97℃，是我国北方温度最高的温泉。泉水呈碱性（PH 为 8.6），含有钾、钠、钙、镁、铁、硅、氟等多种微量元素，适合治疗消化系统、神经系统疾病及风湿症、皮肤病等，疗效显著。宁城热水温泉历史悠久，清康熙二十年（1681 年），康熙第二次北巡塞外时，曾驻跸"巴尔汗"（今热水镇）汤泉沐浴。

（四）敖汉温泉

敖汉温泉位于赤峰市敖汉旗南部山区四家子镇热水汤村，北距旗政府所在地新惠镇 42 公里，南距辽宁省朝阳市 62 公里，西距赤峰市 148 公里，是两省两市两县（旗）交会地带。赤朝高速公路从温泉附近通过，温泉就在赤朝高速公路与赤通高速公路连接线上，交通便捷，区域位置优越。根据内蒙古地勘十院所做的地质勘察报告，其水质为含硅酸、硫酸、碳酸氢钠型 A 类医疗矿泉水，水温达到 50℃~70℃，热储面积约 0.22 平方公里。泉水含 20 多种化学元素，其中氡的含量居全国之首，极具保健医疗价值。该温泉热储天然补给量 2 892 吨/日，日开采量 1 021 吨，能满足各层次的消费需求，且资源富集区地形较为平坦开阔，有利于规模利用。

敖汉热水汤含氡的成分较多，人在沐浴时，它能从皮肤和呼吸道进入体内，使血管扩张，改善血液循环，可治疗高血压、神经炎、神经痛、神经官能症和瘫痪症；能促进糖类、脂肪和氮的代谢过程，改善肝功能，增加胆汁分泌，特别是对糖尿病患者有减少血糖的功效。同时对风湿症、关节炎、月经失调、内分泌机能紊乱等病均有一定疗效。

（五）岱海温泉

岱海温泉也被称为中水塘温泉，位于乌兰察布市凉城县三苏木乡中水塘村，又名马刨泉，又因南邻岱海，亦叫岱海温泉。因传说康熙巡边时，坐骑在此刨泉解渴而传名。过去这里一直是喇嘛、贵族沐浴和疗养的场所。岱海温泉储量丰富，日自涌水量 2 740 余吨，水温达 38℃，含锶、锂、硅等 17 种对人体有益的微量元素，属碳酸氢钠型矿温泉，对风湿性腰腿疼有良好的疗效，人称"塞外神泉"。

第三节　生物景观

一、草原景观

内蒙古大草原举世闻名，是内蒙古自治区最具代表性的生物景观。内蒙古境内草原植被由东北的松辽平原，经大兴安岭南部山地和内蒙古高原到阴山山脉以南的鄂尔多斯高原与黄土高原，组成一个连续的整体，主要包括草甸草原、森林草原、典型草原、荒漠草原等类型，且总体上从东向西随着降水减少呈梯次分布状态。其中，内蒙古六大草原有呼伦贝尔草原、科尔沁草原、锡林郭勒草原、乌兰察布草原、鄂尔多斯草原和阿拉善草原。

（一）呼伦贝尔草原

呼伦贝尔草原位于大兴安岭以西，北邻俄罗斯，西接蒙古国，因呼伦湖、贝尔湖而得名，地势东高西低，海拔在 650~700 米，东西宽约 350 公里，总面积约 8.37 万平方公里，年平均温度为 0℃左右，无霜期为 85~155 天，年降水量 250~350 毫米，大部分属于草甸草原和典型草原。河滩地多为中生禾草、杂类草草甸，草质肥美，亩产鲜草量 400~600 斤[①]，为传统牧区，适于牧养牛、羊、马等牲畜，以产三河牛、三河马著名。穿行在呼伦贝尔草原，定会为那"千里草原铺翡翠"的景象而惊叹，这里有中国目前保存最为完好的草原，生长着碱草、针茅、冰草等 120 多种营养丰富的牧草，植物品种多达 1 300 余种，形成了不同特色的植被群落景观。

呼伦贝尔草原以其富饶的自然资源孕育了中国北方诸多游牧民族，这里是北方游牧先民扎来诺尔人的故乡，还是鲜卑、女真等民族的摇篮，也是蒙古族的发祥地，因此被誉为"中国北方游牧民族成长的摇篮"。今天的呼伦贝尔草原，水草丰茂，河流纵横，大小湖泊

---

① 1 斤 = 0.5 千克。

星罗棋布。每逢盛夏，草原上鸟语花香，百草争辉，星星点点的蒙古包上升起缕缕炊烟，微风吹来，牧草飘动，处处"风吹草低见牛羊"，被誉为"中国最美的草原"之一。

(二) 科尔沁草原

科尔沁草原主要包括大兴安岭东南部浅山丘陵、辽嫩平原、西辽河平原等地区，草原面积约为 635.5 万公顷，其中林间草场面积约为 368.4 万公顷，大部分为草甸草原，部分为典型草原和荒漠草原。科尔沁草原海拔 250~650 米，处于西拉木伦河西岸和老哈河之间的三角地带，西高东低，绵亘 400 余公里，面积约为 4.23 万平方公里。科尔沁地区气候冬天寒冷，夏天炎热，春天风大。

科尔沁草原历史上曾为河川众多、水草丰茂之地。据记载，10 世纪时"地沃宜耕植，水草便畜牧"，直至 19 世纪初科尔沁大部分地区还留有大面积草原植被以及森林。但自 19 世纪中后期开始，因辽河上游地区滥垦、森林砍伐以及移民等，下游水源、生态平衡遭到严重破坏。由于人类对草原的不合理利用，甸子地不断缩小，沙化面积急剧增加，最终形成了大片沙地，使草甸面积只剩约 1/4。

(三) 锡林郭勒草原

锡林郭勒是蒙古语，意为"高原上的河流"。锡林郭勒草原位于内蒙古自治区锡林郭勒盟境内，分布在东至大兴安岭南段西麓、南至阴山山地北麓、西至集二线、北达中蒙边境的广大区域内，总面积 1 900 多万公顷，是内蒙古草原的主要天然草场。锡林郭勒草原属欧亚大陆草原区，1987 年被联合国教科文组织接纳为"国际生物圈保护区"网络成员，是全国唯一被联合国教科文组织纳入国际生物圈监测体系的草原，1997 年晋升为国家级自然保护区，主要保护对象为草甸草原、典型草原、沙地疏林草原和河谷湿地生态系统。锡林郭勒国家级草原自然保护区，是距首都北京最近的草原牧区，是华北地区的重要生态屏障。

锡林郭勒草原既是蒙古族发祥地之一，又是成吉思汗及其子孙从草原走向世界的地方。成吉思汗之孙忽必烈在锡林郭勒草原上继承帝位，建立大元帝国，并在锡林郭勒草原上建筑了著名的元上都，之后的元朝八位皇帝也都在元上都即位。

锡林郭勒草原拥有丰富的自然资源，以其草场类型齐全、动植物种类繁多而驰名世界，这里是国家和自治区重要的畜产品基地，牛、马、羊、驼等草食家畜拥有量位居全国及地区首位。在家畜资源中，尤以内蒙古细毛羊、苏尼特羊、乌珠穆沁羊、乌珠穆沁白绒山羊、乌珠穆沁牛、锡林郭勒马、草原红牛和苏尼特驼最为知名。其中，苏尼特羊和乌珠穆沁羊以其肉质鲜嫩享誉京城和中东国家，素有"畜牧业王国"之称。2013 年当地肉类总产量 26.35 万吨，绒毛产量 1.03 万吨，奶类产量 60.2 万吨，牧业年度牲畜总数达 1 288 万头（只），广袤的草地资源和丰富的畜产品为畜牧业、畜产品加工业提供了良好的资源条件。每到盛夏，锡林河九曲十八弯就像飘落在草原上的洁白哈达，风吹草低见牛羊的美景使人流连忘返。

(四) 乌兰察布草原

乌兰察布草原东起集二线，北至中蒙边境，西至巴彦淖尔高原东侧，南接阴山山麓，总面积 700 万公顷，以荒漠草原为主，南部大都辟为旱作农田。这里气候干旱，风大沙多，草群低矮，覆盖度低。

战国时，乌兰察布草原大部分是赵国和匈奴的领地。秦并六国后，又在原来这里的赵地设置云中、代郡、雁门三部。秦亡后，匈奴趁中原地区楚汉相争、无暇他顾之际，大举南进，这里的大部分地区为匈奴所占有。西汉时，匈奴还在今天的乌兰察布市四子王旗境内建立了最高政府机关——中部单于庭。北魏前夕，拓跋、鲜卑在盛乐（呼和浩特市和林格尔土城）设立北都，建立代政权，续据匈奴故地。隋唐时，突厥在今和林格尔境内建大利城进行管辖。在以后的宋、元、明、清各代，这里都是北方少数民族契丹、女真、鞑靼、瓦剌、蒙古相继生息之地。据《绥远通志》记载，乌兰察布得于蒙古语"乌兰察布"一词，为"红山口"之意。"红山口"在归绥城（今呼和浩特市）东北 25 公里的大青山脚下，历史上为重要军事要塞。

乌兰察布草原地理位置优越，位于内蒙古自治区中西部，距北京仅 320 多公里，南依山西，西接首府呼和浩特，北靠边境口岸城市二连浩特，车程都在 1~2 小时，京藏高速（G6）和正在建设的北京—新疆高速（G7）以及 110 国道（一级）横贯乌兰察布草原，成为首都北京、天津、河北和山西连接大西北的重要枢纽，二广高速（G55）纵贯南北。境内省道、县道星罗棋布，优越的区位、方便的交通，使其成为自驾游爱好者理想的旅游目的地。

（五）鄂尔多斯草原

鄂尔多斯草原位于阴山以南，三面为黄河，仅在东南部以古长城为界与陕北高原相接，总面积 700 多万公顷。鄂尔多斯草原的东西部具有明显的景观差异，以锡尼镇乌兰镇—敖勒召镇一线为界，以东为典型草原，以西为荒漠草原，其中在纳林河以东还存有一定面积的黄土沟壑区。由于这里气候干旱，加之风大沙多，形成了库布齐和毛乌素两大沙漠（沙地），并使沙地景观成为鄂尔多斯荒漠草原的主体景观。

（六）阿拉善草原

阿拉善草原位于内蒙古自治区的最西端，属于荒漠草原。在这片草少沙多、充满了神秘气息的荒原上，绵延起伏的沙漠如同层层叠叠的山峦，似乎与绿茵草原搭不上边，可正是其沙丘间一般牲畜难以食用的稀疏草丛和灌木，养育了大量生命力极强的"沙漠之舟"——骆驼，使其成为中国著名的"骆驼之乡"，而其中的白骆驼更是稀世品种。

阿拉善荒漠草原虽然黄沙遍地，但也间有少数的绿色植被，是一处兼有沙漠、绿洲、荒漠、草原、湖泊的戈壁滩。"大漠孤烟直，长河落日圆"的苍凉景象和恢宏诗意在这里展露得淋漓尽致。

二、森林景观

内蒙古自治区的森林由东向西逐渐减少，基本分为原始森林、天然次生林及人工林三类。内蒙古自治区原始森林主要分布在大兴安岭北部山地。天然次生林由东向西分布在大兴安岭南部山地、宝格达山、迪颜庙、罕山、克什克腾、茅荆大坝、大青山、蛮汉山、乌拉山、贺兰山和额济纳。内蒙古自治区人工林遍布全区，据 2013 年森林资源清查统计，全区人工造林保存面积达 648.77 万公顷，位居全国第二位。内蒙古自治区人工林主要分布在呼和浩特市、通辽市、赤峰市、乌兰察布市、巴彦淖尔市等盟市 54 个旗县境内。2014 年年末，全区森林面积 2 487.9 万公顷，森林覆盖率达 21%。依据植物类型及分布，内蒙古自治区森林景观可以分为针叶林景观、阔叶林景观和河岸林景观三类。

（一）针叶林景观

针叶林是以针叶树为建群种所组成的各类森林的总称，针叶林景观是以松柏类针叶树种为主构成的生物景观，包括常绿和落叶，耐寒、耐旱和喜温、喜湿等类型的针叶纯林和混交林，主要由云杉、冷杉、落叶松和松树等一些耐寒树种组成。针叶林是寒温带的地带性植被，是分布最靠北的森林，针叶林的北界就是森林的北界。在寒温带以外的地方，也生长着很多不同类型的针叶林，但是面积比起寒温带的针叶林要小很多了。内蒙古针叶林树种主要分布在大兴安岭山地、燕山山地、阴山山地和贺兰山山地，代表性树种主要有兴安落叶松、樟子松、油松和云杉等。其中，在大兴安岭、阴山和贺兰山海拔较高的地区主要分布着兴安落叶松、樟子松、红皮云杉、青海云杉占优势的寒温性针叶林；而在燕山、阴山和贺兰山海拔较低的地区主要分布着油松占优势的温性针叶林。

丰富的针叶林景观已经成为内蒙古自治区的重要生态旅游资源，在大兴安岭、阴山等地区建有多处国家森林公园，尤其是呼伦贝尔地区，将森林资源与当地传统民俗文化相结合，形成了独具特色的森林旅游产品。

（二）阔叶林景观

阔叶林是由阔叶树种组成的森林，有冬季落叶的落叶阔叶林（又称夏绿林）和四季常绿的常绿阔叶林（又称照叶林）两种类型。在内蒙古主要分布在大兴安岭东麓和宽阔河谷地带，常见树种有栎、桦、杨、柳、榆等，代表性景观有桦树林、山杨林、蒙古栎、白榆林等。而在内蒙古广阔的山地林区，分布着大量针叶和阔叶混交林，并会随着季节变化而呈现出不同的景色，无论是春之烂漫，还是秋之多姿，无不引人入胜，令人陶醉。

（三）河岸林景观

河岸林景观主要是指分布在河流两岸，由天然森林群落所形成的森林景观。内蒙古境内以大兴安岭林区的河岸林和阿拉善盟额济纳河流域的河岸林最为著名。大兴安岭林区的河岸林主要分布在靠近边境的河谷地带，树木种类繁多，林间栖息有野雉、狐、狍、马鹿等多种野生动物。额济纳河下游的河岸林以胡杨为主，是荒漠地区唯一自然生长的落叶乔木，树体高大，耐盐抗碱，挡风抑沙，生命力极其顽强，被称为"沙漠巨人"，额济纳旗的胡杨林是世界上仅存的三大原始胡杨林之一，是非常宝贵的森林旅游资源。

三、野生动物资源

内蒙古兽类分属于 24 科，有 114 种，占全国兽类 450 种的 25.3%。兽类中具有产业价值的 50 余种，珍贵稀有动物 10 余种。鸟类分属于 51 科，有 365 种，占全国鸟类的 31%。被列入国家一、二、三类保护的兽类和鸟类共有 49 种。其中蒙古野驴和野骆驼属于世界上最珍贵的兽类，驯鹿是内蒙古特有的动物，还有百灵鸟是自治区区鸟。全区有啮齿动物 54 种，约占全国种数的 1/3，多属害兽。

第四节　天象气象与特殊景观

天象气象与特殊景观主要分为光现象、天气与气候现象、自然现象与自然事件三类。内蒙古的天象气象与特殊景观主要有雾凇景观、海市蜃楼、黄河冰凌等。

一、雾凇景观

雾凇俗称树挂，是北方冬季一种类似霜降的自然现象，是一种冰雪美景，是由于雾中无数零摄氏度以下尚未结冰的雾滴随风在树枝等物体上不断积聚冻粘的结果，表现为白色不透明的粒状结构沉积物。内蒙古地处北疆，每到秋冬季，气温骤然降低，在大兴安岭等林区十分容易出现美轮美奂的雾凇景观，成为秋冬季节难得的自然美景。

二、海市蜃楼

海市蜃楼是光线在穿过方向密度不同的气层中，经过折射造成的结果。海市蜃楼常发生在沿海，在沙漠中偶尔出现。内蒙古自治区的阿拉善可以看到大漠海市蜃楼。例如2013年6月7日，据新华网记者勿日汗、张玥报道："阿拉善戈壁骄阳似火，裸露的土地上偶尔有一些灌木挣扎地生长。突然，在戈壁与天际交会的地方，出现了一座金色的沙山，若隐若现，让人惊叹。正当车上的人们遐想之际，公路前方又出现了一座连绵的山峰，山脚下还有清澈的湖泊，山峰倒映在湖水中，呈现出别样的景象。公路边上，过路的人们纷纷停下车，掏出手机、相机争相记录眼前难得一见的奇观。当汽车冲着山峰奔驰过去时，山峰、湖泊、沙山却开始渐渐地消失，荒凉的戈壁滩重新回到眼前。"

三、黄河冰凌

黄河流经内蒙古的一段是黄河河道最北的部分，由于纬度高，每年冬季封冻最早，次年开河却很晚；又因该河段河水流经地势平坦的河套平原和土默特平原，流速小、河道弯曲度大，每年冬天黄河冰封和春天开河时期，都会出现壮观的冰凌景观。黄河冰封前或开河时出现流冰，有时在河弯狭窄处形成冰坝、立封，使河流水位提高，流速加大，有排山倒海之势，气势极为壮观，成为黄河的一大景观。尤其是在鄂尔多斯、巴彦淖尔和阿拉善三个盟市交界处的三盛公国家水利风景区，由于黄河水流量大，水流湍急，冰凌景观更是壮观。为此，每年12月初至次年3月底，三盛公国家水利风景区都会举办"黄河冰凌奇观览胜"活动，"观黄河、看冰凌"成为当地独特的旅游项目，吸引了大量游客前来观光。

第四章

内蒙古自治区历史文化及相关旅游资源

第一节　战国以前的内蒙古地区

一、旧石器时代（距今 250 万~1 万年）

旧石器时代人类开始出现，生产工具以打制石器为标志，人类体质具有原始的特征。旧石器时代的时间最长，占人类历史的 99.8%。内蒙古地区发现的旧石器时代遗址主要有大窑文化遗址、萨拉乌苏文化遗址。

（一）大窑文化遗址

大窑文化遗址位于呼和浩特东北郊保合少乡大窑村，1973 年被内蒙古考古学家汪宇平先生发现。大窑文化遗址是内蒙古地区发现并发掘的第一个旧石器时代早期的人类文化遗址，为研究北方石器时代文化的分布和发展提供了重要资料。大窑文化遗址是全国重点文物保护单位。

在很长的历史时期中，人类不断在这里开采石料，制造石器，使这里成为大规模的石器制造场，人工打制的石片、石器、石屑、石块俯拾皆是。自 1976 年至今，经过多次发掘，发现了大量人工打制的石器，如石锤、砍砸器、刮削器、尖状器等，其中以龟背形刮削器最为典型。遗址也保存了丰富的古生物化石，如披毛犀、普氏野马、原始牛、恰克图扭羊角、赤鹿等化石。

目前大窑文化的发掘与研究还在继续。

（二）萨拉乌苏文化遗址

萨拉乌苏文化遗址位于鄂尔多斯市乌审旗萨拉乌苏河沿岸，距今 5 万~3.5 万年，该遗址也是中国境内最早发掘和研究的旧石器时代遗址之一，共包括 9 处重要化石点。1922—1923 年，法国人桑志华、德日进等人发掘，采集到动物和人类化石、石器、用火遗迹等。其中最重要的发现是一颗 8~9 岁幼童的左上侧门齿化石，后来被加拿大籍解剖学家步达生定名为鄂尔多斯牙齿（ordostooth），20 世纪 40 年代中国学者裴文中将其命名为"河套人"。20 世纪 50、70、80 年代继续对这一遗址进行考察，最后将这一文化遗址定名为"萨拉乌苏文化遗址"。

二、新石器时代（约公元前 7000—前 2000 年）

新石器时代以磨制石器、制陶术、农业和家畜饲养业的出现为标志。内蒙古地区新石器时代的遗址主要分布在西辽河流域和内蒙古中南部。

西辽河流域在内蒙古地区主要是指西拉木伦河及其支流老哈河流域的赤峰市和通辽市南部。由于西辽河流域的自然环境比阴山地区优越，因此农业开发较早，并自成体系，先后有小河西文化、兴隆洼文化、赵宝沟文化、富河文化、红山文化和小河沿文化。

（一）兴隆洼文化

兴隆洼文化距今 8 200～7 200 年。因 1983—1986 年发掘的内蒙古敖汉旗兴隆洼 1 号遗址而得名。该文化特征是，陶器制作尚处于原始阶段，陶器壁厚、陶色不均匀、火候低；玉器的制作可以代表兴隆洼文化手工业技术的最高水平，出土玉器已达几十件之多，数量最多的为玦，从制作玉器的工艺看，当时已能琢磨成形，掌握了抛光、钻孔等技术。兴隆洼聚落遗址一般被壕沟环绕，特别是在查海聚落遗址中心的一个小型广场内，用均匀的红褐色石块摆塑着一个龙的形象。

（二）红山文化

红山文化在公元前 4500—前 3000 年，相当于中原地区仰韶文化的中晚期，也就是中国历史传说中的炎帝、黄帝时期。1935 年，日本滨田耕作等人将赤峰红山遗址称为赤峰第一期文化。1955 年正式命名为"红山文化"。

红山文化陶器以彩陶、"之"字纹陶器为主，陶器火候较高，陶色纯正。还发现了陶窑遗址、掘土工具石耜和桂叶形双孔石刀，以及家猪骨骼，说明在这个时期农业经济占重要地位。

红山文化的手工业生产已进入了全新的阶段，尤其是玉器的制作。最常见的玉器有两种，一种是动物类，另一种是璧环类。动物类最典型的是"玉猪龙"，一般长 4～15 厘米，1971 年在赤峰翁牛特旗三星他拉乡出土了一件长达 29.5 厘米的"玉猪龙"，它是此类玉器中体积最大的，被称为"中华第一龙"。

红山文化还发现了四处祭祀遗址，集中反映了红山文化宗教礼仪的发展情况。其共同特点是都有类似于"坛"的建筑，并于坛内或坛旁有埋人的现象，都出土有祭祀用的彩陶筒形罐和玉器。其中 20 世纪 80 年代初，在辽宁省与内蒙古交界的凌源和建平县发现的牛河梁遗址"女神庙"、祭坛和积石冢，引起国内外极大关注，这一重要发现肯定了辽西地区也是中华文明起源地之一。

三、青铜器时代和早期铁器时代（夏商周时期）

青铜器时代是以使用青铜器为标志的人类物质文化发展阶段，相当于夏商时期。铁器时代开始的标志是人工冶铁的出现，早期铁器时代相当于两周时期。在殷墟的卜辞中，经常出现周边"方国"名称，在这些方国中，向北用兵次数最多、费力最大的是土方、鬼方、猃狁、戎狄，这些民族散居在今陕西西北部、山西、河北和内蒙古等地。西周 400 多年中，一直受到猃狁和戎狄的困扰，更由于戎狄的关系，加速了西周的灭亡。公元前 770 年，周迁都洛阳，称为东周，也就是中国历史上的春秋时期，春秋时期分布在内蒙古地区的主要民族是戎狄。

在内蒙古地区发现的这一时期的遗址，仍然主要分布在东部西辽河流域和内蒙古中南部。

(一) 夏家店下层文化

夏家店下层文化遗址因在内蒙古赤峰市夏家店发现，依照考古惯例，以发现处所命名。夏家店下层文化是分布于燕山南北的早期青铜文化（相当于商朝时期），该文化遗址早在20世纪20年代即被陆续发现，1960年中国科学院考古研究所内蒙古工作队对赤峰夏家店遗址进行发掘，区分出年代、文化性质不同的上、下两层堆积，分别命名为夏家店上层文化、下层文化。

夏家店下层文化的主要遗存及特征为：石城聚落群往往沿着河流分布，按照大、中、小组合成群，排列有序。石城都选在临河的险要之处，依照地形起伏变化修筑，形状不规整，一般在断崖绝壁处不修墙，只有在缓坡和平坦处筑墙，墙体全是石头垒砌。石城内的遗迹主要是房址，多为半地穴式，以圆形为主，屋内常见红烧土面。在村落遗址附近，有分布密集、排列有序的墓葬。

夏家店下层文化的陶器以彩绘陶最为典型，在烧制完成的陶器表面，用红、白两色绘画。夏家店下层文化的石质生产工具种类很多，如铲、锄、刀等。青铜器相对较少，而且多是体积较小的铜耳环、指环和镞。在该文化遗址中或墓葬里，还经常发现骨针、骨刀、骨梳、骨环、骨珠、骨管等日常用品和装饰品。

(二) 夏家店上层文化

夏家店上层文化属于青铜器时代晚期（相当于西周时期）。此时期青铜器种类繁多，如位于赤峰市宁城县的南山根遗址，仅101号墓出土的青铜器就达500多件。有用于祭祀的礼器，如鼎、豆、簋、鬲等；兵器和工具的数量更多，如短剑、铜矛、铜盔、铜戈、铜刀、铜斧等；另外还有数量更多的车马具和各种装饰品。陶器均为手制夹砂陶，质地疏松，火候较低，制作粗糙。在南山根遗址中还出土了一把特别的青铜短剑，俗称"阴阳剑"，通长32厘米，剑柄两面分别铸有相背站立的一对男女裸身像，女性两手交叉于胸前，男性两手下护小腹，耳下及肩部各有两个长方形扁。

(三) 鄂尔多斯式青铜器文化

鄂尔多斯式青铜器文化主要分布于鄂尔多斯地区，是相当于春秋至战国早期的北方民族的遗存，学者推测有可能是诸戎狄的文化遗存，如包头西园春秋墓地、凉城县毛庆沟墓地、忻州窑子墓地等。

其文化特点主要表现为：墓葬中普遍流行殉牲习俗，随葬品全是死者生前使用和佩戴的兵器、工具、装饰品、车马具和生活器皿，陶器制作简单粗糙。普遍流行佩戴耳环、项链、腰带。这些随葬器物经常有北方草原各种动物的形象，如虎、鹿、羊等。

"黄金冠饰"是鄂尔多斯式青铜器文化中最著名的文物，于1972年在鄂尔多斯市杭锦旗阿鲁柴登发现。它由鹰形金冠顶和金冠带两部分组成，冠高7.3厘米，冠长30厘米，周长60厘米，共重1394克。冠饰呈半球形，在冠顶上挺立着一只展翅欲飞的雄鹰，做俯视状。金冠带由黄金铸成，冠带前部有上下两条，冠带左右两边靠近人耳部分，每条的两端分别做成卧虎、盘角羊和卧马的浮雕图案，其他主体部分饰绳索纹。

第二节　蒙古族的兴起与内蒙古自治区的建立

蒙古高原一直上演着不同游牧民族兴衰更替的历史。到了13世纪，蒙古民族登上了历史舞台,并留下了辉煌的足迹,成吉思汗及其继承者们为了征服世界,南征西讨,建立了横跨亚欧的蒙古帝国。

一、蒙古族发展简史

(一) 蒙古族的起源

4 世纪中叶,鲜卑人的一支分布在大兴安岭以西的呼伦贝尔地区,名"室韦"。6 世纪,室韦内部分化出很多部落,其中一支被称为蒙兀室韦,目前大部分人认为蒙兀室韦是蒙古族的起源。

9 世纪,蒙兀室韦离开了额济纳河来到鄂嫩河河源的肯特山一带驻牧。12 世纪以后,蒙兀室韦逐渐发展壮大,内部又产生了许多新的分支,这些分支各有名号,室韦的名称也逐渐消失,被蒙古诸多的部落名称代替。

肯特山一带的蒙古部落,最初包括两个大的集团,即迭儿勒勤蒙古和尼伦蒙古。迭儿勒勤蒙古指一般蒙古人,尼伦蒙古则指纯洁出身的蒙古人,直译就是出身贞洁之腰。根据《蒙古秘史》的记载,成吉思汗的十世祖母阿兰豁阿,其丈夫死后所生的三个儿子所从属的氏族就是尼伦蒙古。由于这三个儿子是感受到"日月的光明"进入她肚子里才受孕的,阿兰豁阿说这三个儿子"显是天的儿子,不可比作凡人,以后他们将要做帝王的"。成吉思汗的家族属于尼伦蒙古,从属的部落是乞颜部,氏族是孛儿只斤氏。尼伦蒙古与迭儿勒勤蒙古通称"也克蒙古"("一切蒙古"的意思),成吉思汗就是以此为基础建立了蒙古帝国。

(二) 蒙古帝国的形成

成吉思汗在蒙古民族、蒙古帝国形成的过程中起到了关键的作用。

成吉思汗 (1162—1227),名铁木真,孛儿只斤氏。他出生的那个时代,草原上部落林立,血族复仇和争霸称雄的战争连年不断,当时主要有克烈等五大部落。

铁木真 9 岁时,其父被塔塔尔人所杀,过去服从他父亲的族人都离开了他们,铁木真家里只剩下一个家仆,家产几乎被洗劫一空,余下的仅有九匹马,他的母亲靠拾果子、挖野菜,养活自己的儿子们,铁木真兄弟稍长,经常在河边捕鱼。正是这样的艰苦条件,造就了铁木真坚强的意志和伟大的魄力。

窝阔台即大汗位后,继续扩张蒙古帝国的版图。1231 年,窝阔台汗亲率蒙古军攻金。1234 年,金朝灭亡,淮河以北的大片土地都置于蒙古汗国统治之下。

1239 年,窝阔台次子阔端派兵进入吐蕃地区。1247 年,蒙古、吐蕃双方议定了吐蕃归附蒙古的条件,吐蕃各僧首领接受蒙古的官职,承认吐蕃是蒙古藩属。1253 年,忽必烈和兀良哈台攻克吐蕃,吐蕃民众归附。

蒙宋战争在 1234 年就揭开了序幕。1257 年,蒙哥大汗亲率蒙古军大举南攻,但沿途遭到宋朝军民的顽强抵抗。1259 年,蒙哥汗在攻打合州时中矢身亡。

窝阔台汗和蒙哥汗时期,蒙古军还进行了两次西征。分别是,成吉思汗的孙子拔都于1236—1242 年率领的西征,也被称为"长子军西征";成吉思汗的另一个孙子旭烈兀在1253—1259 年率领的西征。

1236 年拔都西征后,疆域西到今多瑙河下游,东到额尔齐斯河,南达高加索,北抵俄罗斯保加尔地区。西征后,在被征服地建立了"四大汗国":一是钦察汗国,成吉思汗长子术赤的封地;二是窝阔台汗国,后来窝阔台之孙与忽必烈争夺帝位,失败后于 1310 年左右并入了察合台汗国；三是察合台汗国，最初仅有西辽旧地，合并窝阔台汗国之后，疆域逐渐兼有天山南北及阿姆河以东地带；四是伊尔汗国，原为成吉思汗之孙旭烈兀的封地，1253年他率军进行第三次西征后，1258年攻占巴格达，遂建立汗国。

（三）元朝的兴亡

蒙哥过世后，因汗位继承问题，内部发生矛盾，攻宋战争暂时停止。最后由忽必烈继承大汗之位。

虽然元朝社会经济飞速发展，但其建立之初就存有隐患。如民族矛盾，元朝将人分为四等，即蒙古人、色目人（蒙古以外西北、西域人）、汉人（原金国境内的汉、契丹、女真、大理、高丽人）、南人（南宋境内的各族人）；政治腐败，宫廷贵族挥霍浪费十分惊人，他们的腐化很快影响到军队和各地官吏，更加激化了阶级矛盾和民族矛盾；同时统治阶级内部也矛盾重重。

1351年，爆发了红巾军起义，各地纷纷响应。1368年，以朱元璋为首的武装力量在应天（今江苏南京市）建立明朝，并于同年攻克大都，改名北平。元顺帝妥懽帖睦尔被迫北迁上都，这标志着元朝在中原的统治结束了。虽然仍自称"大元"或"大蒙古"，但是已经从统一的多民族的统治王朝，变成了单一民族的游牧政权，史称这一历史阶段为"北元"。

（四）北元时期的蒙古族

北元从元惠帝至林丹汗，共传了23位大汗，1635年亡于后金，几乎与明朝相始终。

明初的20年间，北元和明朝曾发生多次战争。此时北元的势力已经衰落，明军攻占了不少地方，辽东、漠南蒙古、甘肃和哈密地区均处于明朝的统治之下。北元的势力范围退至西起克鲁伦河上游，东至兴安岭，南及西拉木伦河，北到鄂嫩河一带。

1388年，在捕鱼儿海战役中，当时的蒙古大汗买的里八剌兵败逃亡被杀。从此北元部众离散，蒙古内部争夺汗位的斗争更加激烈、复杂。这些即位的大汗虽然将统治中心设在哈拉和林，但是在自己的领地另设汗廷，未能建立固定的统治中心，不能实行有效的统治。各个派系都有自己的拥护者、军队，汗权名存实亡。蒙古大部分地区陷入了群雄割据、战乱频繁的状态。

当时雄踞大漠南北的主要有兀良哈三卫、瓦剌、鞑靼三部。鞑靼居住在西部蒙古高原；瓦剌居住于今蒙古国西部；兀良哈三卫（泰宁卫、福余卫、朵颜卫）则居于邻近明边。此时，明朝对和蒙古接触的北部地区进行有效统治并采取积极的对蒙政策。

1418年，瓦剌部太师脱欢统一了瓦剌，并不断加强瓦剌的实力。1439年，脱欢子也先继太师位，依靠强大的武力，控制了西北诸卫，征服了兀良哈三卫，占据了东起兀良哈、西至天山南北的广阔地区。之后，不断向东南扩张，侵犯明边。1449年7月，也先发动了对明的战争，明英宗仓促决定出征，行至大同镇时得知大同守军被也先击败，军心动摇，英宗立即率军南返。行至土木堡（河北怀来）驻营。当晚也先的轻骑2万追至，明军全军覆灭，英宗被俘，这就是历史上著名的"土木堡之变"。最后双方议和，送英宗回京师，双方恢复了正常的互市关系。当时内蒙古地区尽属瓦剌势力范围。1454年，由于内讧，也先战败被杀，瓦剌部退至天山以北，势力衰落，分为四部：杜尔伯特、准噶尔、土尔扈特、和硕特，总其名为厄鲁特蒙古。

鞑靼为蒙古本支，除多次与瓦剌部争战外，其内部各领主间为争夺汗位也争战不断。

1480 年，巴图孟克被推举为可汗——达延汗，达延汗即位后便开始平定诸部，消除割据，重新恢复了汗权，控制了蒙古各部，蒙古草原重新获得统一。

达延汗死后，各部又先后分裂。察哈尔部的领主虽然世袭蒙古汗位并号称为蒙古各部的首领，但右翼 3 万户的领主不接受他的约束，他们也自称"汗"。所以蒙古可汗实际上仅仅是蒙古地区几个可汗中的察哈尔汗。

到了 16 世纪中叶，在蒙古各封建领主中，以土默特部领主阿拉坦汗的势力最强大，他把右翼蒙古各部都置于自己控制之下，并于 1552—1573 年，与鄂尔多斯济农合力攻取了西海（青海），以及今天河西走廊中部，并进兵西藏，将藏传佛教由西藏经青海传入蒙古地区。

阿拉坦汗死后，内蒙古地区又重新爆发了纷争。1603 年，汗位传至林丹汗，他先后亲征科尔沁部、内喀尔诸部，继而攻破右翼喀喇沁、土默特诸部，力图以武力统一蒙古。但是此时蒙古的内外形势发生了很大的变化。1616 年，努尔哈赤统一女真并建国，史称"后金"，为了战胜明朝，对漠南蒙古各部采取了拉拢和征服政策，科尔沁等部先后归附了后金，对林丹汗造成了很大威胁。

1626 年，努尔哈赤去世，皇太极即位，加快了征服蒙古各部的步伐，他三征林丹汗。1634 年夏，林丹汗西撤至青海大草滩，因病去世。1635 年，林丹之子额哲被后金多尔衮俘获，后被封为察哈尔亲王，并娶了后金皇女。1636 年漠南蒙古十六部四十九个大小领主齐聚盛京（今沈阳），承认皇太极为汗，并奉上"博格达·彻辰汗"的尊号。同年，皇太极在盛京改国号为"清"。

（五）清朝时期的蒙古族

漠南蒙古归附清朝后，漠北喀尔喀蒙古三汗先后与清朝遣使通好，但是清朝对它们的控制还是很薄弱的。1691 年，决定各部及科尔沁等四十九旗王公贵族会盟于多伦诺尔（今锡林郭勒多伦县），决定正式归附清朝。

清朝十分重视对蒙古地区的统治和管理。在中央，理藩院管理蒙古等少数民族事务，并将陆续颁布的有关蒙古的法令汇编成《理藩院则例》，作为处理蒙古族和其他少数民族事务的法律依据。在地方，清政府为了加强对蒙古地区的统治，实行盟旗制度。将漠南蒙古二十四部编为六个盟、四十九个旗；漠北喀尔喀蒙古则在原来四部基础上建盟，编为四个盟、八十四个旗，所以原来各部的汗也就成了盟长。按照清代的制度，旗是基本行政单位，旗设札萨克，由理藩院官员从各盟札萨克及闲散王公中挑选，由皇帝任命。若干邻近的旗每三年会盟一次，由旗札萨克中选任的盟长主持，清廷则派遣钦差大臣或理藩院官员出席，审查各旗人丁，检阅旗兵。清朝在蒙古地区还派驻将军、都统、大臣进行直接管辖。1675 年，由在京蒙古都统辖察哈尔八旗。1693 年，清朝派将军驻归化城。1737 年，又置绥远将军、归化城都统。1743 年，设呼伦贝尔副都统。将军、都统、大臣辖区的设立不仅加强了北部边疆的军事防御力量，同时也促进了北方地区城镇的兴起，归化城和绥远城成为北方地区的重要城市。

清朝为加强对北疆的统治，在边境地区遍设卡伦、哨所，并建立了四通八达的驿站。在内蒙古地区有五个驿站：喜峰口驿站、古北口驿站、独石口驿站、张家口驿站和杀虎口驿站。驿站的广泛建立把我国北部边疆地区同中原地区紧密联系起来，为北部边疆的稳定和发展提供了便利条件。

　　此外，清朝为有效地控制蒙古地区，还通过联姻方法使满蒙贵族结成政治联盟。因此科尔沁、外喀尔喀等部顺利归附了清朝，促进了清对蒙古其他各部的统一。清给蒙古王公以优厚待遇，规定蒙古王公贵族定期入京朝觐，加强了蒙满贵族的共同利益关系，扩大了清朝在蒙古地区的政治和经济影响。

　　清朝还利用藏传佛教加强对蒙古地区宗教信仰的控制，对藏传佛教采取积极扶植的政策，大量兴建寺庙，鼓励蒙古人当喇嘛。清朝的宗教政策一方面促进了蒙古地区文化的发展，另一方面也削弱了蒙古人的反抗和斗争意志。

　　清朝厉行封禁政策，一方面保护了蒙古牧民的牧场范围，保证了牧业生产的稳定；另一方面也防止了蒙古地区牧民同中原汉族的交往接触，同时又制约了蒙古各部之间的不断往来交流，从而达到分散蒙古力量的目的。

　　从清初至鸦片战争之前的 200 年间，蒙古地区由于封建割据的消除，在统一的多民族国家中，社会经济取得多方面稳定的发展。

　　19 世纪中叶后期，蒙古族人民也开展了反封建、反侵略斗争，表现出爱国主义精神。如 1863 年在卓索图盟土默特左旗（今辽宁省阜新蒙古族自治县）的"老人会"起义、白凌阿和弥勒僧格等领导的反清起义。1841 年两江总督裕谦（蒙古镶黄旗人），在浙江定海抗击英国侵略军，英勇战斗，壮烈捐躯；1858 年第二次鸦片战争中，蒙古骑兵坚守大沽口，给英法侵略军以沉重打击，许多人英勇献身。

　　20 世纪初，孙中山倡导的资产阶级民族革命和反清思想传播到了内蒙古地区。辛亥革命前夕，在同盟会和革命形势日益发展的影响下，内蒙古的蒙古族青年学生到全国大城市和留学日本的人数日益增多。他们在资产阶级民主革命思想的熏陶下，也逐渐倾向革命，走上民主觉醒的道路。

（六）民国时期的蒙古族

　　俄国十月革命以后，马列主义在中国得到了迅速传播，促进了古老的中华民族进一步觉醒。

　　从 1923 年下半年开始，中共北方区党组织以北京蒙藏学校为据点，在蒙古族青年学生中宣传革命思想、培养干部。多松年、李裕智、乌兰夫、奎璧、吉雅泰等一批蒙古族先进分子先后加入中国共产党。第一次大革命中，内蒙古地区的农民运动如火如荼，掀起了打土豪、抗捐税的斗争。1927 年，在归绥爆发了"孤魂坛事件"，革命群众迫使绥远都统接受提出的全部条件，取得了的斗争胜利。与此同时，牧民们的斗争风暴也席卷了辽阔的内蒙古草原，席尼喇嘛领导的乌审旗"独贵龙"运动，波及整个鄂尔多斯高原，一度摧垮了乌审旗反动政权，粉碎了陕北军阀井岳秀长达两年之久的军事围剿，在鄂尔多斯高原上树起了一面革命红旗。

　　1931 年日本帝国主义发动了"九一八"事变，侵占了中国东北和内蒙古大部分地区，呼伦贝尔、哲理木、卓索图、昭乌达等盟首先沦陷。之后，日本侵略军又不断向内蒙古西部进攻，侵占了除伊克昭盟（今鄂尔多斯市）、河套地区以外的内蒙古西部的大片领土，成立了傀儡"蒙疆政府"。内蒙古大部分地区置于日本帝国主义的铁蹄之下。

　　1936 年 1 月，百灵庙蒙政会的蒙古族官兵毅然举行军事暴动，奋起抗日。1936 年 8 月，国民党爱国将领傅作义将军发动了著名的百灵庙、红格尔图、西拉木伦河和五原战役，接连打败日伪军的联合进攻，取得了绥西抗日大捷。

1937年"七七"事变爆发后,中国共产党的《抗日救国十大纲领》提出"动员蒙民、回民及其他少数民族在民族自决和自治的原则下共同抗日""蒙汉联合抗日"的正确主张,在伊克昭盟提出了"平民和王公团结一致抗日"和"一切服从抗日"的口号,推动了内蒙古各界各族人民的抗日斗争。

1945年4月,内蒙古各族人民武装在中国共产党的领导下,对日寇展开全面进攻。8月10日朱德总司令向八路军发布进军命令,绥蒙军区部队配合八路军主力,迅速解放了集宁、丰镇、凉城、和林、清水河、陶林、武川、卓资山等县及绥蒙广大地区。接着,八路军主力又向盘踞在内蒙古东部地区的日军发动进攻,在苏蒙联军的配合下,迅速解放了锡林郭勒、察哈尔、昭乌达、哲里木和呼伦贝尔的广大地区。8月15日,日本无条件投降,经历14年的浴血奋战,内蒙古终于从日本帝国主义的殖民统治下解放出来。

二、内蒙古自治区行政区域的形成

1947年5月1日,内蒙古自治政府正式宣告成立,实现了蒙古民族新的历史转折。自治政府驻王爷庙(1949年11月迁址到张家口),首届主席乌兰夫,时辖呼伦贝尔、纳文慕仁、兴安、锡林郭勒、察哈尔五个盟,面积54万平方公里。内蒙古自治政府的成立标志着民族区域自治在中国得以实现,5月1日成为内蒙古自治区成立纪念日。

从1954年3月6日起,原绥远省辖区并入内蒙古自治区,由内蒙古自治区人民政府领导,呼和浩特市为自治区首府。

1955年7月30日,热河省敖汉、翁牛特、喀喇沁旗和赤峰、宁城、乌丹县划归自治区昭乌达盟。1956年4月3日,甘肃省巴彦浩特蒙古族自治州和额济纳蒙古族自治区划归内蒙古,增设巴彦淖尔盟(今巴彦淖尔市),以原自治州和自治旗的行政区域为盟的行政区域。1969年7月5日,呼伦贝尔盟(今呼伦贝尔市)、哲里木盟、昭乌达盟分别划归黑龙江、吉林、辽宁三省;阿拉善左旗、阿拉善右旗、额济纳旗分别划归宁夏和甘肃,1979年5月30日以上六个盟、旗又重新划归内蒙古自治区。至此,形成了今天内蒙古自治区的行政版图。

三、与蒙古族相关的文化遗产

(一)陵墓

成吉思汗陵:位于今鄂尔多斯市伊金霍洛旗阿拉腾席热镇,"伊金霍洛"意为"圣主的陵寝"。但成吉思汗的遗体并非埋葬在此,由于蒙古贵族实行密葬,成吉思汗埋葬的地方经万马踩踏,再经士兵在方圆几里的地方把守,直到又长出草,和其他地方一样才离开,真正埋葬的地方至今是一个谜。

成吉思汗陵在蒙古族人民心中具有十分重要的意义。达尔扈特人世世代代守护着陵园,延续至今,已经有800多年的历史了。

广大蒙古族民众为了祭祀成吉思汗,把他生前的斡儿朵(宫帐)安放在阿尔泰山和肯特山之间的高原上,被称为"八白室",即成吉思汗生前的八座白色毡帐。明代达延汗平定右翼三万户后,派其三子巴尔斯博罗特为统领鄂尔多斯济农并守护之。明朝天顺年间,鄂尔多斯部进驻今鄂尔多斯市一带,"八白室"也随即迁移。"八白室"有一些最初并不供奉在成吉思汗陵,如古日勒别金哈屯白宫、宝日温都尔白宫在准格尔旗布尔陶亥苏木，后来重建吉思汗陵的时候，将分散在其他地方的白室都聚集到一起供奉。

成吉思汗陵园规模宏大，占地面积 55 000 多平方米，主体为三个蒙古包式的宫殿。三个殿之间有走廊连接，中间正殿高达 26 米，东西两殿高 23 米。正殿正中摆放成吉思汗的雕像，高 5 米。后殿为寝宫，安放四个黄缎罩着的灵包，包内分别供奉成吉思汗和他的三位夫人的灵枢以及成吉思汗生前用过的马鞍等珍贵文物。东殿安放成吉思汗的第四子拖雷及其夫人的灵枢。自窝阔台及其长子之后，蒙古族皇帝都是拖雷的子孙，所以其地位极为显赫。西殿供奉着象征着九员大将的九面旗帜和"苏鲁锭"。"苏鲁锭"即大旗上的铁矛头，成吉思汗南征北战中，用它指挥过千军万马，传说成吉思汗死后，其灵魂便附在"苏鲁锭"上，因此在蒙古族人民的心目中，苏鲁锭是十分神圣的。

（二）城址

1. 元上都遗址

元上都遗址位于锡林郭勒盟正蓝旗政府所在地东北约 20 公里处，闪电河北岸，是蒙古创建的一座草原都城，是中原农耕文化与草原游牧文化巧妙结合的产物。2012 年中国元上都遗址列入《世界遗产名录》。

1521 年蒙古汗国蒙哥大汗即位，忽必烈任漠南汉地军国庶事，忽必烈随后来到了金莲川草原驻扎并建立了金莲川幕府。1256 年忽必烈命刘秉忠在桓州城东以北的龙岗山下选址建城，1259 年建成并命名为开平，1260 年忽必烈在此登上大汗位。1263 年忽必烈下诏将开平更名为上都，第二年在燕京（北京）建立大都，此后确立了两都巡幸制度。上都和大都成为元朝交替使用的两个都城，历经十一帝。直到元朝末年，上都始终是元朝的政治、经济、军事、文化中心。元朝皇帝每年夏季都在上都处理国事、接受外国使节和蒙古宗王的朝觐。1358 年上都城被农民起义军攻陷后焚毁，10 年后朱元璋的军队攻入大都，结束了元朝大一统的局面。从此上都退出了历史舞台，成为沉睡在草原上的文化遗址。

上都城北面靠山，南面向水，周围是广阔的金莲川草原，由宫城、皇城和外城三重城组成。全城周长约 9 公里，东西 2 050 米，南北 2 115 米，宫城墙用砖包砌，四角有楼，内有水晶殿、鸿禧殿、穆清阁、大安阁等殿阁亭榭，河水被引入城内，建有池沼。皇城环卫宫城四周，城墙用石块包镶，道路整齐，井然有序，南半部为官署、官邸所在区域，东北和西北隅建有乾元寺和华光严寺。城外东、南、西三处关厢地带，为市肆、民居，"兆奈曼苏默"（108 座庙的意思）就是因为城中建筑众多而讹传的。

元上都遗址以宫殿遗址为中心，呈分层、放射状分布，既有土木为主的宫殿、庙宇建筑群，又有游牧民族传统的蒙古包式建筑，体现出一个高度繁荣的草原都城的宏大气派，是农耕文明与游牧文明融合的产物，是草原文化与中原农耕文化融合的杰出典范。

2. 敖伦苏木古城

敖伦苏木古城位于包头市达尔罕茂明安联合旗百灵庙东北约 28 公里处。敖伦苏木为蒙古语，意为"众多的庙"。敖伦苏木城俗称赵王城，始建于元代，是汪古部世居之地，是汪古部政治、经济、文化中心。

遗址平面呈长方形，总面积 55 万平方米。城墙四面有城门，四角筑有角楼。城门、角楼与城墙的轮廓清晰。城墙墙基宽约 3 米，残高 2~3 米。遗址内发现有建筑遗址 17 处，高台和土包 99 处。城东 300 米处还发现有墓地一处。此外，遗址内还出土了大量的建筑构件、石碑、石兽以及景教墓石等文物，如著名的《忘博德风堂记碑》，珍贵的畏吾儿蒙古文、古叙利亚文墓石铭刻。这座古城遗址对研究蒙古族的历史，特别是汪古部的历史有着重要的意义。

3. 元代集宁路古城遗址

元代集宁路古城遗址位于乌兰察布市察右前旗巴音塔拉乡土城子村，西距集宁区 25 公里。古城建于 1192 年（金章宗明昌三年），原是金代集宁县（今集宁区）城，是蒙古草原与河北、山西等地进行商贸交易的市场。元代初年，升为集宁路，属中书省管辖。古城毁坏于元末明初的战火。

古城平面呈长方形，南北长 940 米，东西宽 640 米。东、北墙保存较好，宽 5~6 米，残高 0.5~2.5 米。西、南墙破坏严重，已模糊不清。东、西墙各设一门，东门位于东城墙北段，外置方形瓮城；西门设在西墙中段，外置马蹄形瓮城。南门情况不详。城内道路六纵七横，将古城分为 31 个单元，城内北侧有一条南北向的道路直通筑台基，台基南部为市肆遗址，城外西侧有一条南北向的道路直通西门瓮城。城内遗迹丰富，有大量的房址、灰坑、水井、道路、墓葬、瓮棺葬、窖藏等。尤其以各类器物窖藏的发现最为重要，共发现 40 余处，出土完整瓷器 500 余件。磁州窑、景德镇窑、龙泉窑、钧窑、定窑、耀州窑、建窑七大窑系的瓷器在此均有发现。这些遗迹、遗物的发现为研究元代的城市制度、经济文化生活提供了翔实可靠的实物资料。

（三）古建筑

1. 公主府

公主府位于呼和浩特市新城区公主府街与通道北路交会处东 90 米路北侧，是清康熙帝第四女恪靖公主的府邸。清朝对蒙古实行怀柔政策，康熙将恪靖公主下嫁喀尔喀蒙古部土谢图汗的儿子敦多布多尔济，初封为和硕公主，又封为固伦恪靖公主。公主府曾三迁，初居清水河县花园巷，后迁至呼和浩特市旧城西北的扎达盖河西岸，雍正年间（1723—1735 年）又重修了现存的这座府邸。

公主府建筑为五进院落，有大门、过厅、大厅和内院，门前立有大照壁，宅院东部有假山和池沼。恪靖公主死后葬在东郊美岱村，美岱村公主府附近为其牧场，后建村落名为小府、府兴营等。府邸虽经近现代利用改建，原来布局基本未变，现已辟为呼和浩特博物馆。

2. 绥远城将军衙署

绥远城将军衙署位于呼和浩特市新城区西街鼓楼西侧，清代曾有 67 位将军在此任职，是管辖绥远城驻防八旗、归化城土默特旗、乌兰察布盟（今乌兰察布市）、伊克昭盟及节制宣化和大同绿旗兵事务的机构。

清雍正年间（1723—1735 年），清王朝为巩固西北边防，在呼和浩特旧城东北 2.5 公里处另筑新城一座，驻屯满洲八旗官兵。雍正十三年（1735 年）动工兴建，乾隆四年（1739 年）建成，命名为绥远城，设绥远将军统领，并管辖漠南蒙古王公及大同、宣化的驻军。将军衙署始建于乾隆二年（1737 年），按一品封疆大吏衙署格式营造，占地 15 000 平方米。门前有高大的影壁，门两侧立石狮一对。院内厅堂三进，前为大厅，两侧为东西厢越，大厅后为公衙，后院为将军私邸。民国时，绥远省政府曾驻此，省主席傅作义将军办公处现保存完好。中华人民共和国成立后，一度为绥远省人民政府所在地。衙署历经多次修缮，大致保存原有格局。

3. 喀喇沁亲王府

喀喇沁亲王府原称"喀喇沁旗右翼旗王府"，位于赤峰市喀喇沁旗王爷府镇，始建于清代康熙十八年（1679 年），先后有十二代喀喇沁蒙古王爷在此居住，乾隆四十八年（1783 年）晋亲王品级后，又在郡王府基础上扩建为亲王府邸。历代王爷皆有扩建，是内蒙古现存王府建筑中建成年代最早、建筑规模最大、规格等级最高、保存最好、知名度最高的一处古建筑群。历代王爷中最著名的就是清末王爷贡桑诺尔布。

王爷府占地 30 余亩，前后共五进院落，在中轴线上有大堂、二堂、信门、大厅和承庆楼等建筑，东西两侧是跨院。跨院内分别是生活区和议事区，西边有庙宇、祠堂、客厅、议事厅、书斋、练武场等建筑；东侧有戏楼、王爷和福晋的卧室、膳房等。园内青松翠柏，幽雅恬静，楼阁殿堂相映生辉。

（四）藏传佛教寺庙

1. 藏传佛教概况

藏传佛教始于 7 世纪中叶，正值松赞干布在位期间，当时他迎娶了尼泊尔的赤尊公主和唐朝的文成公主。尼泊尔和唐朝当时都是佛教盛行的国家，两位公主也都是佛教徒。松赞干布在两位公主的影响下，开始重视佛教。佛教在藏区发展至 10 世纪下半叶，逐渐形成了独具特色的藏传佛教，自 11 世纪开始陆续形成各支派，至 15 世纪初格鲁派形成，藏传佛教的派别支系最终定型。其主要派别分别是宁玛派（红教）、萨迦派（花教）、噶举派（白教）、噶当派和格鲁派。其中格鲁派是在 15 世纪由宗喀巴大师创立的一个新兴的佛教派别，是藏传佛教诸教派中形成最晚、影响却是最大的一派。

13 世纪之后，藏传佛教的发展与蒙古族密切相关。早在成吉思汗征服西夏的过程中，就与藏传佛教发生过联系，但当时完全是出于政治目的。

蒙哥汗当政时期，常在哈拉和林召开盛大集会，让各宗教界人士进行辩论。1258 年，蒙哥汗命忽必烈在上都主持召开了一次道教与佛家的辩论大会，大会上，八思巴用佛教的伦理学说，驳倒了道教的很多论点，对佛教的胜利起到了非常关键的作用，并赢得了忽必烈的信任和尊敬，从此佛教在元朝宫廷中的地位大大提高。1260 年忽必烈即位后，封八思巴为"国师"，后又加封"帝师"，并将西藏的政教两权授予萨迦法王。但元朝时期的藏传佛教主要流行于上层贵族中，在广大蒙古族群众中的影响不大。随着元朝的灭亡，藏传佛教的影响也随之消失。

至 16 世纪后半期，在阿拉坦汗的扶持和倡导下，藏传佛教在蒙古地区再次兴盛和发展起来，这次是以格鲁派的形式传播进来的。1578 年，阿拉坦汗在青海仰华寺会见索南嘉措（三世达赖），二人互赠尊号，阿拉坦汗赠索南嘉措"圣识一切瓦齐尔·达喇·达赖喇嘛"，"达赖喇嘛"的称号由此而来。格鲁派上层僧侣们将索南嘉措定为"三世达赖喇嘛"，同时追认前两世达赖喇嘛。阿拉坦汗也许诺将在蒙古地区发展藏传佛教，兴建寺庙，修造佛尊塑像等。阿拉坦汗返回土默特后，在归化城（今呼和浩特）兴建了蒙古地区第一座格鲁派大寺——大召（弘慈寺）。在阿拉坦汗的影响下，土默特地区兴起了信仰格鲁派藏传佛教、修建寺庙的热潮。在短短几十年间，仅呼和浩特地区就兴建了席力图召、小召、乌苏召、美岱召等。在鄂尔多斯地区修建了锡伯尔召、伊克召（王爱召）等。

1580 年大召建成，1586 年三世达赖为大召举行了开光法会。此后，三世达赖在归化城讲经传法。1588 年三世达赖圆寂。1589 年三世达赖转世于阿拉坦汗孙松木台吉家中，即四世达赖云丹嘉措，此举强化了格鲁派在蒙古地区的地位并推动其更为广泛地传播。1602 年，四世达赖归藏。1604 年，格鲁派上层喇嘛迈达里呼图克图到迈达里庙坐床。此后都有格鲁派高层主持蒙古地区的佛教事务。藏传佛教成为蒙古地区的重要宗教。

2. 内蒙古地区主要藏传佛教寺庙

（1）大召：大召建成于 1580 年，明朝赐名"弘慈寺"，因有银制释迦牟尼像，也称"银佛寺"。1586 年，三世达赖来此主持了"开光法会"。1640 年，皇太极命重修此庙，赐名"无量寺"。大召是呼和浩特地区最早兴起的藏传佛教寺庙，也是蒙古少有的不设活佛的寺庙。因康熙皇帝曾在此住过几日，为了表示对皇帝的尊敬，僧侣们取消了活佛转世的规定。

大召占地 29 171 平方米，现存建筑物 4 145 平方米。该寺坐北朝南，主体建筑布局采用伽蓝七堂式。沿着中轴线建有牌楼、山门、天王殿、菩提过殿、大雄宝殿、藏经楼，东、西两侧有配殿、厢房等建筑。附属建筑有乃琼庙、家庙、汉白玉吉祥八塔、玉佛塔、菩萨殿等。寺院外还有环绕召庙的甬道以及东、西仓门。大召除了大雄宝殿之外，均为汉式寺庙建筑形制。

大雄宝殿为大召的主要建筑，采用藏汉结合的寺庙建筑形制。大雄宝殿由三部分组成。前部为双层三开间的前殿，下层是空廊；中部为经堂；后部为佛殿，佛殿正中供奉著名的银铸释迦牟尼佛像，佛像前的木柱上有一对金色巨龙。大雄宝殿前有一对空心石狮子。

乃琼庙位于寺院建筑中轴线西侧，坐北朝南，分为经堂与佛殿。乃琼庙是为白哈尔建的庙。白哈尔是藏传佛教格鲁派所奉世间护法神主神，在西藏仅见于桑耶寺等大寺院中。

银佛、龙雕、壁画是大召的"三绝"，为明朝遗物。银佛是供奉在佛殿的释迦牟尼银像，该佛像呈坐姿，高近 3 米，用 1 吨半纯银铸造而成；龙雕是在释迦牟尼银佛前方的两根通天柱上盘踞着的两条金色的蟠龙，二龙均由下向上望，两条龙是用纸浆和泥制作的，龙身是空心的，至今仍无一点裂痕；佛殿内的墙壁上有用矿物颜料画的壁画，现存的壁画主要分布在大雄宝殿经堂北壁的东、西两侧和佛殿内，以及乃琼庙佛殿内的北、东、西三面墙壁上。

大召收藏的各种彩塑，金铜造像，巨幅唐卡，108 部《甘珠尔》，各种法器、面具等，也都非常珍贵。其中大金佛、康熙帝赐予的八盏宫灯、孔雀开屏图被誉为"大召三宝"。大召还有古画《月明楼》的仿制品。画高 1.3 米，宽 3.5 米，以矿物质石色作为原料彩绘，以单线评涂法绘制，并且使用孔雀翎贴纸而成。画上共有 110 个人物。

（2）小召：位于呼和浩特市旧城小召街，蒙古语称为"巴嘎召"，"巴嘎"汉译为"小"，俗称"小召"，又称崇福寺，为阿拉坦汗后裔俄木布洪台吉所建。清初，在托音一世的倡议下，土默特都统禄格·楚琥尔重修此寺。1679 年，托音二世到小召坐床。因托音二世出生于与清室有姻亲关系的科尔沁部，故受清室优待。托音二世一方面受命入藏联络班禅，后又随康熙皇帝出征协助策划平定噶尔丹。因此，康熙西征胜利回京路经归化城，驻跸小召，并将甲衣、弓箭、腰刀等随身之物，留在小召作为纪念。又在小召用满、汉、蒙古、藏四种文字刻立石碑，纪念他的胜利，同时也表彰小召活佛有功。每年农历正月十五日，小召都要把康熙赠留的物品公开展示，称为"小召晾甲日"。

（3）席力图召：汉名"延寿寺"，寺庙因四世达赖第一世席力图活佛长期主持此寺得名。该寺坐落在呼和浩特市玉泉区石头巷北端，坐北向南。土默特部阿拉坦汗死后，其子僧格都楞继承汗位，为了迎接三世达赖的到来，僧格都楞于万历十二年（1858年）修建了席力图召。后在清康熙、雍正和光绪年间，经不断扩建和修缮，席力图召成为呼和浩特地区规模最大的藏传佛教寺院。

席力图召中轴线上的建筑物是牌楼、山门、过殿、经堂、大殿。大殿采用藏式结构，四壁用彩色琉璃砖包镶，康熙皇帝御制的"平定噶尔丹纪功碑"立于大殿前。康熙三十五年（1969年），康熙皇帝第二次亲征噶尔丹，抵抗沙俄侵略，西征凯旋，路经呼和浩特，驻跸此寺。

（4）五塔寺：汉名"慈灯寺"，蒙古名"塔布·斯普尔罕召"，当地俗称"五塔寺"，位于呼和浩特市旧城东南部，是小召的下院。1727年，小召喇嘛阳察尔济毕勒罕任呼和浩特副掌印札萨克大喇嘛时呈请兴建，于1732年落成。寺庙早已被毁，唯五塔得以保存。

五塔寺由金刚座舍利玲珑小塔构成。金刚座为束腰须弥座，其束腰部雕刻有狮、象、金翅鸟和金刚杵等图案，束腰的上面为七层短挑檐，金刚座的南面为拱门，门上方有蒙古、汉、藏三种文字写成的"金刚座舍利宝塔"匾额，门旁为四大天王，塔门内东西两角有通往座顶的楼梯，出口处为一方形攒尖亭；五座舍利小塔位于亭子的北边，最中间的舍利小塔为七层出檐，四隅的舍利小塔为五层出檐，五座塔身上均镶嵌有佛像、菩提树、景云等砖雕。在金刚座舍利宝塔背面的山墙上嵌有三幅雕刻，以"蒙古天文图石刻"最为珍贵，是研究天文学史的重要资料。

（5）美岱召：位于包头市土默特右旗美岱召镇，由城墙和建筑群组成，是明代塞北著名的"城寺"，由阿拉坦汗在1757年主持兴建的。明朝赐名为"福化城"，初名"灵觉寺"，后改为"寿灵寺"，1606年西藏高僧迈达里呼图克图到灵觉寺传教，人们便把该寺称作迈达里岱，音译即为美岱召。该寺是明末藏传佛教在蒙古地区的重要弘法中心，寺内多壁画，堪称"宗教壁画艺术博物馆"。

美岱召由古城及建筑共同构成。古城是一座不太规则的方城，南门（泰和门）是正门。古城周长681米，墙体为夯土结构，外壁包砌石块，高5.3米，顶宽约2米，底宽5米。美岱召四角筑有外伸约11米的墩台，上有角楼。城门内侧筑有马道，由此登上城墙，城门台上筑歇山式顶二楼三檐城楼。进入南门，靠近城门的是四大天王殿，北面为经堂和大雄宝殿，东、西相对的是十八罗汉和观音殿，再北面则是琉璃殿。整个建筑群不在一条直线上，可见各建筑非一次兴建完成。

大雄宝殿的墙壁上，有色彩斑斓的壁画。壁画是美岱召的一大特色，现存壁画1 650平方米，大雄宝殿内四周壁画从腰线部分一直到天花板，场面宏大，构图丰满，需仰视方能尽观。北壁正中绘有释迦牟尼巨像，背景绘有释迦牟尼的佛传故事画，如太子游四门、剃发出家、降伏魔女、得道成佛等，造型准确生动，富有人间情趣。下壁为四天王及伏虎罗汉、布袋和尚。东壁绘有格鲁派创始人宗喀巴大师成道故事画，下壁是玛哈嘎拉和巧尔吉金刚以及巴拉登·哈蒙等多位喇嘛教中的护法神。这些壁画是研究明清蒙古史及民俗、服饰的宝贵资料。

琉璃殿为宝殿式三层高楼，屋檐及顶部覆有绿色琉璃瓦，建筑雄伟壮丽，传说此楼为阿拉坦汗接受朝拜的地方。在琉璃殿的西侧有两座殿，八角形的叫老君庙，另一座是万佛殿。相传万佛殿就是迈达里呼图克图举行法会的地方，所以店内不曾供佛。万佛殿南面紧挨着经堂的一座藏式建筑，是乃春庙，传说是迈达里呼图克图举行法会的地方，后来改成佛殿。经堂东北方有一座朴实庄严的殿宇，即太后庙，是一座重檐歇山顶式建筑，面阔进深各五间，南面正中开门，四壁皆无窗，也无壁画。殿内原供有一座檀香木塔，传说盛放着阿拉坦汗妻子三娘子的骨灰。在琉璃殿后面还有一组住宅建筑，俗称楼院，据说是阿拉坦汗的离宫别苑及其子孙相传的府邸，故称"公爷府"。此外，院内靠西墙为活佛府，靠东墙为台吉府。

（6）五当召：位于包头市东北约 50 公里五当沟内的大青山深处，"五当"蒙古语意为"柳树"。原名巴达嘎尔庙，"巴达嘎尔"藏语意为"白莲花"。始建于清康熙年间（1662—1722 年），乾隆十四年（1749 年）重修，赐汉名广觉寺。五当召依地势面南而建，是一组层层依山垒砌的白色建筑，在群山环绕中，为苍松翠柏掩映，雄宏壮观。

五当召是内蒙古地区现存最大的一座藏传佛教寺院。全部采用藏式结构，平顶直墙，小窗白壁，不规则地散布在山谷中。主要建筑分布在山谷内突出的小山坡上，其余的建筑或在半山腰上，或在谷内的平地上，没有围墙和院落，每个建筑自成一体。如此特别的格局，也是内蒙古地区现存藏传佛教寺庙中仅有的，故它和西五当召的主体建筑，是八大经堂、三座活佛邸和一幢安放本召历世活佛的舍利塔。另有僧房 60 余间，以及塔寺等附属建筑，全部房舍 2 500 余间，占地 300 多亩。

苏古沁独宫坐落在召庙的最前部，是举行集会诵经的场所，也是五当召内最大的建筑物。始建于 1757 年，高三层，一楼前大厅是经堂，全殿可容纳千余喇嘛诵经。后厅及二、三层为藏经阁，供奉释迦牟尼、宗喀巴及历代佛师、唐卡等。却依林独宫位于苏古沁独宫西侧，始建于道光十五年（1835 年），此殿为专门研究佛教哲学学部，是五当召僧人最多的学部，却依林独宫的前厅为讲经台，供有召内最大的释迦牟尼佛像，该尊像是内蒙古地区现存最大的佛像。洞阔尔独宫是五当召最早的殿堂，是五当召的中心建筑，建于乾隆十四年（1749 年）。这里是时轮学院，是研究天文、地理、历法、数学、占卜的重要教学基地。殿前广场是讲经、辩经的场所。前经堂后佛堂高三层，高居于全寺之上，其他建筑均以此殿为中心。乾隆皇帝于 1756 年赐名"广觉寺"，用满、汉、蒙古、藏四种文字雕刻的牌匾悬挂在殿门正中门楣上。紧靠洞阔尔独宫的是当坼希德殿，建于光绪十八年（1892 年），位于护法殿后边西北高耸的山坡上，是专门传授藏传佛教的教义、教程的地方，为教义建律学部，此学部在内蒙古地区藏传佛教寺院中只有五当召设立。阿会独宫是一座学习医学的经殿，为密宗学部，建于嘉庆五年（1800 年）。

在几座大殿的左右分布着三府。甘珠尔府，位于阿会独宫南面，是五当召第一世活佛居住的地方，建于 1784 年；章嘉府，位于驯服殿的后面，是西藏十四世章嘉呼图克图来内蒙古传教时的住所，建于 1842 年；洞阔尔府，是五当召历代活佛的居室，建于 1784 年，历代活佛用具也陈放其中。

五当召是内蒙古地区有名的学问寺。它为了弘扬佛法，专门设有供喇嘛们学习经典、研究佛学的学塾，分别有时轮学部、显学部、密宗学部、菩提道学部。

（7）贝子庙：位于锡林浩特市额尔敦敖包山下，蒙古语名"班智达葛根庙"，汉名"崇善寺"。始建于乾隆八年（1743年），历经七代活佛精修而成。全庙共分五大殿，中为朝克沁（行政教务）殿，两侧分别为拉布楞（活佛）殿，却日（哲学）殿，满巴（医务）殿和珠多都巴（天文、数学）殿。此外，贝子庙周围还有十几座小殿和2 000余间喇嘛住宅，贝子庙建成后总面积达1.2平方公里。

乾隆八年（1743年），贝子庙开始兴建，先盖正房五间。建成后，因当年主持修建此庙的是当地贝子巴拉吉道尔吉，而且是贝子庙兴盛时期，喇嘛多达1 200余人。后来随着清王朝的覆灭，贝子庙逐渐衰败了。1947年内蒙古自治区成立后，贝子庙成为锡林郭勒盟政治、经济中心，周围的建筑不断增加，是锡林浩特市发展的核心。

（8）汇宗寺：位于锡林郭勒盟多伦古城，俗称东大仓，又因用青砖砌成，故又称青寺。1690年康熙御驾亲征，大败噶尔丹。翌年康熙亲赴多伦诺尔会见漠北喀尔喀三部和漠南四十八旗蒙古王公贵族，从此喀尔喀蒙古正式归附清朝，确立了中国北部边疆版图，史称"多伦会盟"。作为对这一重大历史事件的纪念，康熙答应了"愿建寺以章盛典"的请求，开始兴建汇宗寺。1712年春3月21日完工。于1714年，康熙钦赐寺名"汇宗寺"并题匾额、御书汇宗寺碑文和汉白玉碑一对，碑文用满、蒙古、汉、藏四种文字记载了建寺经过。原占地18.4公顷，有天王殿、正大殿、东西配殿、大山门、钟楼、鼓楼等。当时还迎请章嘉活佛为寺庙住持，管理整个蒙古地区宗教事务。汇宗寺曾一度是内外蒙古政教合一的中心。

后雍正皇帝也继承康熙的做法，在汇宗寺附近又修建善因寺，使多伦发展成为蒙古高原上的宗教中心。

（五）内蒙古地区岩画

内蒙古地区岩画是草原先民刻绘在岩石上的艺术品。内蒙古最早的岩画是旧石器时代晚期的作品，发现于阿拉善右旗雅布赖山的山洞中。内蒙古岩画的作者无姓名可考，其民族为原始氏族部落，有东胡、匈奴、乌桓、鲜卑、突厥、回纥、契丹、女真、党项、蒙古等民族。内容丰富的岩画是研究和了解古代草原文明的重要资料。6—8世纪，蒙古草原上出现了北方游牧民族的第一种文字——突厥文。以后，游牧民族相继创造了回纥文、西夏文、契丹文、女真文、蒙古文，岩画便逐渐完成了它的历史使命。

1. 按岩画分布地区分类

（1）阴山岩画群。

阴山岩画群分布于阴山山脉西段狼山地区的石壁上，东起乌拉特中旗、西至阿拉善左旗。作画方法早期以磨刻居多，敲凿早晚皆有，晚期又增加了刻画法和用白灰制作的岩画。岩画题材丰富多彩，动物、狩猎、放牧、舞蹈、巫师、交媾、车辆、毡帐、人面像、天神地祇、动物蹄印、人脚印、禽爪印等莫不齐备。岩画的时代从旧石器时代末期，经新石器时代、青铜时代，直到各个历史朝代，一直到现代，绵延万年之久。

（2）乌兰察布岩画群。

乌兰察布岩画群分布于乌兰察布草原，主要集中于达尔罕明安联合旗、四子王旗、察右后旗和乌拉特中旗的东北部，以百灵庙东北部查干敖包苏木一带最为密集。岩画内容有狩猎、畜牧、人像、车辆、舞蹈、人面像、十二生肖、印迹、天体、符号等。岩画分布于草原中的一道道岩脉上,画面面积由作画石面决定,一般画面较小,每幅画图像个体较小。画面内容以反映游牧生活为主。在画风上虽然不乏写实之作,但从整体来看,以图案化、规范化、抽象化、程式化和符号化作品居多。岩画由描绘外形到表现实质,无疑是岩画发展的进步。

（3）阿拉善岩画群。

阿拉善岩画群分布于阿拉善右旗和额济纳旗境内,以巴丹吉林沙漠东南部的曼德拉山最为密集,在12平方公里的一座山上有岩画4 000多幅。岩画内容有各种各样的动物,其中以家禽居多,还有狩猎、放牧、舞蹈、众骑、交媾、战争、斑点、手印、蹄印、圆锥状帐篷、村落等。特别引人注目的是一幅由18个帐篷组成的村落,排列错落有致,最大的一座帐篷居于村落中央,大约是氏族"大人"所居之处。在雅布赖深山之中洞窟内,还发现了旧石器时代晚期的手印岩画,距今约3万年,是目前我国发现时代最早的美术作品。

2. 按岩画的内容分类

（1）日月和星宿天体。

历史上活跃于内蒙古草原上的古代北方游牧民族十分尊崇日月神灵和天体星宿。《史记·匈奴传》记载有匈奴人崇拜日月的风俗:"单于朝出营,拜日之始,夕拜月。"成吉思汗以"长生天"为最高神,每当进行重要战事之前,都隆重举行祭天仪式。日月经天,斗转星移,天体变化的奥秘及太阳的光芒给万物以生机和力量,令草原先民们顶礼膜拜。因此,在内蒙古地区的岩画中,日月星宿的内容,占有很大的比重。

（2）生殖崇拜的内容。

内蒙古自治区各地的岩画中,对人类生育崇拜的内容很多,这是草原先民为求得氏族部落繁衍兴旺的写照。例如,在阴山岩画中,有许多刻画妇女生孩子的画面;对男性的刻画,则着重于生殖力量和引弓射箭之力等。在乌兰察布岩画中,刻有单个或多个凹状的小穴,以此隐喻妇女的生殖器。这种凹穴岩画是世界岩画最古老的题材之一。在阿拉善曼德拉山岩画中,则以写实手法刻绘出老祖母及其一代又一代后人在穹庐中生活的场景,堪称是草原先民生殖崇拜和家族繁衍的图解。

（3）动物和狩猎图案。

在畜牧业尚不发达时,狩猎是支撑草原先民生存必不可少的条件之一。因此,内蒙古地区的岩画中,各种动物的图案占很大比重。

据我国古代文献记载,鹿、狼、虎、鹰、野猪、熊等动物,曾先后被东胡、匈奴、鲜卑、突厥、契丹、蒙古等民族崇拜,有的还被奉为图腾。内蒙古岩画中的动物有数十种,有的如鸵鸟、河套大角鹿,在距今1万年前便已从内蒙古地区消失,说明这些动物早在旧石器时代晚期即被人们记录刻画出来。内蒙古东部地区的岩画以熊、野猪、虎、鹿为多,西部地区的岩画则以狼、狐、骆驼、野马、山羊、鹿为多。

（4）舞蹈岩画。

内蒙古自治区的岩画中,有一些表现草原先民舞蹈的岩画。从这些古老的岩画上可以推测,舞蹈是古代猎牧人经济文化和宗教生活中的一项重要内容。这些舞蹈画面,从形式上可分为集体舞、多人舞、双人舞和独舞,从内容上可分为宗教舞、狩猎舞、战争舞、踏舞、爱情舞、放牲舞等。

第三节　内蒙古民俗文化旅游资源

内蒙古地区以蒙古、达斡尔、鄂伦春、鄂温克为自治民族，包括汉、满、回、朝鲜、锡伯等49个民族，构成了大杂居、小聚局的格局。各民族之间的文化相互吸收、相互借鉴、相互融合，因此内蒙古民俗是内蒙古各族人民共同创造的文化。内蒙古民俗具有历史悠久、比较典型、地区差异大和文化渗透性强等特点。

一、蒙古族民俗

蒙古族是内蒙古自治区的主体民族，自古以来生活在广袤的蒙古高原上，在特定的自然、地理环境和历史条件下形成了自己独特的民俗文化。

蒙古语属阿尔泰语系蒙古语族，蒙古族最早使用的文字是畏兀儿文（回鹘文），成吉思汗建立蒙古汗国时，畏兀儿体蒙古文被确定为国家的通用文字。忽必烈建立元朝后，命八思巴创制蒙古新字，俗称"八思巴字"。由于种种原因，"八思巴字"并没有代替畏兀儿体蒙古文。目前，我国蒙古族通用的蒙古文，仍然是经过不断改进后的"畏兀儿体蒙古文"。

（一）经济民俗

1. 生产习俗

（1）狩猎习俗。

狩猎是蒙古族古老的生产活动。其狩猎的目的有三：一是捕获害畜野兽，保护牧业生产；二是获取食物，改善生活；三是培养人们的智慧和胆量，增强集体应变能力。

狩猎的方式有个人狩猎和集体围猎两种。集体围猎是有计划、有组织进行的，要听从统一的指挥，按照固定的程序进行。每个人的分工明确，有头领、外围包抄人，还有围底（围猎的指挥机构、围猎开始及结束的集中地）、围扇（包围圈靠近指挥机构的两翼）、围翼（包围圈的延伸部）等。

（2）游牧习俗。

牧业是蒙古族最基本的生产方式。人们根据牲畜特征和季节草场的变化，形成了独特的放牧方式，既可提高牲畜的膘情，增强抵御自然灾害的能力，也可轮歇草场，达到保护草场的目的。

蒙古族把牧场分为春夏秋冬四季草场，即春营地、夏营地、秋营地、冬营地。在正常情况下，一年之中游牧四地。各个季节的气候和牲畜的膘情不同，选择春、夏、秋、冬营地的条件也各不相同。春季对牲畜来说，是最为严酷的季节，经过了寒冷、枯草、多雪的季节，牲畜膘情大为下降，抵抗能力减弱。因此，春营地要选择可以避免风雪灾害的草场，以利于达到保膘保畜的目的。夏天为了增加牲畜的肉膘，要选择山阴、山丘、山间平川的细嫩草场，同时要注意有山顶、山丘可乘凉。秋季为了增加牲畜的油膘，要选择草质好、凉爽的草场，以增强牲畜的耐寒能力。为了保护牲畜安全度过严寒而漫长的冬季，冬营地要选择在山阳地带，要特别注意牲畜的卧地。俗话说"三分饮食，七分卧地"，说明冬天保膘的重要环节是卧地。在四季游牧的过程中，选择草场要根据牲畜的不同特性，一般放牧绵羊、山羊和马选择长有营草、苇子、山荒草、蒿草等的草场。放牧牛和骆驼要选择长有茂盛而带刺的高草的草场。

2. 居住习俗

根据史书记载，早先生活在蒙古草原的匈奴、鲜卑等北方游牧民族"居穹庐"，所谓"穹庐"就是今天大家熟知的蒙古包。

蒙古包呈圆形，以白色为主色调，以木、毡为基本材料，以易拆、易搭、易搬运为特点，是与大自然和谐的生态环保型居室。早期的蒙古包有两种，一种是载于车上可以移动的蒙古包。一种是能够拆卸、直接搭建在草地上的蒙古包。载于车上的蒙古包大小不一，小的载在车上，一头牛或一匹马就可以拉走，而大的则需要多头牲畜拉载。

历史上蒙古可汗的大帐，称为金帐，辉煌耀眼，四面悬以垂幕，绣以金丝图案。大型的金帐，可容纳几百人。帐内四根雕柱，裹以金衣，门阙也包之以金，故称金帐。普通的蒙古包，高10~15尺①。整体框架是木质结构，由"陶脑""乌尼""哈那""乌德"组成。

陶脑：蒙古包的天窗。陶脑的大小决定"乌尼"的长短、数量。陶脑为圆拱形，如撑开的伞，一般由三个规格有序的圆形木环和四个弧形木梁组合而成，最大的圆形木环上外侧凿有方形插口。

乌尼：连接陶脑和哈那的木杆，木杆长约为陶脑直径的1.5倍，上端较细，下端较粗，上插入陶脑环形木的方口，下端穿有孔眼，与哈那的孔眼一致，用皮绳与哈那连接。

哈那：以柳木条用皮绳缝编成菱形网眼的网片，可以伸缩。将若干哈那连接，形成一个圆形栅框，就成了蒙古包的墙壁，蒙古包的大小，一般由哈那的多少而定。普通蒙古包多为4~6个哈那组成，也有8~10个哈那组成的大蒙古包。

乌德：蒙古包的门，由门框、门槛和门楣组成，门框与哈那高度相等，门朝南或东南方向，可避西北风，同时也和游牧民族崇尚太阳，以日出东方为吉祥的传统有关。

蒙古包的搭建，先选择位置，略加修整地面后将整个框架固定好，然后用毛毡围好，再用毛绳拴绕。夏季，蒙古包的围毡盖一层；春、秋季节盖两层，寒冷的冬季则盖三层毡子，并在里面挂帘子。陶脑上盖的毡顶，蒙古语称"额入和"，是盖住陶脑的正方形毡子，四周都扣绳，夜间压盖，呈正方形；白天揭开一半，呈三角形。蒙古包上的民族图案较多，其装饰部分主要在"陶脑"、"额入和"、围毡和门帘上，常饰以犄纹、回纹、卷字纹等。

蒙古包的内部陈设也别具特色，各种物品都有固定的位置。正中央为炉灶，即火撑。火撑在一个家庭占有非常重要的位置。火是一个家庭存在和延续的重要标志，是一个家庭兴旺繁荣的象征。蒙古族对于燃烧的火撑有种种禁忌，如不准往火里扔不干净的东西，甚至烟头也不行，不准敲打火撑子，不能用剪子碰撞火撑子，不能把锅斜放在火撑子上，不能在火灶旁边砍东西，等等。依照尚右尚西的习俗，主人和客人以及家庭成员的坐卧位置，自西向东为长者、男人、女人、孩子，自北向南为客人、主人等。

3. 服饰习俗

蒙古族服饰是蒙古民族传统文化不可分割的组成部分，是蒙古族人民在长期的生产、生活实践中，发挥自己的聪明才智并不断吸收兄弟民族服饰之精华，逐渐完善和丰富而成的。其主要分为袍装、腰带、靴子、头饰及饰物。在漫长的历史演变过程中，蒙古族服饰展现了浓郁的地域特色。内蒙古地区各部蒙古族，在服饰的款式、颜色、图案及饰物的佩戴方式上，各有一定的特点。

---

① 1尺=33.33厘米。

（1）袍装。

① 蒙古袍：一种适于马背民族游牧生活的服装，也是蒙古族服饰中最具代表性的服装。在盛大节日和隆重场合，人们都要穿蒙古袍，还有将蒙古袍作为礼品赠送给尊贵客人的习俗。依据蒙古族所喜好的颜色，最常见的是代表圣洁、吉祥的乳白色，寓意辽阔、忠诚的蓝色和繁衍生机的绿色。

蒙古袍按季节还分为单袍、夹袍、棉袍和皮袍。款式有宽下摆袍和窄下摆袍，开衩袍和无衩袍，直筒式和收腰式，单层袖扣和马蹄袖口等。在领口、领座、衣襟、下摆开衩边上，或镶边或绲边以装点，一般为右开襟，在领口、右襟腋下钉扣祥与镶边搭配。

② 坎肩：蒙古族无论男女都有穿坎肩的习俗。坎肩穿在蒙古袍外，有保暖、装饰和礼仪等作用。坎肩的款式很多，有长坎肩、短坎肩，有开衩坎肩、无开衩坎肩，有男士坎肩、女士坎肩，有平时穿的坎肩、礼仪场合穿的坎肩，等等。坎肩的面料十分讲究，要用丝绸、丝绒、平绒等各色各样的织锦缎缝制。男式坎肩一般较短、较肥，有各色锦缎镶边，图案对称或不对称。女士坎肩镶有多道彩边，绣有不同的吉祥图案，光彩夺目、华丽典雅。

③ 答忽：牧民在冬季野外放牧或下夜时穿在皮袍外面的山羊、黄羊皮衣。其款式较马褂长些，类似于半袖长衫，元代时称为比肩，是为防寒而加穿的衣服。

④ 裤子：牧民在春、秋季节穿去毛皮裤或棉裤，夏季穿单裤、夹裤，冬季则一般穿皮裤，以抵御刺骨严寒。皮裤有熏皮裤、普通皮裤和吊面皮裤等。蒙古族牧民穿的裤子款式较肥大，适于套马、驯马等活动。

（2）腰带。

蒙古族人穿蒙古袍时有系腰带的习俗。系腰带既可保暖又保护五脏，还能使双臂活动自如，易套马、拉弓等。男子系腰带更是成为男子汉的一种象征。蒙古族人将男子汉称为"布苏泰昆"（意为系腰带的人）。男性系腰带，要上提袍襟，腰带较宽，长度约20尺。女性系腰带不需要上提袍襟，腰带较短而细。已婚妇女在家一般不系腰带，青年男女的腰带为翠蓝、黄绿、橘红、紫红等颜色。

（3）靴子。

靴子是与蒙古袍配套的最具特色的蒙古族服饰之一。蒙古族靴子的款式、质地多样。如根据靴子的样式可分为尖头靴、圆头靴、小尖头靴等；根据面料可分为皮靴、布靴、毡靴；根据靴靿的高矮可以分为高靿靴、中靿靴、矮靿靴等。传统的蒙古靴有皮靴和布靴两种。皮靴用牛皮、马皮制成，其特点是靴头上翘，靴身宽大，靴内或衬皮，或衬毡。布靴是以条绒或各色布制成。靴帮和靴底都用绣花、补花来装饰，图案和花纹美丽多样。各种传统皮靴、布靴已成为民族工艺品，为世人青睐。

（4）头饰。

① 帽子：由于常年在野外游牧，而且地处高原，冬季风雪寒冷，夏季烈日炎炎，蒙古族人无论春夏秋冬都有戴帽子的习惯。帽子不仅能够防寒遮阳，而且是吉祥权威的象征。蒙古族人把帽子视为与头同等高贵，并形成许多习俗。如不许随便触摸别人的帽子，不戴时要把帽子放在高处，参加婚宴或敬酒、接酒时必须戴帽子，以示对他人的尊重。蒙古族的帽子种类很多，主要有圆顶檐帽（礼帽）、风雪帽、陶尔其克帽（蒙古族骑兵头盔式帽）、三耳帽、四耳帽、圆帽等。

② 头巾：蒙古族缠头的习俗由来已久，男子缠头的布巾或绸巾为棕色、黄色、暗绿色

等。女子缠头的头巾多为粉色、绿色、白色等。姑娘缠头不封顶，右侧打结，垂下一节，媳妇缠头则封顶不打结。

（5）饰物。

男子传统饰物主要有褡裢、鼻烟壶、烟袋、烟荷包、火镰、蒙古刀、戒指、手镯等。男子饰物多为随身携带的生产、生活用具，装饰以贵重金属、宝石、玉石。女子的饰品主要是用金、银、珍珠、珊瑚、玛瑙等精雕细琢的额箍、坠子、戒指、项链、手镯等，还有绸缎缝制的绣有精美图案的荷包和发套。

4. 饮食习俗

蒙古族的主要食品为"白食""红食""紫食"和"青食"；主要饮品为奶饮品、茶及酒。

（1）食品。

① 白食：以奶为原料加工制作的各种奶食品，蒙古语称"查干伊得"，意为圣洁、纯净的食品。可分为饮用的，如鲜奶、酸奶、奶酒；食用的，如奶皮子、奶酪、奶酥、奶油、奶酪丹（奶豆腐）等。白食美味可口，营养特别丰富。奶制品的制作方法从根本上说，可归纳为三种：一种是使奶汁凝固呈酸奶乳状；一种是将奶汁搅拌发酵；还有一种是用慢火熬煮。

② 红食：指用牛羊肉等加工制作的各种食品，蒙古语称"乌兰伊德"。蒙古族一般不吃马肉，与其喜马、爱马的传统观念有关。常见的红食有烤全羊、全羊席、烤羊腿、手把肉、火锅、驼掌、驼峰、烤牛排、肉肠、血肠、肉饼等。

③ 紫食：主要是指炒米（将糜米焖至半熟，而后炒至干熟，去皮即成紫色香脆食品）和用面食炸制的紫色油饼、果条等茶点食品。

④ 青食：指蔬菜瓜果类食品。蒙古族历史上从未有种植蔬菜瓜果的习俗。古代蒙古人和现代生活在偏远牧区的蒙古族民众主要靠采集野生的蘑菇、沙葱、韭菜、莎芥、黄花、蕨菜等作为青食。

（2）饮品。

① 奶：蒙古族人喜食鲜奶与酸奶。酸奶主要由牛奶或羊奶发酵而成，奶汁浓稠，清凉解暑。

② 茶：蒙古族人每日必不可少的饮品，主要为红茶和奶茶。尤其是奶茶最具特色，先将水烧开，冲入放有茶末的容器，慢火煮 3 分钟左右，再加入鲜奶和盐烧开即可。蒙古族人食用奶茶时还要加黄油、奶皮子或炒米等。

③ 酒：蒙古族人在朋友聚会等喜庆日子喜欢饮酒，奶酒和马奶酒最为常见。马奶酒由鲜马奶直接发酵制成，有解暑清热和保健肠胃的功能。

5. 交通习俗

蒙古族的传统交通工具主要为马、牛、骆驼等。

马是以强健耐劳著称的乘骑家畜，日行可达 100～150 公里。蒙古族人放牧、狩猎、出行、迁徙移牧都离不开马。他们视马为忠实的伴侣。

勒勒车，即牛车，是内蒙古地区重要的传统交通工具。这种车的轮子较大，其高度基本相当于牛身的高度。其特点是车体轻，耐碰撞，适宜在草原、沙丘、雪地中行走。勒勒车大致有带篷和不带篷的两种，带篷的车用途更广泛，牧场迁移时，将全部物品装在车上搬迁，日常生活中可运载各种物资。牛车可一车一牛单独行走，也有十几辆甚至上百辆组成的大型车队。为了不使车队走散，常常每辆首尾相连，最后一辆系铃铛，这样只要一人驱驾即可。

（二）社会民俗

1. 人生礼仪

（1）求子礼。

求子礼是人生礼仪的开端，是一种在妇女中进行的礼仪。起初，蒙古族妇女主要以祭拜敖包、山洞、人形石等方式祈求恩赐子女。后来藏传佛教传入蒙古地区，改为祭拜庙宇，向活佛喇嘛祈求儿女，也有祈求祖先、神灵赐予儿女的。

（2）诞生礼。

举行过诞生礼意味着新生婴儿在社会交往圈内逐步得到认可，所以显得非常重要。其中主要有洗浴礼、满月礼、周岁礼、剃发礼、骑马礼等。

① 洗浴礼：婴儿诞生后第三天，要进行洗浴礼，通常由德高望重的老年妇女主持，用盐水、茶水或羊肉汤给婴儿洗浴，之后用香木和香料擦洗。

② 满月礼：即庆祝满月的活动。这一天，由主人家宰羊设宴，招待亲朋邻里，婴儿接受宾客们的祝福。宾客们向婴儿祝福的同时，馈赠礼品。由父母或有学问的长者为婴儿取名并公之于众。

③ 周岁礼：婴儿长到 1 周岁时，由主人操办盛大的宴会，宴请亲戚朋友，庆祝孩子周岁之喜。

④ 剃发礼：第一次剪修孩子的胎发时举行的仪式。蒙古各部的剃发仪式不同，有的满月时举行，有的周岁时举行，有的则 3 岁、5 岁时举行。一般由年长者拿起用哈达包起来放在盘中的剃刀或剪子，开始剃发仪式，接着亲友们依次剪发并祝福孩子，同时馈赠礼品。孩子的胎发剃下来后，用哈达包起来放好。仪式结束后，主人摆全羊席向亲朋好友们敬酒，宴会正式开始。宴会必须在太阳落山之前结束。

⑤ 骑马礼：蒙古族人让孩子开始单独骑马举行的仪式。一般孩子长到 3~5 岁或 7 岁时举行。由爷爷奶奶或母亲把穿戴十分漂亮的孩子扶上马，大人牵着马走亲串邻，这是让孩子从小适应牧人生活、学会骑马和增长胆识的一种礼仪活动。

⑥ 成年礼：蒙古族为孩子举行的、表示其已长大成人的一种简单仪式。仪式因各部习俗不同而异。

（3）婚姻礼仪。

因为地域辽阔，部落众多，所以蒙古族的婚俗各地不一。较有特色的婚礼有卫拉特婚礼、鄂尔多斯婚礼等，东部区蒙古族婚礼基本上是喀喇沁婚礼与科尔沁婚礼的融合。尽管地区不同，婚俗各异，但一般的程序都是求亲、娶亲、婚礼、探望礼等几个步骤。

① 求亲：青年男女在定亲之前，男方要向女方求亲。以往通常是由男方的父母或委托媒人到女方家求亲，按蒙古族的传统婚俗，男方须多次向女方求亲，才能得到女方的许诺。《蒙古秘史》记载也速该带其子铁木真（成吉思汗）到德·薛禅家求亲，德·薛禅说："多求几遍，才许给啊，会被人尊敬；少求几遍，就许给啊，要被人看轻。"后来形成了一句蒙古谚语："多求则贵，少求则贱。"求亲达成协议后，由男方带上哈达、奶酒和羊五叉或全羊到女方家"下定"，表示正式定亲。

新中国成立前，两家定亲后，首先要请喇嘛占卜，选择吉日，确定结婚日期。吉日择定以后，男方托媒人和亲友带上哈达、美酒等礼品前往女方家，同其父母商谈结婚事宜。谈妥后，男女两家开始准备婚事。

② 娶亲：蒙古族娶亲非常隆重，并保留着男女方家投宿娶亲的传统婚俗。娶亲一般是在结婚喜日的前一天，新郎穿上艳丽的蒙古长袍，腰扎彩带，头戴圆顶红缨帽，脚蹬高筒皮靴，佩带弓箭，在伴郎的陪同下，携带彩车和礼品，前往女家娶亲。至女家后，先绕蒙古包一周，并向女家敬献"碰门羊"1只和其他礼物。然后，新郎和伴郎手捧哈达、美酒，向新娘的父母、长辈逐一敬酒，行跪拜礼。礼毕，娶亲者入席就餐。晚上，又设羊五叉宴席，并举行求名问庚的传统仪式。

③ 婚礼：蒙古族很注重婚礼，尽管地区不同，形式各有差异，但都非常隆重、热闹。一般牧区的婚礼是，娶亲回到男方家后，新郎、新娘不下马车，先绕蒙古包三圈。然后，新郎、新娘双双穿过两堆旺火，接受火神的洗尘，表示爱情的纯洁、新生活的兴旺。新郎、新娘进入蒙古包后，首先拜佛祭灶，然后拜见父母和亲友。礼毕，由梳头额吉给新娘梳头。梳洗换装后，等待婚宴的开始。婚宴通常摆设羊背子或全羊席，各种奶食品、糖果应有尽有。婚宴上，新郎提银壶，新娘捧银碗，向长辈、亲友，逐一献哈达、敬喜酒。婚宴往往要延续两三天，亲友才陆续离去。而女方送亲者还要留人陪新娘住一至三日。

④ 探望礼：一般在婚礼后的第三天，由女方家的亲戚带着各种礼品，来男方家探望新娘时举行。婚礼后的第七天，新娘偕新郎，带着礼品回娘家探望，届时也有小型宴会。

（4）祝寿礼仪。

祝寿礼仪是为上无长者的长辈每逢 61、73、85 岁或 70、80、90 岁时举行的祝寿仪式。上有长辈者，即使是 90 岁也不举行祝寿仪式。也有为将到 81 岁的老者举行"祈年礼"的，目的是为老人祈得一年，让老人一天之内增加 2 岁，第二天便称老者已经 82 岁。因为蒙古族人认为，81 岁去世者的子孙后代将遭厄运。

（5）丧葬礼仪。

丧葬礼仪是人结束一生后，由其亲属、朋友等为其举行的哀悼、纪念、评价的仪式。主要有停尸，报丧，吊唁，送葬，请喇嘛为死者念经、超度亡灵和祭奠死者等程序。葬俗一般为土葬、火葬和野葬等。

2. 岁时节日

蒙古族传统时节民俗可分为岁时性节日、生产性节日和祭祀性节日三大类。

（1）岁时性节日。

岁时性节日主要包括祭火、庆祝春节等一系列民俗活动。

① 祭火：蒙古族崇拜火，认为火代表圣洁、兴旺和祖上的香火。祭祀仪式是在农历腊月二十三晚间祭祀火神。在拜火祭灶前，家家户户清扫昔日的灰尘，人人都清洗干净。每家煮羊胸叉等一锅肉。然后，用修饰的羊胸叉、红枣、奶酪、白糖等祭灶火，吃手把肉和阿木斯。

② 春节：春节也是蒙古族重要的节日。由于蒙古族以白色为纯洁、吉祥之色，故称春节为白节，称农历正月为"白月"。从腊月三十到正月初五都属于过节期。大年三十晚，准备各种美味食品，人人换新装。祭祖供佛后，摆好羊背子给老人长辈敬酒，吃蒙古包子，守岁。大年初一，是新一年的开始，拂晓时分，全家人到外面烧旺火，叩拜苍天，放鞭炮。然后，长辈先进屋坐下，儿孙们依次进屋先向长辈老人双手举哈达请安叩头，接着兄弟姐妹们

相互问候拜年。家庭内部的拜年问候结束后，全家人喝新年茶。大年初一太阳升起时，家族亲友间就开始互相拜年。但初一这天不能醉酒，而且必须在太阳落山前返回家中。牧民居住分散，拜年活动往往持续一个月。

（2）生产性节日。

生产性节日是蒙古族人民在长期从事畜牧业的过程中形成的民俗活动。

① 那达慕：那达慕，蒙古语意为游戏或娱乐，是蒙古族牧民为了庆祝畜牧业丰收而举行的群众性集会活动。一般在7—8月进行。主要内容是庆祝牧业丰收，进行物资交流，以及摔跤、射箭、赛马等传统体育比赛，举行文艺演出活动。组织者为盟、旗、苏木、嘎查等负责人。现在也有富裕牧民出资并在各级政府部门的指导下举办那达慕大会的。这是牧区从古至今很盛行的一种集经济、文化、体育于一体的综合性民间节日活动。

② 马奶节：以喝马奶酒为主要内容，故名马奶节，是为了欢庆丰收，彼此祝福。流行于锡林郭勒盟和鄂尔多斯市的部分牧区。通常在农历八月下旬举行，日期不固定，为期一天。除准备足够的马奶酒外，还以手把肉款待宾客，并举行赛马活动，请民间艺人演唱说词，向老蒙医献礼等。

（3）祭祀性节日。

祭祀性节日有的是从自然崇拜、图腾崇拜和祖先崇拜演变而来，也有的是格鲁派藏传佛教传入蒙古地区后形成的祭祀性节日。

① 祭成吉思汗陵：成吉思汗是蒙古族最崇拜的英雄，尊称为"圣主"。祭祀习俗形成于窝阔台汗时期，忽必烈时期则颁发圣旨，规定祭礼。蒙古族达尔扈特人承担守陵和祭祀职责，世代相传，至今已经延续800多年。直至今日，成吉思汗陵的祭奠活动仍沿袭古代祭礼，程序严格、庄严、肃穆，一般分平日祭、月祭和季祭，都有固定的日期。祭祀规模最大、最隆重的是每年农历三月二十一的春祭。

② 祭敖包：这是蒙古族传统的祭祀活动。敖包，蒙古语意为堆子或鼓包，通常设在高山或丘陵上，由石头垒起，上插树枝、柳条。树枝上挂满五颜六色的布条和纸旗，四面放着烧柏香的垫石，上面供有整羊、马奶酒、黄油和奶酪等。古代祭敖包由萨满巫师击鼓念咒、膜拜祈祷；在近代则由喇嘛焚香点火、诵词念经。牧民围绕着敖包，从左向右转三圈，祈求风调雨顺、四季平安、人寿年丰。蒙古族青年男女在活动中互表爱慕之情。祭敖包活动多在农历五月至七月水草丰美、牛羊肥壮的时节举行，也有除夕祭敖包的习俗。

关于敖包的起源有多种说法，一种认为敖包原是立于游牧交界处及道路旁以做标志的石堆；还有的认为是古代北方民族的一种丧葬方式，即坟墓；此外还有认为是原始生殖崇拜。

③ 燃灯节：农历十月二十五举行，是为了纪念藏传佛教格鲁派创始人宗喀巴诞辰。这天各寺庙都要举行法会，喇嘛们诵经讲法，并点燃千佛灯；百姓们在自家佛像前点灯到第二天早晨。第二天一大早，青年男女和孩子们到各家去索取奶豆腐和饭团，称作"赶二十五"。

除此之外，还有兴畜节、打鬃节、狩猎节等。现在，这些节庆已经成为深受游客喜爱的参与性活动。

3. 交往礼仪

蒙古族自古就是热情好客、善良淳朴的民族，自古以来一直把关心他人、帮助他人、礼貌待人，作为每个人都要遵循的礼俗加以传承。蒙古族日常生活中的礼仪习俗主要有以下几个方面。

（1）以西为大、以长为尊。

以西为大，主要表现在佛龛、祖像、墓地的方位和房间、座席的位置上。蒙古族的佛龛、祖像都供在毡房的西北角上；墓地也以西为大，按辈排列；房屋及座席都以西为大。蒙古族民众不论在自家内，还是到别家做客，都注重辈分。住房，长辈要住西间。客人来了，不能坐在西炕上。客人吃饭时，要以礼请本家长者入席，而且长者要坐首席。

（2）迎送客人。

蒙古族是一个好客的民族，来了客人都要迎出门外。主客相见，晚辈要向长辈屈右膝请安。客人由主人陪同走到门前，主人站在蒙古包或房子门外西侧，右手放在胸前，俯首微鞠，请客人先进。客人把马鞭要放到门旁，不能手提马鞭进屋，也不能踩门槛。蒙古包内，对着包门的正面为上座。其右方为妇人席，左方则为一般客席。客人如果比主人辈分高，主人要让出自己的座位，请客人坐正座。客人辈分比主人低则不能坐正座。客人走时，仍要以礼相送。

（3）敬茶、敬酒。

敬茶、敬酒是蒙古族接待客人的重要礼俗。蒙古族饮茶风俗盛行于元以后。明清时几乎普及每个家庭。牧区、半农半牧区多为奶茶，农业区多为红茶。客人来了必须沏茶。再有客人来，壶中的茶即使是新沏刚喝过的，也必须倒掉重沏，否则就是对客人的不尊敬、不礼貌。沏好茶后，如果喝茶的人多，不能把茶水一两碗倒干，要均匀地倒入各碗，茶壶续上水后，再依次斟满。有的民族以"满杯酒、半杯茶"为礼貌，蒙古族不同，主张倒茶也要倒满，以显示主人的热诚实在。请客人喝茶时，有时还要端上奶皮子、奶豆腐，劝客人食用。客人接茶后，不能不饮而辞别，不饮而辞是一种不尊重主人的行为。

（4）换鼻烟壶。

在清代鼻烟壶风靡一时，鼻烟壶在蒙古地区也流行起来，特别是在鄂尔多斯地区，一直到20世纪五六十年代，鼻烟壶仍是人们见面时的必备之物。

敬鼻烟壶也有一定的规矩。在蒙古包内坐定之后，主客双方互相交换鼻烟壶，并各自倒出一点鼻烟，用手指抹在鼻孔上，闻一闻烟味，再互换鼻烟壶。如果是同辈男士之间，要用右手递壶。如果是在不同辈分的人之间，晚辈单腿跪下，用双手递壶，长辈要微欠身，右手递壶，闻过后再互换。女士和长辈交换鼻烟壶时，女士先把自己的鼻烟壶举过头顶，再碰一下额头，双手递给长辈，问候身体状况。女士接过长辈的鼻烟壶，只举过头顶之后双手恭敬地还给长辈，以示对长辈的敬意，并有领受长辈的关心之意。同辈女士之间、年轻异性之间、儿童、未婚女士不行交换鼻烟壶问候之礼。

（5）献哈达。

哈达是礼仪用品，拜佛、祭祀、婚礼、拜年以及遇见长辈和贵宾时都用哈达表达敬意。哈达问候表达了对对方的崇拜敬意和美好祝愿。哈达是蒙古族日常交往礼节中的礼敬用品，是在明代末至清代，随着藏传佛教的盛行广泛流行起来的。

哈达长短不一，以白色为主（也有蓝色和黄色），大都为丝绸，有的上面还绣有"八宝""云林"等花纹。其长度有的1尺3寸①到3尺，也有3尺以上的。对尊者、长辈献哈

---

① 1寸=3.33厘米。

达时，要双手举过头，身体略向前倾，哈达要对折起来，折锋向着接受者。献上哈达后，半跪行请安礼，接受者再将哈达回献物主。

（三）信仰民俗

1. 宗教信仰

蒙古族最早信奉萨满教。萨满教是一种原始宗教，以万物有灵为思想基础。在此基础上形成自然崇拜、图腾崇拜和祖先崇拜。在自然崇拜中，天地、山河、日月等都是他们崇拜的对象，尤以尊天为最，称天为"蒙合腾格里"，即长生天。图腾崇拜的对象主要是狼、鹿、鹰、天鹅等。祖先崇拜主要是祭祀家族祖先和自己民族的祖先。对家族祖先进行祭祀，一般是设灵位或到祖先墓前祭祀，有些王公贵族还建庙宇祭祀祖先，每年农历腊月二十三、除夕、正月初一、清明节，人们都要祭祀祖先，进行祈祷。蒙古民族共同的祖先是成吉思汗，成吉思汗的祭礼有平日祭、月祭、季祭之分。

成吉思汗统一蒙古各部后，其统治地区不断扩大，不同地区分别有道教、佛教、伊斯兰教流传，但萨满教仍占据着重要地位。16世纪下半叶，在土默特部首领阿拉坦汗和三世达赖的共同努力下，藏传佛教格鲁派在蒙古地区普遍盛行起来。

2. 占卜

蒙古族人遇有疑难问题需要解答或需要预知未来之事，用占卜方式求取答案，依占卜所得行事。如蒙古族有将羊胛骨烧透观察裂纹，以测凶吉；注日亥占卜是一种集天文、地理、数学、医学知识为一体的占卜法；在结婚、搬迁或征兆前，有请喇嘛通过掷色子做决定的习惯；铜钱占卜，用五个或九个铜币预测吉祥；测方向是某一年龄或属相的人测一年中的吉祥方位；测日子指预测在某一天适合或不适合做的事情，如认为初一、初十剃发大凶，初七剃发吵架，初三剃发有财，初四剃发美丽，初五剃发有福，十三剃发平安。

3. 禁忌

蒙古族的众多禁忌概括起来分为因崇拜而禁忌、因恐惧而禁忌、因厌恶而禁忌等。因崇拜而产生的禁忌，与蒙古族先民认为万物有灵的原始崇拜有关。例如，忌讳咒骂天地、日月、星辰；忌讳用手指日月；忌讳冲着日月泼水、撒脏物；忌讳日食、月食时欢歌聚会；忌讳用一个指头指高大的山脉；忌讳冲着高大的山脉泼洒脏水；忌讳移动敖包的石块；忌讳在敖包附近的湖泊中捕鱼；忌讳在敖包旁边狩猎、杀牲畜等。

（四）游艺民俗

1. 民间竞技

民间竞技包括智能竞技比赛和体育竞技比赛两大类。

（1）智能竞技比赛。

蒙古族智力比赛的游戏有"吉日格"（鹿棋）、"沙塔尔"（蒙古象棋）、"帕日吉"（贻贝）、"沙哈"（羊踝骨）等。这些游戏反映了蒙古民族的劳动生产、生活状况及思想观念和审美意识，其中有反映牧业生产和牧民生活特点的游戏、祈望吉兆的游戏、测试智力与技巧的游戏等。如蒙古象棋的玩法同国际象棋类似，但它的棋子上雕刻有精美的皇帝、皇后、驼、马、车等图像。

（2）体育竞技比赛。

蒙古族在长期的狩猎游牧生活中，创造了许多具有民族特点的体育竞技活动。其中号称"蒙古族男儿三艺"的射箭、摔跤、赛马最具代表性，这也是那达慕大会上必不可少的三项竞技比赛。

射箭，是蒙古族最古老的传统体育娱乐活动之一。蒙古族的射箭活动有着悠久的历史，早在13世纪初叶，蒙古人就以制造弓箭和善射骑而闻名于世。在《成吉思汗碑》（又称《也松格碑》）上就记载了射箭的内容。

蒙古族射箭比赛不分男女老少，是一种广泛的群众性活动。射箭比赛可分立射、骑射两种，射程一般为十五步、五十步、一百步等。比赛的规则是三轮九箭，即每人每轮只射三箭，三轮中以中靶箭数的多少决定胜负和名次。

摔跤，蒙古语称"博客"。蒙古族的摔跤有其独特的服装、规则和方法，因此也叫蒙古式摔跤。摔跤手要身着摔跤服"昭德格"。其坎肩多用香牛皮或鹿皮、驼皮制作，皮坎肩上有镶包，亦称泡钉，用铜或银制作，便于对方抓紧。最引人注目的是，摔跤手的皮坎肩的中央部分饰有精美的图案，图案呈龙形、鸟形、花蔓形、怪兽形，给人以古朴庄重之感，摔跤手身着的裤套用十五六尺长的白绸子或各色绸料做成，宽大多褶，裤套前面双膝部位绣有别致的图案，有孔雀羽形、火形、吉祥图形，底色鲜艳，图呈五彩。摔跤手足蹬马靴，腰缠宽皮带或丝绸带。著名的摔跤手的脖子上缀有各色彩条"景嘎"，这是摔跤手在比赛中获奖的标志。

按蒙古族传统习俗，摔跤手不受地区、体重的限制，采用淘汰制，一跤定胜负。参加比赛的摔跤手的数量必须是2的某次乘方数，如8、16、32等。比赛前先推选一位长者对参赛者进行编排和配对，蒙古长调《摔跤手歌》唱过三遍之后，摔跤手挥舞双臂、跳着鹰舞入场，这种跳跃动作蒙古语称为"得比呼"。摔跤手向主席台行礼，顺时针旋转一圈，然后由裁判员发令，比赛双方握手致意后比赛开始。

摔跤技巧很多，可以用捉、拉、扯、推、压等13个基本技巧演变出一百多个动作。可互捉对方肩膀，也可互相搂腰，还可以钻入对方的腋下进攻，可抓摔跤衣、腰带、裤带等。蒙古族摔跤的最大特点是不许抱腿。其规则还有不准打脸，不准突然从后背把人拉倒，不准触及眼睛和耳朵，不许拉头发、踢肚子或膝部以上的任何部位。

自古以来，蒙古人对马就有特殊的感情，素有"马背民族"之称。赛马是蒙古族群众性的竞赛娱乐活动之一，也是衡量一个男子有无本领的重要标志之一。在那达慕大会上，赛马是最引人注目的竞赛项目。赛马项目大致包括：快马赛，主要比马的速度，一般为直线赛跑，赛程一般为20、30、40公里，先达终点为胜。走马赛，主要是比赛马步伐的稳健与轻快程度。颠马赛，这是蒙古族特有的马上竞技表演项目。

2. 民间艺术

蒙古族是一个能歌善舞的民族。蒙古族的长调、呼麦已经入选世界非物质文化遗产名录。此外，独特的马头琴以及各种民间舞蹈也广为流传。

（1）长调。

蒙古族长调，蒙古语称"乌日图道"，意即长歌，它的特点为字少腔长、高亢悠远、舒展自由，宜于叙事，又长于抒情。内容绝大多数是描写草原、骏马、骆驼、牛羊、蓝天、白云、江湖、湖泊等。2005年，中蒙联合申报的"蒙古族长调民歌"入选世界非物质文化遗产名录。2007年，我国首颗绕月卫星"嫦娥一号"搭载了30余首歌曲奔赴太空，其中一首就是蒙古族长调民歌《富饶辽阔的阿拉善》。

（2）呼麦。

呼麦是图瓦文的中文音译，原义指"喉咙"，即喉音之意，又称"蒙古喉音"。是一种借由喉咙紧缩而唱出双声的泛音咏唱技法。"双声"指一个人在演唱时能同时发出两个高低不同的声音。呼麦的曲目因受特殊演唱技巧的限制，不是特别丰富。呼麦曾经在内蒙古绝迹达 100 多年，在蒙古国、中国新疆阿尔泰地区蒙古民族中，也濒临失传。所幸 20 世纪 90 年代以来，内蒙古艺术界通过各种途径学习"呼麦"艺术，并活跃于国内外音乐舞台上。2009 年，蒙古族呼麦入选世界非物质文化遗产名录。

（3）好来宝。

好来宝，意为"连起来唱"或"串起来唱"，表演特点与汉族的数来宝近似。好来宝音乐变化多端，节奏轻松活泼，唱词朴实优美，语言形象动人。好来宝用蒙古语演唱，表演者均为男性，以四胡伴奏，有三种表现方法：单口好来宝，演唱者自拉自唱；对口好来宝，两人表演；群众好来宝。

（4）舞蹈。

蒙古族的民间舞蹈以反映游牧生活、生产劳动为主。如反映游牧经济的代表性舞蹈《骆驼舞》《驯马舞》《山羊舞》《狼捉山羊舞》等；出征前举行的《征战舞》；大型祭奠时的祭祀舞；反映生活的迎亲舞。在蒙古族民间舞蹈中，流传范围最广、影响最大、深受群众喜欢的有《安代舞》《筷子舞》《忠碗舞》《牧马舞》等。

（5）民间乐器。

蒙古族的民间乐器以弦乐器为主，具代表性的乐器有马头琴、胡琴、三弦、火不思等。马头琴是蒙古族最具代表性的乐器，蒙古语称为"莫林胡尔"，马头琴的称谓明清时期才广为流传。传统的马头琴琴身为木制，长约 1 米，共鸣箱呈梯形，用马皮或羊皮蒙面，用马尾弦两束，按四度关系定弦，用马尾弓纳两弦间拉奏。马头琴发音圆润，低回委婉，音量柔美悠扬。每当草原遭受灾害时，牧民就请民间艺人说唱以马头琴伴奏的驱魔镇邪德尔英雄史诗，以期重现安乐祥和。对于不喂养驼羔的母驼，也只有马头琴的声音能让它回心转意。在蒙古族有这样一个习俗，每当到骆驼产仔的时节总会出现遗弃驼羔的母驼，在这时，牧民就在母驼面前拉几首马头琴曲。听了悠扬婉转、如泣如诉的琴声，母驼对幼驼怜悯爱惜的情感就渐渐被唤醒，进而给幼驼喂奶。

3. 文学艺术

蒙古族文学历史悠久，光彩夺目。如蒙古族三大历史名著《蒙古秘史》《蒙古黄金史》和《蒙古源流》，英雄史诗《勇士古那干》《江格尔》《格斯尔汗传》，民间叙事诗《成吉思汗的两匹骏马》《孤儿传》，长篇历史小说《青史演义》《一层楼》《泣红亭》，民间故事叙事诗《嘎达梅林》，以及讽刺笑话《阿拉根仓的故事》等代表作品。

《蒙古秘史》是一部记叙蒙古民族形成、发展、壮大之历程的历史典籍，是蒙古民族现存最早的历史文学长卷，成书于 13 世纪并流传至今。其内容极其广泛，涉及蒙古古代游牧社会生产、生活的各个方面。《蒙古秘史》在蒙古民族的历史、文学、语言及其他一些领域都占有重要地位。它标志着一种新文学体裁——历史文学的诞生。联合国教科文组织称《蒙古秘史》以"独特的艺术、美学和文学传统及天才的语言，使它不仅成为蒙古文学中独一无二的著作，而且也使它理所当然地进入世界经典文学的宝库"。

《江格尔》与藏族的《格萨尔》、柯尔克孜族的《玛纳斯》并称"中国三大英雄史诗"。《江格尔》是由数十部作品组成的一部大型史诗，除一部序诗外，其余各部作品都有一个完整的故事，可以独立成篇。《江格尔》中的故事繁多，归纳起来大致有三类，即结义故事、婚姻故事和征战故事，以征战故事最多。

《格斯尔汗传》这部史诗同藏族的《格萨尔》有着密不可分的联系，学界一般认为蒙古族的《格斯尔汗传》和藏族的《格萨尔》是同源异流之作。在流传方式上分口传方式和书面方式两种，且其口传方式在先，书面方式在后。

二、达斡尔族民俗

达斡尔族主要分布在内蒙古自治区莫力达瓦达斡尔族自治旗及黑龙江省齐齐哈尔市，少数居住在新疆塔城市。"莫力达瓦"取自其境内名山，达斡尔语的意思是骏马艰难翻越的山岗，"达斡尔"意为"开拓者"。

达斡尔族有自己的语言，属阿尔泰语系蒙古语族的一个独立语支。由于达斡尔人居住分散，达斡尔语形成了布特哈、齐齐哈尔和新疆三种方言，但语音、词汇、语法的差别不大，可以互相通话。达斡尔族没有自己的文字，生活中主要使用汉文，少数人兼用满文、蒙古文和哈萨克文。

达斡尔族在东北诸少数民族中，是最早从事农业耕作的民族，兼营畜牧和渔猎，社会发展水平较高，是与外界经济文化接触和交流较早、较多的民族之一。

（一）经济民俗

1. 生产民俗

达斡尔族多从事农业、畜牧业，擅长狩猎业、伐木业和采集业。

早在达斡尔族居于黑龙江北岸时，就已经有了较为发达的农业，很早就开始种植谷物与蔬菜，谷物以燕麦和荞麦为主。此外，达斡尔族善于种植烟叶，每年清明节前，妇女就开始做暖床培育烟苗，端午节后栽种，之后就除草、培土、埋根、掐尖、去枝、打根，进行栽培。

达斡尔族的畜牧业主要用于补充肉乳，规模一般不大。

狩猎是达斡尔族的传统生产活动，曾经是他们的重要经济来源。早期的狩猎工具主要是弓箭，近代开始使用猎枪，同时也下夹子、下套子、挖陷阱。主要猎取的对象是水貂和鹿，也有部分野猪和灰鼠。达斡尔族的出猎规律是，春季为猎狍子期，以解决过夏的衣料、肉食；夏季为鹿茸期，主要猎取公鹿；秋季为皮毛期，以解决过冬衣料的问题；冬季为细毛皮期，以取得珍贵细毛皮供交易。放鹰是达斡尔族特有的风俗，每年中秋前后，达斡尔人都要在屯外支架扣鹰。捕到的鹰经过精心训练，可以成为优秀的狩猎伙伴，好鹰通常养到夏季，秋季放生。

捕鱼也是达斡尔族的特色生产活动，他们的捕鱼方法多样，包括网、钩、叉、罩等。每逢冬季河湖结冰，邻近的屯子就联合起来组织捕鱼队凿冰下网捕鱼，捕到的鱼凡参加者都可分到一份，鱼窝的所有者可以分到两份。

2. 居住民俗

依山傍水是达斡尔族选择屯落的重要条件。屯落的北面是山林，东西南三面是开阔的草甸子，屯落位于山阳坡，并靠近江河。这种聚落特点是由他们的多种生产方式决定的，只有选择依山傍水的地方建屯定居，才能进行农、牧、猎、渔、林等多种生产活动。

达斡尔族房屋建造十分考究，房屋院落修建整齐、有条理。坐北朝南的"介"字形房，大方雅观。庭院的东西两侧或北面，是排列整齐的园田，用细柞木或柳条篱笆将园田围起来。马棚和牛舍一般都建在离院子较远的地方，以保持清洁。

达斡尔族的传统住房多以松木或桦木栋梁为房架，土坯或土垡为墙，里外抹几道黄泥，顶苫房草，二间、三间、五间不等。二间房以西屋为卧室，东屋为厨房；三间或五间的以中间一间为厨房，两边的为居室。房子一般都坐北朝南，注重采光，窗户多是达斡尔族房屋的一大特点。居室的南、北、西三面或南、东、北三面建有相连的三铺大炕，俗称"蔓子炕"。蔓子炕保暖性能好，是达斡尔族冬季不可缺少的取暖设施。达斡尔族的居室以西屋为贵。西屋又以南炕为上，多由长辈居住，儿子、儿媳及其孩子多居北炕或东屋，西炕则专供客人起居。炕面大都铺苇席或毛毡等。如今，随着经济的发展，生活条件的改善，砖瓦房增多，但使用火炕等起居习俗仍深受达斡尔人的喜爱。

3. 服饰民俗

达斡尔人在清代及以前基本穿皮衣（狍皮），只有少数人穿布衣。穿皮衣主要是出于狩猎和防寒的需要，也因为世居边疆，交通闭塞，布匹进不来。民国以后，随着达斡尔族人口增加以及逐渐定居，布料基本取代了皮质服装，样式也发生了很大变化，且受满族影响很大。男子穿长而肥的袍子，饰花边，图案较简单，色彩浅淡素雅，有时外面穿短坎肩或长坎肩，习惯束腰带、戴礼帽。如果出席正式场合，必须穿长衣服、系腰带，在腰带上挂烟荷包和火镰，以示庄重。妇女服装与清代满族服装样式基本相同，不束腰带，不穿短衣，在衣领、开襟、下摆、袖口等处镶边，做工考究。达斡尔族妇女善于刺绣，绣花鞋是衡量达斡尔族妇女技艺高低的标准。

4. 饮食习俗

达斡尔族从事农牧渔猎等多种生产劳动，其饮食文化多样，既保留古老的烹饪野生菜果、兽肉、鱼类的习俗，又有以米面为主、肉乳蔬菜为副食的饮食习俗。

首先，取自大自然的野味菜肴是其饮食的一大特色。昆比勒（柳蒿芽）是达斡尔人喜爱的食物之一。此外，山葱、野韭菜、野蒜、沙葱等都是达斡尔人食用的野菜。其次，有以米面为主、肉乳蔬菜为副食的饮食习俗。达斡尔族传统饮食中，米食以稷子米为主，面食以荞面为主。以黄灿灿的稷子做的牛奶粥和干饭，用荞面做的达勒·布达（即饸饹面）最具特色。

游猎时期的达斡尔人主要是以牛羊肉为主食，有时也吃猎获的狍子、野猪、野兔、野鸡、鹿肉等。手把肉是招待宾朋或重大节日宴会上必不可少的一道菜。随着达斡尔族居住区域和生产方式的变迁，他们的生活方式也发生了很大变化，开始以猪肉为主，辅以牛、羊、家禽或猎获的各种兽肉，喜欢吃炖菜，酷爱奶食品。

（二）社会民俗

1. 家族家谱

在近代，达斡尔族的社会组织主要有"哈拉"和"莫昆"。"哈拉"是指同一男性祖先的后代血缘共同体，也可以理解为汉族的"姓氏"。每个"哈拉"都有若干"莫昆"，莫昆的血缘关系更近。

达斡尔族有修编家谱的习俗，该习俗始于清代。过去每隔30年召开一次家谱会，氏族成员带子孙名单和费用到会，大家杀猪宰羊，供奉祖先，然后打开家谱，请学者用满文编谱。传统家谱只写男子之名。

2. 人生礼仪

（1）婚姻礼仪。

达斡尔族实行严格的一夫一妻制，而且一直坚持氏族外婚的传统，在本氏族内婚媾者轻则受到舆论的指责，重则受氏族习惯法的惩处。在过去，指腹定亲、父母包办婚姻和入赘婚比较普遍。随着时代的进步，现在绝大多数为自由婚姻。

达斡尔族的整个婚礼过程，一般分订婚、过礼、结婚三步。

家长从男孩十几岁起为之物色对象，拜托女方的亲友为媒人说亲。女方家长即使对求婚者很满意，也待媒人往返几次后才表态答应，以不致降低女儿的身价。女方家长一旦留媒人吃饭，就预示着事已成，媒人便敬酒答谢。

后选定日期送彩礼，达斡尔族称为送"恰安特"，男方在一名同族长辈陪同下前往女方家认亲。送去的彩礼有马一匹，称"硕勒布热"马，即带缰绳的马，寓意带缰绳的马把姻亲两家连接在一起；有乳牛一头，据说是为了补偿女方小时吃母亲的奶；还有肥猪若干头及酒、糕点、奶皮等，是用来招待女方亲友的。送彩礼者到达后，女方的家长邀请亲友前来共享酒宴。当男方返回时，女方家以酒肉之类的礼物回赠男方家，富裕人家还给男方送一匹马骑回去。

达斡尔族的婚礼隆重而热烈。婚期商定后，男方按期前往女方家迎亲，新娘由男女傧相陪同并携带嫁妆前往婆家。达斡尔语称男傧相为"华达"，称女傧相为"霍都古"，男、女傧相各由三至四人组成。新娘由最年轻的女傧相陪同乘坐轿车，其余傧相乘坐马车，最年轻的男傧相骑马，一队人马由新郎前引徐徐而行。送亲车到来时，新郎的父母在大门外向送亲的贵宾敬酒迎接。结婚酒宴上男方陪客首先致辞欢迎送亲的贵宾，女方傧相手拿弓和剑为新婚夫妇祝福，祝他们恩爱终身、孝顺长辈、慈爱晚辈、生儿育女。

男女双方的亲友宾客有的说唱祝贺词，有的用俏言隐语相互竞智，场面热烈欢快。宴后客人散去，新娘由妯娌陪同给公婆和男方长辈敬酒磕头，给同辈兄弟姐妹敬酒相识。翌日午宴之后，新郎的父母向送亲的宾客敬酒送别。

（2）丧葬礼仪。

历史上达斡尔族以土葬为主。只有萨满的安葬根据其意愿实行风葬或火葬，孕妇实行火葬，死于天花病的儿童实行风葬，一般正常死亡均为土葬。原来达斡尔族的每个莫昆都有其公共墓地，称为"达·蒙干"或"达·夸然"，选择有山有水、地面开阔的阳坡为墓地。在墓地内按辈分安葬死者，夫左妻右世代相接。

3. 岁时节日

春节是达斡尔族一年中最盛大的节日。年前家家都要杀年猪、打年糕。年三十晚上点燃火堆，老人把大块肉和饺子投入水中，祝人畜兴旺，吃饺子时有的在饺子里放白线，吃到的人意味着可以长寿。初一开始拜年，拜年的人一进门就要打开主人家的锅，抢吃年糕，表示亲密无间。妇女间要互赠礼物，有烟叶、奶皮、糕点和冻肉。春节一直过到正月十六。正月十六为"黑灰日"，这一天，人们特别是青年男女之间要互相往对方的脸上抹黑，他们认为抹得越黑，新的一年越吉利。

4. 交往礼仪

达斡尔族有装烟施礼的习俗。达斡尔族的烟具非常精致，主人招待亲友时，常常用自己的烟袋亲自给客人装上上好的烟叶，晚辈见长辈也要装烟，吵架的人互相装烟就表示和好。

达斡尔族非常尊重老人，无论在路上行走，还是出入房门，青年人都要给老人让路。儿女外出归来，要给老人请安。此外，他们彼此友爱互助，无论谁家宰杀牲畜，都要选出好的肉分赠给邻居和亲友。客人来访，主人要递烟、敬酒、端出奶制品热情招待，还要以佳肴"瓦奇"（猪肘子）和手把肉等盛情款待。

（三）信仰民俗

达斡尔族曾经盛行自然崇拜，每年5月，屯子杀牛杀猪祭天、地、山川诸神。族人大部分信仰萨满教，少数人信仰藏传佛教。每个莫昆都有自己的祖神，每家都供奉。每个家庭均有一个专司祭祀的萨满。

（四）游艺民俗

1. 神话传说与民间歌舞

达斡尔族文学艺术丰富多彩，已搜集到用满文拼写的达斡尔语手抄本中，有清代达斡尔人昌兴的《蝴蝶花的烟荷包》《戒酒歌》等数十篇作品。"乌春"是达斡尔族民间说唱文学，有曲有词。"乌日格勒"是寓言、传说、神话的通称，内容丰富、短小精悍。"扎恩达勒"是类似山歌、小曲体裁的民歌，通常在野外放牧、田间劳动时吟唱。

2. 游戏竞技

达斡尔人酷爱体育活动，拉棍、颈力、放爬犁、寻棒、曲棍球等是其特有的竞技娱乐项目。颈力和拉棍主要比试臂力和腿蹬力。儿童们喜爱"寻棒"和"放爬犁"。

在达斡尔族民间体育中，曲棍球（"波列"）是享有盛名的一项传统体育活动。据史料记载，早在契丹人中就曾盛行与现代曲棍球十分相似的一种体育活动，史书上记载为"击鞠"。今天曲棍球不仅在达斡尔族中广泛流传，而且有了新的发展，每逢节日、婚庆等喜庆之日，年轻人就会组队进行比赛。更为有趣的是，达斡尔人还在夜间进行火球比赛。

20世纪70年代初，国家体委在全国进行考察的时候，在莫力达瓦达斡尔族自治旗发现了达斡尔族的这种曲棍球运动，于是要求旗里先组织一支队伍训练。在这之后曲棍球运动逐步发展到其他省市。1982年3月，以内蒙古队（莫旗队）为主力的国家曲棍球队在巴基斯坦举行的第一届亚洲杯比赛中打败了世界十强之一的马来西亚队，获得第三名的好成绩，中国的国旗第一次在国际比赛的曲棍球场地上升起。中国队的突然出现和进步震惊了亚洲体育界，中国队还于当年参加了在澳大利亚墨尔本举行的世界十强邀请赛。1982年成立了我国第一支女子曲棍球队。

1989年，国家体委命名莫力达瓦达斡尔族自治旗为"中国曲棍球之乡"。2005年，达斡尔族传统曲棍球运动列入第一批国家非物质文化遗产保护名录。

三、鄂伦春族民俗

"鄂伦春"有两种解释，多数认为是"山岭上的人"，少数认为是"使用驯鹿的人"。鄂伦春族是我国少数民族当中人口较少的民族之一，主要分布在东北黑龙江流域的大、小兴安岭一带，集中分布在呼伦贝尔市鄂伦春自治旗、扎兰屯市，黑龙江北部的呼玛县、塔河县、逊克县、黑河市。1951年成立了鄂伦春自治旗，鄂伦春族是较早实行民族区域自治的少数民族之一。1953—1958年鄂伦春族逐渐走出大森林，实现了定居生活，在狩猎的同时，开始养鹿、建鹿场。1996年1月，鄂伦春自治旗召开了狩猎大会，颁布实施《关于禁止猎捕野生动物的布告》，从此鄂伦春族世代相传的狩猎生活宣告结束。

鄂伦春语属阿尔泰语系满—通古斯语族通古斯语支，没有文字，一般通用汉文，也有部分人使用蒙古文。

（一）经济民俗

1. 生产习俗

鄂伦春族的传统经济以狩猎为主，辅以渔业和采集业。19世纪中期开始从事农业。

鄂伦春族自古以来生活在大兴安岭地区，世代从事狩猎，性情淳朴、坚强，以勇敢强悍著称，被誉为"兴安猎王"，这种游猎生活一直持续到20世纪50年代。他们狩猎的方法多种多样，多是一大群人围赶。弓箭、枪、猎犬和马是鄂伦春族主要的狩猎工具。鄂伦春人一般按季节出猎，春天打鹿胎、夏天打鹿茸、秋天打狍子、冬天打皮子，称为"红围"。

马鹿曾是鄂伦春人猎取的主要对象。它感觉敏锐，极善奔跃，猎取时需要较高的技术水平。鄂伦春猎人能依据马鹿的生活习性，判断它的去向，进而猎取。如马鹿喜舔舐盐碱，猎人于是便在近处彻夜架枪守候。再如，秋天是马鹿交配季节，母马鹿常结群徘徊，公马鹿奔走寻偶，往往引颈长鸣。这会吸引周围的马鹿群寻声前往。针对这一情况，鄂伦春人发明了一种鹿哨（"乌力安"），是用一段剖开的树木挖空黏合制成。对之吸气，可发出酷似马鹿的呼鸣声。经验丰富的猎人常常根据马鹿的习性有变化地吹响鹿哨，以制造假象，吸引马鹿前来。鄂伦春人一年中猎获最多的是狍子，狍皮和肉是他们衣食的主要来源。

过去，鄂伦春族在分配和消费方面带有明显的原始共产主义色彩。在婚丧节和宗教活动中，他们通常集体餐食兽肉。当一个猎人猎获到一只野兽正在剥皮时，如果碰见一位一无所得的猎手，就会主动请他一起剥皮，然后将兽肉的一半无偿奉送。倘若哪家的粮食、兽肉告罄，主人可以去向邻居家索取，而且从不会被拒绝。处在饥饿状态下的人去别人仓库里拿取食物，一般无须征得主人同意，只要遵守整拿整取不零拿乱取的原则即可。

春秋时节是鄂伦春人捕鱼的旺季，是捕获哲罗鱼、细鳞鱼和大马哈鱼等最繁忙的时节。在这一时节，鄂伦春人日夜捕鱼，夜晚沿河人声喧闹，火把成龙，颇为壮观。个人捕鱼，要分给亲人和邻居，集体捕鱼，则平均分配。妇女负责将鱼制成鱼干保存，在春秋两季妇女们还要采集各种野菜、野果。

2. 居住习俗

鄂伦春族传统的住房叫"斜仁柱""仙人柱"，俗称"撮罗子"，是一种圆锥形的帐篷。"斜仁"指搭帐篷的桦木或柳木杆，这种木杆每根直径约7厘米，长5～6米，搭一个"斜仁柱"需30多根。在搭"斜仁柱"时，每根木杆下端插入土中寸许，培好土，上端向中心倾斜，互相交叉固定，形同半张开的伞架。"斜仁柱"夏天搭得高大些，盖以桦皮、芦苇或白布；冬天搭得矮小些，蒙上狍皮。外边皆为木杆、皮条将覆盖物压紧绑结，使之牢固。"斜仁柱"搭卸驮运皆很方便。

"斜仁柱"有一门，多朝南或向东。入门正对的上方称"玛路"，长2米余，宽1.3米，是尊贵的席位，专供长者或男宾坐卧，禁止有月经的妇女坐卧，因为这里挂有保护人畜平安的神像。"玛路"两侧放有猎枪、枪架。门内两边称"奥路"，长宽和"玛路"相同，用扁木就地搁置，里边各铺干草和兽皮，用以坐卧。进门左边的"奥路"为大，是主人席，右边为小，是年轻夫妇席，沿两边"奥路"里侧放置装衣物、粮食的桦皮篓、箱或皮口袋。入门两侧分别放有马具和食具等。"斜仁柱"中央是一堆日夜燃烧的篝火，顶端有一圈透天的空隙出烟。

各户常把食物储放在树林的仓库里。仓库搭建在离地2米余的木架上，覆盖以桦皮等物，皆无锁。"奥伦"是比较坚固的建筑，通常可使用数十年。主人游猎迁徙，不将其拆除。

"木刻楞"是鄂伦春族的又一种屋子，是用大圆木垛建起来的。早年大兴安岭木材丰富，可就地取材，选取粗大圆木，两面砍平、层层叠起，盖上房盖、安上门窗便可居住。

20世纪30年代初，鄂伦春族中开始出现"土窑子"。建土窑子是利用地形、向地下挖出1米多深的"凹"形的土坑，沿坑壁立几根柱子盖上柳芭条，抹泥后再盖草。土窑子的坑壁即墙，坑内砌炕，大体摆设与"斜仁柱"相同。

3. 服饰习俗

新中国成立前，鄂伦春人大都穿耐磨性强和御寒性好的皮衣，以适应游牧生活。他们的皮衣用料多取自狍皮，狍皮毛密绒厚，御寒性能好。鄂伦春人一件狍皮衣可穿三冬，毛面磨损后，还可做夹衣，再穿三夏。夏季雨水多，将旧狍皮翻毛穿，不仅防水抗湿，还有一定的伪装作用。轻巧的狍皮衣履和帽子，是猎手必不可少的装备。

鄂伦春人一般都内穿贴身的布小褂和布裤，外穿皮衣皮裤。男子皮衣通常是长袍、长袄两种。长袍垂至脚背，长袄至于膝盖，并且都在底沿正中开衩，适于骑马、奔跃等狩猎活动，一般用皮带紧系腰部。男子出猎时穿的皮裤和套裤，都是根据狩猎的需要设计和缝制的。皮裤的裤脚仅到膝盖下，如果过长，再穿上紧束的套裤时，就会影响行动。套裤有皮、布两种。皮套裤用料以耐磨的鹿皮为多。套裤裤腿较长，上面钉有夹条，把裤腿系在靴腰上，行动很灵便。

老年妇女一般也在较短的裤子外面再加套裤，青壮年妇女则多穿长裤，很少加套裤。妇女的大襟长袍和男子的区别主要在于两侧开衩不同，并在领口、袖口和开衩处绣有各色花纹图案。鄂伦春族大襟长袍的开襟都习惯开在右边，衣扣多是皮条结成的疙瘩或用犴骨制成。

鄂伦春人素爱戴狍皮帽，尤其是用整个狍头制成的，狍耳、狍角都原封不动带着，再穿上黄色的兽皮衣，模拟野兽，于山林中奔走，增加了在近距离击中野兽的可能性。鄂伦春人也戴有檐的绣花皮帽和毡帽。夏季妇女喜用布巾缠头，姑娘们爱将辫发盘在头上，常将有色珠贝一类的坠饰及纽扣钉在布上，再绣上花纹图案，围箍在头上。

狍皮靴有保暖、耐磨、抗湿和轻便的优点。皮袜和各种样式的皮手套更是冬季狩猎不可缺少的。

鄂伦春人穿布衣始于清末，民国时期逐渐增多，新中国成立后较为普遍。他们制作的布衣不但继承了传统的样式和纹饰特点，而且借鉴了蒙古族等民族的特色，较过去更加丰富多彩。

4. 饮食习俗

鄂伦春人以狩猎为主，辅以捕鱼、采集的生活方式，决定了他们的饮食特点。鄂伦春人的食物以狍子、鹿等兽肉为主，以野生植物和鱼类为辅。随着和外界联系的增多，通过贸易，米面一类粮食的用量也在不断增加。

他们食用兽肉的方法除了经常使用的煮、烤、烧、炖外，还有一些吃法独具风格，如"阿斯根""阿素""吊烧"等。

"阿斯根"是指生吃鹿肝、狍肝和肾。鄂伦春人认为它们的滋味好、富有营养，有明亮眼睛、增强视力的作用。每猎到这些野兽后，就会立即扒出它们的肝、肾晾凉后，蘸点盐直接食用。这种生食野味的习俗，一直保持至今。

"阿素"是把狍肉、狍肺煮熟后切成小块，再拌以狍脑浆和野猪油，加点野葱花，然后搅拌在一起，热一热即吃。

"吊烧"是一种古老的煮肉方法。当猎人在外打到野兽并打算就餐，却缺乏炊具的时候，就取野兽的胃洗净，放入肉和水，吊在火上烤，待胃烧焦，水达到沸点，肉已熟至八成，吃起来鲜嫩可口，别有风味。

此外，鄂伦春人将血肠称作"莎诗"，是将狍血灌在狍肠里煮熟而成。"西乐"，是将兽肉切成小块，和野菜一起炖，在兽肉不足时当做次食；肉粥，称"伊里复"，是把兽肉或鱼肉切成碎块，和米一起煮。鄂伦春人吃完肉，喜欢喝些稀粥。过去粮食少，粥里多放一些野生植物的根块和果实一起煮食。

新中国成立后，随着定居的实现，蔬菜和副食品显著增多，尤其是禁猎之后，鄂伦春人的饮食结构发生了很大的变化，现在的主食已经从肉食改为粮食。

（二）社会民俗

1. 社会组织

鄂伦春族的社会组织包括"穆昆""乌力楞"等，分别表示氏族、大家族。若干乌力楞组成一个氏族，氏族内不通婚。乌力楞是传统的基本经济单位，实行内部公有制，进行集体狩猎。乌力楞通常依山傍水建居住点，随季节变化和狩猎需要迁徙。清以后，以乌力楞为纽带的大家庭组织，逐步演变成一个以地域为基础的组织，鄂伦春族的原有社会组织就此瓦解。

2. 人生礼仪

（1）婚姻礼仪。

鄂伦春族实行氏族外婚一夫一妻制，严禁同一氏族的人及辈分不同的人通婚。婚事的办理要经过求婚、认亲、送礼、迎亲四个过程。

求婚时，多由男方的父母请一位媒人携酒到女方父母那里说媒求婚。媒人总用最好的言辞称赞姑娘勤劳、美貌和心眼好，而女方家长也总是推说姑娘年纪小、不懂事、又丑又笨，不轻易答应。如去三次都遭拒绝，这门婚事即作罢。如女方父母同意，媒人当时就要给女方父母斟酒，并与其商量认亲和送彩礼的日期。

亲事确定后，要选择吉利的日子，男方在其父母和媒人的陪同下携带酒肉到女方家认亲，未来的女婿要给女方所有的长辈磕头，独不给未来的岳父母磕头。认亲时男女都要换上美丽的新装，表明他们已经订婚了。

送彩礼是在认亲后，由媒人及男方亲属陪同男方去完成。一般要带酒、肉、马匹等作为彩礼送给女方家。这天，未来的岳父母家大摆宴席招待宾客，同时男女双方要给女方父母磕头。在男方送完彩礼之后，女方家还得请男方父母，并商定结婚日期。

结婚之日，新郎要在兄弟姐妹的陪同下骑马到女方家娶亲。这时女方要派迎亲队到很远的地方迎接。进部落时双方要赛马进去。娶亲回来时，新郎要早出发一天，带着本氏族中的弟弟们在很远的地方迎亲。女方也要派出以叔父母为首的庞大的送亲队伍来相送。进部落时，双方同样也要赛马进入。

结婚仪式在男方"斜仁柱"内或在露天临时搭就的围场里进行。男女宾客均按辈分分左右两侧入座，长辈入上席。新人恭敬地向长辈叩头，长辈给他们以美好的祝福。然后，新人再按辈分逐一向众多亲友叩头致敬，客人当场掏出如手帕、手镯、耳环、串珠或钱币等送给新人。而后新郎新娘互拜。最后，新人朝南拜天。喜宴开始，男方家长先向篝火（火神）

敬酒、献肉，接着大家开怀畅饮，热闹非常，新人斟酒践行。女方亲友常将喝完的酒杯揣入怀中，策马疾驰而回，男方亲友往往跨马急追，以夺回酒杯为胜。女方父母一般不参加结婚仪式和喜宴，只是由亲友们将一份酒肉给他们捎回去。

当晚，新人和男方父母同住一个"斜仁柱"内，不另设洞房。若有同住的哥哥或嫂嫂，兄嫂则搬出去另搭"斜仁柱"。晚间，新人要共一把猎刀、一副碗筷吃兽肉和黏米粥，以示同甘共苦、相互敬爱、百年偕老。临睡前，多由新郎的嫂嫂或已婚的近亲妇女替他们铺被褥。

婚后不久，新郎要携酒同回女方家住一段时间，有的住到生下第一个孩子才回来。其间，新郎要和岳父一同出猎，猎物悉数交给岳父。

产妇绝不可在自家的"斜仁柱"里分娩，要在住家附近的东南方另搭一个小型简易的"斜仁柱"作为产房，这里不挂神像，不设"玛路"。一个月内，产妇禁吃常用来祭祀的兽头和心脏等兽肉，禁止回家或到别人家去，禁止男人或其他孕妇进来，只能由一位老年妇人照料。

鄂伦春人的婚姻，在以前还有如下的一些习俗。过去，由于父母包办婚事，男女退婚、逃婚私奔者不少。若女方提出退婚，需将彩礼悉数退回男方，外赔一匹马，作为叩头认亲的补偿。男女逃婚私奔者，捉回去要用马绊子绞大腿来惩罚，或强行拆散。如果离婚女方可以不退彩礼。离婚后男孩必须留给男方，女孩可由母亲带走。社会对私生子一般不歧视。丧偶继婚中有兄亡弟娶寡嫂为妻、姐死妹嫁姐夫之俗。婿多是女方没有男孩或男孩太小，女方家长缺乏依靠而采用的一种婚姻形式，婿亲同儿子，无须收彩礼。寡妇再嫁，若有男孩，则阻力较大，娘家欲将她许给别家，需征得夫家同意，若新亲家和夫家关系较好，早年的彩礼可以减免退还。若夫家不同意改嫁，有些娘家人联合新亲家来夫家抢亲，只要把妇女抢出亡夫的"斜仁柱"即算成功，夫家的人便无权强留。但他们可在抢亲人骑来的马匹当中择优选留，作为补偿。这时抢亲人往往再进到亡夫家中略坐，双方仍保持友好关系。

鄂伦春族人口向来稀少，他们和外族通婚没什么禁忌，早在100多年前就和达斡尔族互相通婚。其次和满族通婚，清末民初和汉族通婚也较普遍。但族外通婚比例还是较小。

随着时代的发展，人们的思想观念也随之改变。有些旧的婚姻仪式和抢婚习俗已有很大的变化。现在青年男女都自由恋爱成亲，一些旧的仪式仍被采用，但已经成为一种婚礼上的娱乐形式。

（2）丧葬礼仪

历史上，鄂伦春族的葬俗基本包括天葬、土葬、火葬、水葬几种。天葬通常选择三棵或四棵树能形成对角的地方，在树杈上搭横木并铺树枝，然后把尸体放在上边盖好。火葬主要用于得疾病身亡的年轻人，葬时请萨满跳神驱鬼。水葬主要用于溺水而亡的人，通常将死者的尸体装入棺木，推进河中任其漂流。

鄂伦春族安葬死者时，通常要将其骑过的马杀掉陪葬。如果杀不起马，就用马驮着其用过的马具和衣物，围着墓地绕几圈。

3. **交往礼仪**

鄂伦春族非常注重礼节，有请安、下马和叩首三种施礼形式。晚辈遇到长辈，要施屈膝礼。出门远行要向长辈告辞。路遇老人，要行下马礼。祭祀祖先或重大场合一般行叩首礼。鄂伦春族非常尊敬老人，尊重老人的意见，用餐时以老人为先。

此外，他们也非常热情好客。客人光临时以好酒菜招待，客人告别时赠送山珍特产。

（三）信仰民俗

鄂伦春族信仰原始宗教——萨满教，存在自然崇拜、图腾崇拜和祖先崇拜三种形式。

在自然崇拜中，最崇拜的是山神"白那查"，他们认为山神管理山中所有的野兽，并将它们赐给猎民。猎民通常将猎到的第一只野兽作为山神的供品。每逢家宴，长辈都要给山神敬酒。猎民还在山顶堆石堆或把山间大树剥皮画像，代表山神，行装烟、敬酒、供食等祭祀礼仪。

鄂伦春族习惯用长辈的称谓来称呼熊、虎、狼等猛兽，甚至认为熊是他们的祖先。以前在猎场上猎到熊，先剥下熊皮，割下熊头，用草将熊头包捆起来，放在树杈上或木材上，由老人率众向其跪下叩头，敬烟并祷告："玛亚（祖父），不是我们有意要打死你，而是错杀了你，请不要降下灾祸，保佑我们平安多打野兽吧。"最后将吃剩的熊骨，悉数放进柳条包里捆扎好，由两位家长或老人抬向风葬处，送葬的人们还要装作哭泣。

（四）游艺民俗

1. 神话传说与民间歌舞

在长期的狩猎生产和社会实践中，鄂伦春族创造了丰富多彩的精神文化，有口头创作、音乐、舞蹈等。

口头创作是鄂伦春族主要的文学形式，他们的神话、传说、民间故事、歌谣等广泛地涉及民族历史、社会、狩猎采集、生活习俗等各个方面。古老的族源神话《伦吉善和阿伊吉伦》《白衣仙姑》《吴达内的故事》等，表达了鄂伦春族先民对人类起源的探索及对祖先的生活、英雄人物事迹的描述和歌颂。鄂伦春族的民歌，多以固定的曲调即兴编词歌唱，种类繁多，风格多样。谚语、谜语是后期发展起来的文学形式，是他们生产、生活经验的总结和智慧的结晶。

鄂伦春族能歌善舞，表现了他们丰富的劳动生活。《熊舞》《野牛搏斗舞》《树鸡舞》《依哈赖舞》《红果舞》等都是表现猎人对野兽、飞禽的观察以及生产过程的模仿。

2. 游艺竞技

鄂伦春族的游艺竞技大致分为体力竞技和智力竞技。体力竞技主要有射箭、摔跤、赛马、赛船（桦树皮船）等。智力竞技中的"章跟"即佐邻之意，意为佐邻与士兵对战。

3. 工艺民俗

雕刻是鄂伦春族的特长，鄂伦春的民间雕刻基本包括桦皮雕、木雕和骨雕三种。其中以桦树皮制品最具代表性，桦皮箱有不同的形状，箱盖和四周都雕有花纹，用鹿腿骨制作的或铁制的小刀雕成，这通常是妇女结婚时的陪嫁。此外，鄂伦春族也盛行刺绣。

四、鄂温克族民俗

鄂温克意为"大山林中的人们"，也有一种说法是"住在南山坡的人们"或"下山的人们"。鄂温克族人口有数量少、分布较广的特点。主要分布于内蒙古自治区鄂温克族自治旗，此外，还分布在陈巴尔虎旗、根河市、阿荣旗、扎兰屯市、莫力达瓦达斡尔族自治旗、鄂伦春自治旗，黑龙江讷河市，以及新疆的伊犁地区等。

历史上由于鄂温克族不断迁移、居住分散，加上交通不便，互相隔绝，逐渐形成区域间的经济和生活差异，曾被分别称为"索伦""通古斯""雅库特"人，但是他们有着共同的语言和风俗习惯。1957 年 8 月 1 日鄂温克族自治旗正式成立。后又陆续建立了 9 个民族自治乡。

由于社会历史和自然环境的原因，占人口半数以上的鄂温克族居住在鄂温克族自治旗和陈巴尔虎旗，主要从事畜牧业；居住在阿荣旗、莫力达瓦达斡尔族自治旗等地的鄂温克族从事半农半猎；居住在黑龙江省讷河的鄂温克族从事农业；居住在额尔古纳河东岸、根河市的鄂温克族从事狩猎业驯鹿业。

鄂温克语属阿尔泰语系、满—通古斯语族的北语支，共分辉河—伊敏河、莫尔格河、敖鲁古雅三种方言。其中使用辉河—伊敏河方言的人数最多，约占本民族总人口的 90%。鄂温克族没有文字，牧区通用蒙古文，猎区、农区和山区通用汉文。

（一）经济民俗

1. 生产习俗

历史上，狩猎与畜牧业是鄂温克人主要的传统生活活动。

鄂温克人狩猎的主要工具是弓箭和猎犬。主要的狩猎方式是围猎，一般由五六个人组成一个小组（塔坦），每个小组推举一个经验丰富的负责人（阿围达）。围猎的参与者分三部分，马队包围猎物；老人和妇女呐喊吓唬猎物；"阿围达"带领少数人捕杀猎物。猎人最喜欢猎鹿，不仅因为鹿的全身都是宝，而且因为鹿特别灵敏，最难捕获，因而猎获到鹿也是最光彩的。鄂温克人习惯按动物的习性分季节猎捕。通常 2、3 月份打鹿胎，5 月中旬至 6 月中旬打鹿茸，6、7、8 月份打犴、熊，9 月份打鹿鞭、鹿角，10 月份打飞龙，12 月份打灰鼠子。

鄂温克人一直遵守平均分配猎物的习俗，打死猎物的人与打伤猎物的人平分所得，背着猎物回家时，遇到路人也要分一些。

鄂温克从事畜牧生产的人占总人口的一半。畜牧业生产在鄂温克人经济生活中也占有重要地位，他们主要放牧马、牛，也采用逐水草而迁徙的游牧方式。

采集业和捕鱼业是鄂温克人狩猎和牧业经济的重要补充。采集业包括桦树皮的采集以及采集榛子、木耳、蘑菇、野菜等。

2. 居住习俗

鄂温克人自古以来游猎在深山密林中，没有固定的住所，其遮风避雨、御寒的房子也称"撮罗子"。后来由狩猎转为畜牧业，居住于蒙古包。还有"马架子""草房"和俄式"小板房"等多种房屋。

撮罗子呈圆锥形。鄂温克语称为"萨喜格柱"或"西格勒柱"，意思是用小杆搭建的房子，也称"仙人柱"，简称"柱"。撮罗子由做木架子的"柱"和做围子的遮盖物（如桦树皮、苇笆、犴皮、鹿皮等）两个部分组成。

蒙古包已经成为大多数鄂温克牧民的住所。其式样、结构与蒙古族的蒙古包相同，只是形状较小一些。

马架子由三根柱子、三根椽子为架搭建而成，外围用柳笆子为墙，上面盖柳笆子等。屋内有灶，有火炕，用于取暖做饭。

草房是有些地区的鄂温克人曾居住的住所。构造与汉族草房相同。盖草房上梁时，也要宴请亲友，建好后要邀请一位另一姓的人住头宿。

在马架子、草房内，鄂温克人供神供祖先是在西墙上，南端供祖位，北端供神位。

3. 服饰习俗

鄂温克族以往的衣裤、鞋帽都为皮制。猎民主要以兽皮制作，牧民以畜皮制作，现在虽然棉、毛、丝等针纺面料服饰多了起来，但皮制服饰习俗仍保留至今。

帽子用犴、鹿、狍头皮制作，保留兽头双耳，毛朝外，镶嵌双眼，帽里子用灰鼠或猞猁皮制成，这种帽子是狩猎的好伪装。

鄂温克无论男女都喜欢穿蓝色、黑色等较深颜色的服装，镶边或加缝道多为绿色、浅蓝色，禁穿白色服装，也有禁穿红色的习俗。

鄂温克族男子的上衣有大毛长衣、短皮衣、羔皮袄、坎肩等。长皮衣，一般用狍衣、鹿皮和皮制作，猎民称之为"哈拉米"，皮板朝外，小圆领，左襟压右襟，右侧结扣，下摆宽大，两侧开衩。衣襟用皮或绒镶约 2 寸①宽边或镶两道细边。短皮衣，是长皮衣外套穿的上衣，是鄂温克族礼服的一种。冬季穿的一般用大毛皮制成，春秋穿的用小毛皮或羔羊皮制成，并用布或缎做面，逢年过节或会亲友时穿，平时很少穿着。有的猎民喜欢穿坎肩，小立领对襟，衣襟镶边。鄂温克男子下身穿皮裤或皮套裤。去毛皮制成的皮套裤，夏季穿用。毛皮套裤是冬季套在裤子外面的。

鄂温克族女子服装极富特色，地区差异鲜明。外衣一般为袍或裙。早期穿兽皮、畜皮袍，后来多用布、麻、绸纱纺织品。阿荣旗查巴奇鄂温克族自治乡鄂温克族女式上衣如同满族袍子，低圆领，宽袖，右襟压左襟，襟、袖、领镶边绣花，右侧系扣，左右两侧下端开衩。在长袍外面穿坎肩。陈巴尔虎旗鄂温克女式冬夏装都是上衣与裙连在一起，上身较窄，下身裙端宽大多褶，袖口卷起马蹄袖，衣裙间镶绿色围带。敖鲁古雅鄂温克族女装款式与现代大衣式样相似，大翻领，领子两端下垂呈尖状，对襟式，紧袖口，腰系宽皮带，在衣领、袖口、对襟的中间及袍裙的下摆处都镶边，有的为双道边饰。

鄂温克族男女老少都穿皮靴。季节不同，靴里不同。秋冬穿皮毛为里的，夏穿去毛皮靴。靴子多为獐、狍、鹿皮制成，牧民则用牛皮制成。

鄂温克族已婚妇女早期一般都用黑布做宽约 1 寸、长约 1 尺 2 寸的两个发辫套筒。套筒上端有银链，下端有圆形银坠子，套好发辫后将两个银链子结在胸前。也有镶着珊瑚、玛瑙的头圈、项圈的。一般有耳坠、耳环、手镯、戒指的，其多为骨、铜、银、金质。

腰带是鄂温克男女重要的装饰物，尤其在严肃庄重的场合是必须扎腰带的。男子腰带上佩戴烟口袋、刀、小钱褡和火石袋等。

4. 饮食习俗

鄂温克族猎民以食用兽肉为主。过去常吃的禽兽肉是狍、鹿、熊、野猪、猞猁、灰鼠、獐、鸭子、野鸡等和鱼类。禁吃貂、狼、狐、狗等肉。吃法习惯上是生食、煮食、烧烤食、炖食或熬汤等。

烧烤兽肉是鄂温克族在野外狩猎或迁徙路途中的常见吃法。用削尖的树枝或细木棍，把切成一片片的兽肉串起来，在火上烤，待烤到肉片表面金黄冒油时抹上盐即可食用。此种肉片八分熟，外焦里嫩，肉鲜味美。

猎民吃面食，早期学俄国人做面包，如敖鲁古雅鄂温克人制作的"列巴"，后来学汉族吃面条，也有如蒙古族吃油炸食品，后来有了大米后也吃米饭和米粥。吃蔬菜是从传统的妇

---

① 1 寸 = 3.33 厘米。

女采集发展而来的。主要有野葱、野韭菜、黄花菜、蘑菇、木耳等，既有鲜吃的，也有晒干供常年食用的。

猎民的传统饮品是驯鹿奶茶和桦树汁。驯鹿奶茶是先将捣碎的红砖茶放入壶中，加水煮开呈深红色时，放到炉子一旁。想喝茶时，先往碗里加入少许新鲜驯鹿奶，在其上面倒入滤出茶叶的茶水冲驯鹿奶喝。这跟游牧区喝奶茶的方法完全不同，前者无需将驯鹿奶烧开，程序简单；而后者是一次将奶茶熬制好，程序比较繁杂。桦树汁是驯鹿鄂温克人使用小斧头在树身上砍一个深深的小窝，斜插上一根手指粗、1尺左右长的木棍，下端挂一只桦树皮桶。他们认为桦树汁是山神的乳汁，是山神恩赐给驯鹿鄂温克人的生灵之泉，喝了桦树汁，人会变得纯洁、善良，并会时刻得到山神的保护。

鄂温克猎民也有许多饮食禁忌。如妇女禁止吃鱼头，以防流产。禁吃供"鲁玛"用的鹿的头。鹿的食道、肺，男女都不能吃。猎民不吃死畜。

鄂温克牧民的饮食风俗与猎民不同。牧民以乳、肉、面为主食，早午都以喝奶茶为主，晚饭吃面条、肉粥等。其奶食除喝奶茶外，还喝鲜奶、吃鲜奶煮粥或煮面条，另外还有生奶油（"西米坦恩"）、黄油、奶皮子等。肉食是鄂温克牧民的主食，以牛、羊肉为多。一般牧户一年要食用2头牛或十四五只羊。手把肉是牧民最常见的肉食。

（二）社会民俗

1. 社会组织

新中国成立前，鄂温克族以部落为单位，部落之下有氏族（"哈拉"），氏族之下有大家族（"毛哄"或"乌力楞"）。每个家庭由家族长（"毛哄达"）和萨满管理。家是独立的经济单位，也称"柱"，家庭成员一般包括爷爷、父亲、本人和子女四代人，少则有三代、二代。家庭的支配权由男子按辈分掌管，家务事由女子承担。

2. 人生礼仪

（1）出生礼。

鄂温克的婴儿出生时，全家要宰杀牲畜宴请亲友祝贺，并请老人给孩子起名。男孩通常要穿反襟衣服，女孩要戴耳环以报平安。孩子从小就要学习劳动技能。7岁开始学习知识，12岁开始正式参与生产劳动，17岁开始独立从事生产活动。

（2）婚姻礼仪。

鄂温克族婚姻的主要特点是实行氏族外婚和一夫一妻制。但由于各地区经济发展不平衡，在婚姻习俗上，亦有差异。他们普遍认为寡妇再嫁是件好事，牧区的寡妇还有权带走自己的财产。

鄂温克人结婚的过程主要包括求婚、订婚、婚礼三步。

首先，男方要请外氏族辈分大的、能说会道的、又懂求婚规矩的媒人到女方家说媒。媒人带上两瓶酒到女方家，给女方父母敬酒、献哈达，通过求婚词对唱或对答。如果女方父母喝了酒并留下哈达，就是同意这门婚事。这样就可以商定订婚日期和女方要求的彩礼。

在商定好的订婚日，由一位精通礼节的使者，代表男方带着礼品去女方家。礼品一般是马、羊或驯鹿、灰鼠皮和酒。这一天，女方邀请自家的至亲等候。见面后敬酒、开宴、查检男方带来的礼品。如果女方对牲畜不满，男方另换好的。之后，商定结婚日期和婚礼事宜。

鄂温克人婚礼有几种形式，即迎娶式、送亲式、逃婚（抢婚）式和互迎互送式。不同地区或不同氏族的鄂温克族采用的婚礼形式不同，无论哪种形式都是从古代鄂温克族民俗发展演变而来。如今各种婚礼形式都趋于祝吉、庄重、喜庆。

（3）丧葬礼仪。

鄂温克族早期采用风葬，用桦树皮或席子将死者卷起来放在树杈或木架上。后变为土葬，非正常死亡的采用火葬。

3. 岁时节日

春节是鄂温克人隆重的节日，称为"阿涅"节。此外，他们也庆祝敖包会、米库勒节（又称伊木泊）、瑟宾节等。每逢节日，鄂温克人把牛羊肉、兽肉、食品、糖果、酒类等最好的食物作为供品投入火中，祈求家庭男女老幼得到火神的保佑。

每年 5 月下旬，牧区的鄂温克人都要欢度米库勒节。来自四方的广大牧民还要利用节日的聚会，相互协作，给马烙印、剪鬃、剪耳记号和拔出大牲畜的坏牙。晚间，牧民们还就地举行盛大野餐宴会。宴后，燃起篝火，围成圆圈跳舞唱歌，直至深夜。

瑟宾节，是鄂温克古老而传统的节日，意为欢乐吉祥。但由于历史上鄂温克人频繁迁徙，瑟宾节一度在鄂温克人中失传，经内蒙古鄂温克族研究会搜集和挖掘，历时两年多酝酿和探讨，1993 年提出恢复这个古老节日，定在每年 6 月 18 日。于是从 1994 年开始，各地的鄂温克人每年都庆祝瑟宾节。过去瑟宾节主要祭祀山神，但现在牧区多在这天早晨祭敖包，白天举行摔跤、赛马、射箭等传统体育比赛，晚上举办篝火晚会。

4. 交往礼仪

鄂温克人非常尊敬老人，长幼之间礼节严格。年轻人在路上遇到长辈要下马问安，平时施礼问候。屋内的床铺和座位都有长幼之分，老人过世三年内，子女要摆酒祭祀。

鄂温克人热情好客，认为来客是吉利的。接待亲属或远方来的客人，主人先屈膝请安，然后请坐敬烟敬奶茶。牧民一般用"全羊"待客，用餐前主人先割肉敬火神，然后割羊尾巴肥肉敬客人，之后大家边吃肉边饮酒。猎民一般用鹿肉待客。

（三）信仰民俗

鄂温克人绝大多数信仰萨满教，牧区的信奉佛教，敖鲁古雅鄂温克人信奉东正教。

自然崇拜是同鄂伦春族一样最崇拜山神"白那查"。鄂温克人供奉"玛路"神即祖先的神灵，是由十二种装在圆形皮口袋里代表神灵的东西组成，其中最重要的是"舍卧克"，是用木刻的小人像，通常一男一女，五官服饰俱全。各地鄂温克人都有自己的图腾。呼伦贝尔市陈巴尔虎旗的鄂温克人以各种鸟为图腾，鄂温克猎民以熊为图腾，驯鹿鄂温克人则以驯鹿为图腾。

鄂温克人的萨满有世袭的，也有指定的。驯鹿鄂温克人的萨满为世袭制。萨满有很高的社会地位，但没有特殊的社会地位。

（四）游艺民俗

鄂温克是一个能歌善舞的民族，其音乐舞蹈特点是音调单纯、动作简单、歌舞相伴。代表舞蹈有《欢乐之火》《阿罕拜》《爱达喜楞》《哲辉冷》等。

《欢乐之火》即人们围绕篝火由左向右边唱边跳的舞蹈。《阿罕拜》是节日及婚礼的庆典舞蹈，由妇女领跳，舞蹈动作和着节拍，整齐热烈。《爱达喜楞》是两人表演的、模仿野公猪搏斗的舞蹈。《哲辉冷》也是双人舞，两人面对面，拉手旋转，舞蹈姿势简单，以唱为主。

赞达拉嘎是鄂温克民间小调、山歌之类的总称，既是诗，也是歌，通常用唱来表达。短者数行，长者数十行，有世代流传的，也有即兴创作的，旋律简洁，一般不用乐器伴奏。

鄂温克族的体育竞技、智力竞技等活动，与鄂伦春族、达斡尔族相似。

五、内蒙古其他民族民俗

（一）满族民俗

满族是我国历史悠久的少数民族之一。目前主要分布于中国东北、华北地区，其中居住在辽宁、河北、吉林、黑龙江四省的人口最多，占满族总人口的 80% 以上。此外，北京、吉林、内蒙古、黑龙江的满族人口均在 100 万人左右。

内蒙古自治区的满族，主要集中在呼和浩特市、包头市、赤峰市、通辽市、乌兰察布市、呼伦贝尔市和兴安盟等地区，建立有 4 个满族乡，即赤峰郊区管家营满族乡、沁旗十家满族乡、乌兰察布市凉城县曹碾满族乡、兴安盟科右前旗满族屯满族乡。

1. 满族的族源

满族属于肃慎人，是生活在东北地区的古老民族。最早出现于先秦古籍，传说舜、禹时代，已与中原有了联系。他们大部分生活在今长白山以北，西至松嫩平原，北至黑龙江中下游广大地区。辽金元明时发展为女真，几经迁移聚合，至 16 世纪末，形成了几大集团，即建州四部、长白三部、扈伦四部和东海三部。

1587 年，建州部努尔哈赤于费阿拉城"定国政"，建立政权机构，历经 30 年基本完成统一女真各部的大业，于 1616 年建立大金国，史称后金。1626 年努尔哈赤去世，其子皇太极继位。1635 年皇太极改女真为满洲，亦称满族，从而在中华民族的历史上产生了一个新的民族共同体。次年大金改为大清。满族建立的清王朝是中国历史上又一个少数民族建立的统一的多民族政权，也是中国最后一个封建王朝。

2. 满族的饮食

满族的先民主要从事采集、狩猎。满族人入关后主要从事农业生产。满族长期以来以小米为主食，同时喜欢吃黏食。春天喜欢吃"豆面馇馇"和豆芽菜卷煎饼。夏天吃"酥叶馇馇"和凉面，也喜欢"西葫芦烩羊肉"。秋冬两季喜欢吃"年糕馇馇"。一年四季都有喝茶习俗。满族款待客人的佳食有"烧卖""火炉子"等。满族人喜欢饮酒，除祭祖或自饮时用自酿的黄酒外，一半多饮白酒，可谓有宴必有酒，轮番劝饮，尽情欢乐。

3. 满族的服饰

满族先民生活在塞外寒冷地区，无论贫富均穿皮衣。到后来主要穿绸缎、布帛缝制的长袍。其特点是右大襟扣绊，下摆呈直筒状，有两开衩和四开衩之分。衣袖较窄，男子长袍还有圆形夹袖，又称"马蹄袖"。马蹄袖俗称"箭袖"，满语称为"哇哈"。下穿套裤，头戴圆顶帽，脚穿双鼻子布鞋。冬天穿"毛卡拉"（毡靴），有时外加坎肩或马褂。

满族服饰尚蓝，但妇女多穿鲜艳绸缎制作的旗袍，以镶上十八道贴边儿为美。宽袍大袖，显得格外端庄大方。

妇女的头饰很讲究，用铜丝做成"头发撑子"，将头发分两揪缠绕其上，加金银头饰做成"两把头"（已婚妇女）。未婚妇女梳圆髻，俗称"毛姑髻"，也称"留头"。老年妇女耳朵扎三眼，戴三只耳环。妇女两手都戴镯子。

4. 满族的居住

满族先民以狩猎为主要生产方式的时期，所住房屋"负山水砍地，梁木其上，复以土"。从事农耕生产后都变为简便适用的满洲老屋。满族入关前的房屋建筑特点为"口袋房、万字坑、烟囱出在地面上"。入关后，每家每户都是同一式样"三分三"（宅院宽为三分三里）的老宫房，呈马鞍形，是两出水的小瓦房。一明一暗中间隔扇。一般大屋居左、小屋居右、内外有别。但是里外屋全是倒炕（南炕）。外屋正面墙上挂中堂字画，西墙设祖宗板，供祖先牌位和家谱，台上摆有木香碟，台沿贴着挂钱，主人隶属哪个旗就贴哪个旗的颜色。

过去有钱人家的满族瓦院都有小门楼，磨砖对缝，十分讲究，进了大门是影壁，影壁将街门与屋门隔开，唯恐跑了风水，影壁正中设土地爷神，里面供有泥塑土地爷神。影壁右面靠后地方，插有一只高大的神杆，满语叫"索罗杆儿"。杆下有石座，十分牢固，杆上有挂锡斗，放有供神鸦或喜鹊的腊肉。后来不祭神，被大红灯笼代之。

5. 满族的婚姻

满族在相当长的一段时间内，不与其他民族通婚，同姓间不通婚。自古以来，满族不兴早婚，没有类似"指腹婚""娃娃婚"等童婚。男女年龄到十六七岁，即可订婚、结婚。婚姻过去由父母包办。随着时代和社会的发展，满族在与汉族及其他民族的交融过程中，婚嫁习俗也在不断发生变化，逐渐形成了一套烦琐细密的满族婚娶礼仪，即通媒、小定、拜女家、下茶、开剪、摘他哈、迎娶、坐帐、分大小、回门、住对月等程序。

通媒：多是男方主动选择女方。即男方拜托媒人与女家说合，女家同意，由媒人向男家报音信，之后互换门户帖。帖，即一张红纸，写上当婚者所属某旗及曾祖、祖、父三代的功名、职业、住址，以及当婚者的功名、职业、年龄、属相、生辰。通过媒人双方互换，看是否犯相。

小定：通婚后男方母亲去相看姑娘，以定取舍。相看之后，男方若同意，即择日过定礼。将首饰等由男方母亲给姑娘戴上。这是由满族先民"男以羽毛插女头"表示相爱的古风演变而来。

拜女家：也称大定。择吉日男家聚宗族亲友同新婿往女家问名，女家亦聚亲友等迎。男方人趋右位坐，年长者致辞，表达欲聘之意。女家致谦辞以谢。新婿人拜女家神位，再拜女家诸亲。最后，女家进茶，主宾易位，男家人趋左位坐，设酒宴祝贺。

下茶之礼：在议定聘礼后，择日男方去女家行聘。聘礼的种类、多少依地位、贫富而异。一般有鞍马、猪样、钱财、首饰等。聘礼放在铺红毡的高桌上，抬送女家，陈列于西炕祖先案前，两亲翁并跪，斟酒互递祭祖，俗曰"换盅"。

开剪：也叫"纳彩"。是指男家于迎亲前一个月，将结婚日子提前通知女家，谓"送日子"。男家将给女方的彩布、衣物送往女家，谓"送嫁妆"。并请一儿女双全的有福之妇女，为姑娘裁衣，谓之"开剪"。

摘他哈：女方在婚前一个月内，须择吉日举行"摘他哈"仪式。在"摘他哈"时，要先清扫室内外卫生，将祖宗板上的妈妈口袋中的索线取出，一头拴在祖宗板斜架上，一端拴在屋外祭祀用的柳树枝上。萨满主持仪式，出嫁姑娘和全家人向祖先叩头，主祭人摘下姑娘出生时拴在索绳上的他哈布丁，扔在河里或街头，以示长命。

迎娶：满族传统婚礼一般是"三日婚"，第一天叫"响棚"。这一天男家为参加婚礼的亲友备宴，在自家院内用席或布搭棚。棚柱上多挂贴喜字、对联。因这一天不仅要动鼓乐，还要搭灶、劈柴，所以叫"响棚"。第二天叫"演轿"，这一天要杀猪、跑油、摆桌。满族的习俗是新郎骑马，新娘坐轿。新郎和迎娶人在这一天要跟随鼓乐沿街演走。第三天才是拜堂成亲，这一天要举行一系列礼仪活动，打下处、插车、憋性、挂铜镜、迈火盆、射三箭、跨马鞍、挑盖头、拜北斗、怀抱宝瓶柴火、坐帐、入洞房等。

此后婚宴开始。一般富裕人家要办非常有满族特色的"三套碗席"，新郎要"拜席"，答谢亲友。新婚晚上，年轻人自然要闹洞房。新郎、新娘都坐在炕沿上，傧相把果盘所盛枣、花生、栗子撒向帐中，并念叨一些祝福语。

婚后三天、七天和一个月，新郎要陪新娘回娘家串门，曰"回门"。走之前，婆婆要给新娘准备"四色礼"拿着回娘家。一个月后，新媳妇要回娘家住一个月，叫作"住对月"，就是在婆家、娘家各住一个月。

（二）回族民俗

回族是人口数量仅次于壮族的少数民族，也是中国分布最广的少数民族。分布于大陆的31个省、区、直辖市，宁夏占18.9%，有186万。另外，回族人口在20万以上的地区，还有北京、河北、内蒙古、辽宁、安徽、山东、河南、云南、甘肃和新疆。但总体上依然是西部多于东部、北部多于南部。

1. 回族的族源

13世纪，由于成吉思汗西征，中亚地区很多民族，如波斯人、阿拉伯人被迫东迁，与此同时，一些西域的商人自愿来到东方。他们都信仰伊斯兰教，元代统称这些人为"回回"，被列为当时的"色目人"，在与汉族、蒙古族、维吾尔族等不同民族长期相处，互相通婚、融合的基础上，逐渐形成了一个统一的民族——回族。回族信仰伊斯兰教，既没有自己的语言，也没有自己的文字。

2. 回族的饮食

回族的饮食文化受伊斯兰教饮食戒律的影响，具有浓郁的民族特色。由于回族散布于全国各地，受地域的影响和所产食物原料的不同，不同地区回族的饮食习惯也不相同。总的来说，在面食和肉类食物上的制作上有突出的特点。

面食以油香、馓子以及其他各种油炸面食最具特色。在西北地区的回族，馍、各种面条也十分著名。油香，是回族对油饼的一种特殊称法，是回族喜好的一种传统食品，凡是回族聚居的地方，都有吃油香的习俗，如在喜庆的日子或重大的节日，家家都要炸油香，还要馈赠给亲朋好友。

蔬菜、瓜果、鱼类及调味品等与汉族及其他民族一样。在鱼类加工上有自己的一些习惯和讲究。回族经营的涮羊肉在全国也比较著名，如北京东来顺、福成肥牛等。此外，还有各种熟食品。

饮茶是回族生活中不可缺少的习惯。尤其喜欢喝茉莉花茶，常见的"盖碗茶"就是以茉莉花茶为主，加桂圆、红枣、核桃仁、葡萄干、芝麻、果仁及冰糖配制而成。

回族在饮食方面有很多禁忌。最为人所知的就是忌食猪肉。在伊斯兰教创立之前，阿拉伯半岛上就已经有忌食猪肉的习俗。在《古兰经》中先后四次反复强调，"禁止你们吃自死物、血液、猪肉以及诵非安拉之名而宰的动物"；忌食非反刍动物，如狗、驴、骡子等；忌食血液；忌食生性凶残、丑陋的动物。

此外回族也禁烟酒。饮酒被伊斯兰教所禁止，因为酒醉的人胡言乱语、闹事、不能礼拜。禁止吸烟则是出于卫生的习惯，认为吸烟不健康、不卫生。

3. 回族的服饰

回族的服饰在过去有明显的阿拉伯、波斯风格特点。随着时代的推移，虽受到其他民族的影响，但仍带有浓郁的伊斯兰特色。

在服饰的色彩上，回族一般以白、黑、绿为主。这种崇尚白色的习俗，源于中世纪阿拉伯人崇尚白色的风俗。回族把绿色视作神圣的颜色，显示青春和活力。认为黑色持重，给人以高雅、大方、庄严的感觉。

回族男子一般喜欢戴白色无沿圆帽。圆帽有圆顶的，也有四角或六瓣的。有的在白毛顶上镶有金边和精美的花纹图案，也有帽前正中用金色或绿色线绣阿拉伯文"真主至大"或"清真言"。内蒙古地区的回族老人，还有穿"麦赛海袜"的，"麦塞海"为阿拉伯语，意为皮袜子。伊斯兰教规定穿"麦赛海袜"，洗干净可以免去洗脚的程序，用湿手在袜子的脚尖至脚后跟抹一下即可，俗称"打袜子"。男士服饰的一个重要特征是坎肩，一般以青色居多，也有蓝、灰等颜色，工艺简单，只在襟边、口袋处用针扎出明线，使各边沿平挺工整。

回族女性一般多带盖头，盖头旨在盖住头发、耳朵和脖项，因为伊斯兰教教义规定这些都为妇女的"羞体"。已婚妇女多戴白色，显得干净持重；老妇女多戴黑色，显得素雅端正；年轻少女的盖头颜色较为鲜艳。老年人的盖头长，要披到背心处；少女和媳妇的盖头短，前面遮住前额即可。回族妇女穿大襟衣服，看似比较单一，但在饰绣上比较讲究和丰富，特别是少女和年轻媳妇的衣服上，或嵌线，或镶边，或细边，有的还在胸、前襟上绣花。女性一般不穿短袖衫、短裤和裙子，忌赤脚行走。

4. 回族的居住

回族以"大分散、小聚居"为分布特点。以呼和浩特为例，以清真大寺为核心，辐射四周，自成街道，形成了相对独立的回族聚居区。清真大寺成为回族文化、教育的中心。在住宅的造型、结构等方面，回族同当地汉族住宅大同小异，但在装修、装饰上有明显的特色，如房脊的两头绝不使用动物头像的瓦脊头，这是因为伊斯兰教禁止偶像崇拜，所以在门和窗棂会装饰几何纹样图案或花草纹，绝不会出现动物或人物图案。每家的门上总悬挂绣有阿拉伯文的门帘。喜欢住套房，外屋待客，里屋卧室礼拜用。

5. 回族的婚俗

回族认为婚姻是构成家族、产生亲族的基础。成年男女因需要而结婚是"瓦直卜"（意为当然），为繁衍子孙而结婚是"逊奈"（圣行）。因此，反对终身不娶、不嫁的独身主义。在回族聚居区，一般不与非穆斯林婚配。即使在穆斯林内部婚配，也有许多传统的条件，一看教门，即是否真正地信奉伊斯兰教，是否言行一致；二是看根基，主要看所选择配偶家庭的家风，是否是正派人家。

对于个别或极少数与非穆斯林婚配的，一般都要先商议条件，要求非穆斯林一方"进教"，即信伊斯兰教，才能正式确定婚姻关系，在结婚时，还要由阿訇主持举行"进教"仪式。

回族严禁血亲、近亲之间结婚。对离婚比较慎重，如果有夫妇想离婚，回族中的阿訇或有威望的老人尽量劝说，劝说后确定无效者允许离婚。

回族对婚礼特别重视和讲究，但由于回族分布在全国各地，回族婚礼形式也多种多样。概括起来大致都要经过以下几道程序：提亲、定茶、插花（定亲）、娶亲、回门等。

6. 内蒙古地区的清真寺

内蒙古地区从元代起，就有许多信仰伊斯兰教的人来此定居。清初，河北、陕西、宁夏、新疆等地的伊斯兰教徒大量迁入内蒙古地区，主要聚居于今呼和浩特市、包头市。民国至今，伊斯兰教在内蒙古地区有了很大的发展，信仰伊斯兰教的穆斯林在聚居地募建了许多清真寺。

呼和浩特清真大寺：位于呼和浩特市旧城北门外通道南街东侧，建于清康熙三十二年（1693 年）。初建时规模较小，以后经逐步扩建修缮，方成现今的格局和建筑群。清真寺占地 4 000 多平方米，坐东朝西，由东西狭长的一进两出四合院组成。建筑由西向东依次是：山门、大殿、南北讲堂、过厅、望月楼、沐浴室和接待室等。

清真大寺是典型的中国传统式建筑，又带有明显浓厚的伊斯兰风格。坐东迎西的山门是出檐式，两边墙壁陪衬，中开三门。大门上有清光绪十六年（1890 年）所制"清真大寺"横匾一块，两侧有"国泰""民安"两块短匾。大门一般不开，只在开斋节、古尔邦节、圣纪节时才敞开，平时人们由南、北两个门进寺。进入正门正对礼拜大殿的后壁，中上方刻有"认主独一"，下面从右至左分别刻有"见性""正心""诚意""修身""明心"等字。

清真大寺的主体建筑是大殿，大殿门向东，为三开拱式门，大殿门上有阿拉伯文的砖雕及花卉砖雕相衬托。大殿最具特色的当数其顶部，登高眺望，可看到五座出檐小塔楼将殿顶连为一体，四座玲珑六棱塔楼簇拥着中间一座八角塔楼。中间塔楼顶矗立着一弯新月。整个殿顶错落有致。五项，意寓伊斯兰教信仰的"五大天命"，即念作证词、坚持礼拜、斋戒一月、交纳天课、麦加朝觐，穆斯林一般简单将它概括为五个字：念、礼、斋、课、朝。

坐落在后院东南的望月楼，是一座砖木结构六面、四层的塔楼，高 36 米，建于 1939年。望月楼内设旋梯，可盘旋至顶。第二层悬臂梁挑出走廊，环以栏杆，楼上有六角攒尖亭，顶饰一弯新月。望月，就是看月亮。按照伊斯兰教教义规定，伊斯兰教历九月需要封斋一个月，称为斋月。过去遵从见月封斋，见月开斋，需德高望重者登上望月楼，进行观察，看新月呈现，决定封斋和开斋的日期。

大殿对面是五开间的过厅，是穆斯林礼拜前后研讨教义及交流信息的地方。其南北两面墙上正壁绘制了伊斯兰圣地麦加的"克尔白"（也称"天房"，是全世界穆斯林朝拜的中心）。

大殿南侧有碑亭 1 座，厅内存碑 7 通，较重要的碑刻有《清重刻洪武御制回辉教百字碑》和《重修绥远清真大寺碑》等，有较高的历史研究价值。此外呼和浩特市还有清真北寺、清真东寺、清真西寺、清真南寺等。内蒙古地区还有包头市的清真小寺、清真西寺、清真中寺，还有察素齐毕克齐清真寺、萨拉齐清真寺、托克托清真寺等。

第五章

内蒙古自治区主要旅游城市及线路

第一节 主要旅游城市

一、呼和浩特市

呼和浩特，蒙古语意为"青色的城"，既是内蒙古自治区首府，也是内蒙古的政治、经济、文化中心和交通枢纽。它位于内蒙古自治区的中部，东经 110°46′～112°10′、北纬 40°51′～41°8′，全市总面积 1.72 万平方公里。现辖 4 区、4 县、1 旗，分别是：玉泉区、回民区、新城区和赛罕区；托克托县、和林格尔县、清水河县、武川县；土默特左旗。截至 2014 年，全市常住人口 303.06 万人。呼和浩特市是一座以蒙古族为主体，汉族为多数，满、回、达斡尔、鄂温克等 41 个民族共同聚居的塞外名城。

呼和浩特是内蒙古自治区唯一的国家级历史文化名城。现有市级以上重点文物保护单位 60 多处，其中，国家级重点文物保护单位 6 处，自治区级重点文物保护单位 19 处。

这里自古就是北方少数民族活动的场所，匈奴、鲜卑、突厥、契丹、女真等民族都在这里留下了他们辉煌的印迹。

在呼和浩特市保合少乡发现的大窑文化遗址，证明了距今 40 万至 70 万年前的旧石器时代就有古代人在这片土地上生活。战国时期，赵武灵王沿阴山修筑长城，设置云中郡（今呼和浩特市托克托县城东北）。以后秦、汉沿袭此名。

公元 950 年以后，辽、金、元三个朝代曾在呼和浩特市城东设立丰州城。现在呼和浩特城的雏形始建于公元 1575 年，由蒙古土默特部首领阿拉坦汗及其夫人三娘子主持修建的归化城。建筑式样是仿照忽必烈时大都建造。全城呈正方形，长宽各 290 米，城墙用青砖修筑而成，远远望去，一片青色，所以蒙古人称为"库库和屯"（是呼和浩特的转音），意即"青色的城"。当时的明朝政府赐名"归化"，是归顺、化一的意思。

清朝雍正、乾隆年间，清政府又在归化城的东部修建一座军事驻防城，并命右玉山西建威将军调任驻守，此城命名为"绥远"。1913 年归化城和绥远城合并为归绥县。1928 年建绥远省，以归绥为绥远省省会。1945 年当时的国民政府把其更名为归绥市，1954 年原绥远省并入内蒙古自治区后，归绥市改称呼和浩特，被正式确定为自治区首府。

　　现在的呼和浩特市是具有一定经济基础、民族特色鲜明的现代化城市。乳业、电子信息业、电力、生物制药、冶金化工、机械制造等具有特色和核心竞争优势的支柱产业已经或正在形成，其中乳业的发展很具有代表性。呼和浩特以伊利、蒙牛两大龙头乳品企业为依托，带动了奶牛养殖业的快速发展，建成了全国最大的乳业基地。呼和浩特因此被中国乳品工业协会正式命名为"中国乳都"。

　　呼和浩特市也是内蒙古自治区教育、科研与文化中心。现有内蒙古大学、内蒙古师范大学、内蒙古农业大学、内蒙古工业大学、内蒙古财经大学、内蒙古医科大学等 10 多所高等院校。有中央、自治区直属和市属的多家科研机构，学科遍及农、林、畜牧科学、社会科学、草原科学、水利科学等。

　　改革开放以来，呼和浩特市发生了翻天覆地的变化，城市建设日新月异。市内建造了青城、满都海两处大型公园和多处街心公园，新华广场和如意广场是主要的居民休闲广场。"丁香"是本市的市花，"油松"是本市的市树。中山西路是最繁华的商业街区，有民族商场、天元商厦、满达商城、维多利商厦等大型购物商场。近期又新建了成吉思汗大街、伊斯兰风情街和蒙古风情园、内蒙古博物馆新馆和内蒙古国际会议展览中心等。近年来，城市基础设施得到明显改善，各主要交通干道（机场路、东风路、海拉尔路、中山路等）已重新扩路，修缮和绿化新华广场和部分街心花园。目前呼和浩特市正在逐步实现"现代化首府城市"的建设目标。

　　作为国家级历史文化名城，呼和浩特城区内保存着丰富而珍贵的名胜古迹，如：旧石器时代的大窑文化遗址、战国时期的赵长城、秦汉长城、坐落在大黑河畔的昭君墓、东郊辽代的白塔（即"万部华严经塔"）、公主府、将军衙署、玉泉井等。呼和浩特市又被誉为"召城"，有着丰富的召庙文化，有大昭寺、五塔寺、席力图召、乌素图召等众多藏传佛教寺庙。呼和浩特市不仅拥有见证历史的文物古迹，还拥有美丽的自然景观，哈达门国家森林公园、乌素图旅游开发区、大青山避暑山庄等景区（点），无不风光秀丽，景色宜人。

　　呼和浩特市是全国知名的会展城市，呼和浩特药交会经过多年发展，成为仅次于国药集团药交会的全国第二大药品交易会，并成为全国最大的保健品交易会。每年农历正月和阳历 8 月，均有来自全国各地的数十万药品商云集呼和浩特市进行经贸活动。随着首府经济的发展，依托内蒙古优势资源，积极培育和扶持品牌交易会、展览会、博览会，发展国际化程度高、贸易性强、影响面大的品牌会展将成为今后提升首府服务功能、促进首府经济发展、提高城市知名度和促进城市开发引进和繁荣的主要措施之一。内蒙古国际会展中心的建设，将真正架起一座让世界了解内蒙古，让内蒙古走向世界的桥梁。

　　会展业是一种新兴产业，它通过开展商品展示、经贸洽谈、信息交流以及各种国际国内会议等多种业务，成为城市经济发展的"发动机"。内蒙古国际会展中心是内蒙古自治区成立 60 周年重点建设项目之一，会展中心项目也成为呼和浩特规模最大的建设项目，项目建成后，不仅填补了首府大型会展中心的空白，还将会更好地推动呼和浩特市乃至自治区对外开放、招商引资工作以及投资贸易、科技、文化、信息等方面的交流与合作，使内蒙古的各种优势真正转化为经济优势，为首府经济的发展增添新的动力。表5-1为内蒙古 4A 级、3A级景区。

表 5-1　内蒙古 4A、3A 级景区

等级	景区名称							
4A 级景区	昭君博物院	神泉生态旅游景区	伊利-乳都科技示范园	蒙牛工业旅游景区	大青山太伟运动休闲度假村	敕勒川草原文化旅游区（哈索海）	—	—
3A 级景区	大昭寺	席力图召	五塔寺	乌兰夫纪念馆	内蒙古青少年生态园	哈达门国家森林公园	乌兰夫故居	白石头沟生态旅游区	清固伦恪靖公主府博物馆
	敕勒川人家旅游度假村	东方甘迪尔蒙古风情园	大青山野生动物园	将军衙署博物院	南湖湿地公园	和林格尔盛乐博物馆	蒙亮民族风情园	—	—

二、包头市

包头蒙语"包克图"，意为"有鹿的地方"，因此，也被称为鹿城。包头市市花为小丽花，市树为云杉。它地处内蒙古自治区西部，北靠蒙古国，南临黄河，东西接沃野千里的土默川平原和河套平原，阴山山脉横贯中部。它位于东经 109°22′～111°07′、北纬 40°15′～41°29′。市辖 9 个旗、县、区，其中：4 个市区（昆都仑区、青山区、东河区、九原区）、2 个矿区（白云鄂博矿区、石拐区）、3 个农牧业旗县（土默特右旗、达尔罕茂明安联合旗、固阳县）。总面积 2.77 万平方公里。截至 2014 年，常住人口 279.92 万人，居住着蒙古、汉、回、满、达斡尔、鄂伦春等 31 个民族。

在距今 6 000 多年前的新石器时代，包头市辖区内已经出现了早期人类活动，特别是黄河流经的区域，发现了大量的早期人类活动遗址。在东河区以东 15 公里的阿善沟门的格膝盖沟发现的遗址保存最为完整。

在战国时期，包头境内已经出现了较早的城塞，即九原城（今九原区的麻池古城）。秦始皇时期，被升为九原郡，两汉时期继续沿用此名。

公元 433 年，鲜卑族建立北魏王朝，逐步统一了北方，并在阴山之北设立了怀朔镇。之后，随着中原政治中心的东移和时间的推移，境内的古城被遗弃了。

从五代开始，辽朝设云内州统治包头地区。这一建制一直沿用至金元时期，后来随着蒙古各部落陆续进入河套地区，包头成了土默特部的游牧之地。

清乾隆五年（1741 年），筑萨拉齐，设立协理通判。同治九年（1870 年）前后，修筑城池，形成了近代包头城，包头城辟有东、南、西、东北、西北 5 座城门。

随着 1923 年平绥铁道通车到包头，包头成为真正的"水旱码头"，人口激增，形成了典型的近代商业城市。1949 年 9 月 19 日，包头和平解放。1950 年，包头市人民政府成立。

说起中国历史上的乱世，很多人在脑海中第一个涌现出来的就是那个英雄辈出的三国时期，曹操、刘备、孙权都是不世出的枭雄，关羽、张飞、赵子龙，这些都是以一当百的英雄好汉，还有诸葛亮、司马懿、周瑜、郭嘉等这么多运筹帷幄的谋士。可以说，三国时期是中国上下五千年中最为传奇的一段时光。有这样一句话：文无第一，武无第二，在这乱世群雄当中，又有哪一位能称得上是第一猛将呢？毫无疑问，那就是吕布。但有很多人不知道吕布的故乡其实就在包头。吕布，字奉先，出生在五原郡的九原县，也就是如今包头的九原区。

包头市是国务院首批确定的 13 个较大城市之一，是内蒙古自治区最大的工业城市，也是国家重要的基础工业基地。早在"一五"建设时期，国家就将 156 个重点建设项目中的 5 个项目放在包头市，即今天的包头钢铁（集团）公司、内蒙古第一机械制造（集团）有限责任公司、内蒙古北方重工业（集团）有限公司、中国核工业总公司 202 厂、包头第一热电厂，奠定了包头市的工业基础。经过 40 多年的发展，现已形成冶金、机械、电力、化工、稀土、重型汽车制造等门类齐全的新型工业体系。包头素以"草原钢城"和"稀土之都"著称于世。

内蒙古自治区成立 60 周年以来，特别是改革开放以来，包头市经济社会取得了跨越式发展。近几年，包头市 GDP 年均增长都在 30% 以上，人民群众的生活有了很大的提高。2002 年，包头市获联合国人居奖。2005 年，包头市荣获首批全国文明城市称号和第三届中华环境奖。2006 年，包头市地区生产总值达 1 010.1 亿元，成为自治区第一个生产总值突破千亿元的城市。包头市交通四通八达，通信事业和科教文化事业发展飞速。

包头市还是内蒙古首个拥有百里公交车专用道的城市。2014 年，包头市钢铁大街公交专用道的建设是落实市委、市政府优先发展公共交通战略，缓解交通拥堵，方便市民出行的重要举措；是市委、市政府在党的群众路线教育实践活动中，着力解决联系服务群众"最后一公里"问题的重要举措。6 月 6 日，钢铁大街公交专用道正式启动，这是内蒙古自治区首家全封闭式的公交专用道，可以说是包头交通参与者盼望已久的一条专用道。2009 年市建委就曾召开听证会，全体通过要在拥挤的钢铁大街上建设一条公交专用道，以保证体形庞大的公交车优先通行，但由于种种原因，一直未能实现。5 年之后，在钢铁大街上，一条由绿带隔离的"豪华"公交专用道实实在在出现在了市民面前。2014 年 3 月 20 日，包头市民盼望已久的公交专用道终于开始建设，5 月 16 日全线贯通，具备通车条件，6 月 6 日正式启动。在半个多月的试运行过程中，公交专用道的作用实实在在地体现在了公交的提速上，公交单程时间较以前缩短 10 分钟，正点率进一步提高，公交运营秩序得到根本改善。以此为契机，市公交运输集团购置 90 台新型环保公交车，于 6 月 6 日正式投放于 5 路公交线，替换原有的 88 台公交车辆，致力于打造一条包头市的精品线路，使之成为包头市一道流动的亮丽风景线。

包头市拥有经过绿化的道路 156 条，整洁宽阔的街道、独具特色的广场文化、现代化的新型住宅小区，打造出了特有的"包头城建模式"。包头是目前我国仅有的 7 个"国家森林城市"之一，基本形成了"林中有城，城中有林"的花园景象。特别是位于城中赛汉塔拉的草原生态园和南海子湿地自然保护区是十分难得的绿地和湿地生态系统。城区主要有银河广场、阿尔丁广场、友谊广场、音乐广场等；包头市有包百商业步行街、青山区娜琳商业步行街、东河区太平寺商城、环西市场等主要购物场所。

包头市是欧亚大陆草原文明和黄河流域农业文明的交会地段，旅游资源丰富独特，既有历史文化遗存和自然景观，也有近现代工业所形成的人文景观，有代表原始文明的"阿善遗址"，也有保存完好的赵长城、秦长城、麻池古城、城库伦古城。此外，还有阴山古刹五当召、塞外名寺美岱召等名胜古迹，希拉穆仁草原、九峰山自然保护区、梅力更和石门旅游区等景区也为包头市的旅游增光添彩。

包头市是内蒙古自治区首批"全国优秀旅游城市"。

三、乌海市

乌海市 3A 级景区如表 5-2 所示。

表 5-2　乌海市 3A 级景区

等级	景区名称		
3A 级景区	甘德尔山旅游区	汉森庄园	满巴拉僧庙旅游景区

　　乌海市是内蒙古自治区面积最小的直辖市，总面积仅 0.17 万平方公里。位于内蒙古自治区西南部，东邻鄂尔多斯高原，西接阿拉善草原，南连银川平原，北临河套平原。位于东经 106°36′~107°08′，北纬 39°02′~39°54′。现辖海勃湾、乌达、海南 3 个区。截至 2014 年，总人口 55.42 万人，其中城区人口 43.01 万人，占全市总人口的 93.68%，农区人口 2.9 万人，占全市总人口的 6.32%。共有蒙古族、回族、汉族、满族、达斡尔族、朝鲜族等 40 个民族聚居于此。

　　乌海市地处黄河上游，毗邻宁夏，是华北和西北地区交会处，也是东北、华北通往西北的重要交通枢纽，同时还是"宁蒙陕甘"经济区的结合部和沿黄经济带的中心，是新疆、甘肃、宁夏开发运行的大通道，在国家实施西部大开发战略中占有重要位置。市政府所在的海勃湾区距呼和浩特市 526 公里，距巴彦淖尔市临河区 151 公里，距宁夏回族自治区银川市 150 公里，距鄂尔多斯市东胜区 392 公里，距阿拉善盟巴音浩特镇 188 公里，可充分连通这些城市，区位优势明显。

　　乌海市名的由来还有这样一个小故事。在全国广大的少数民族地区，乌海是唯一的一座新中国成立后通过开发矿业建起的地级工业城市。在酝酿成立乌海市时，最初确定的名字是海乌市，由来是从海勃湾和乌达这两个原来的地名中各取头一个字即海、乌组成，又考虑到市政府所在地将确定在海勃湾，便海字在前，乌字在后，就成了海乌市。当乌海市建市报告呈送到国务院时，周恩来总理看到了报告，当他了解到海勃湾与乌达都是以煤炭生产为主的工矿城市时，便提议新建城市的名字叫乌海市，并说："乌海，乌海，乌金之海嘛!"于是，国务院下达了《国务院关于内蒙古自治区乌达市和海勃湾市合并成立乌海市的批复》，从此，我们这座城市便有了一个由世纪伟人周恩来亲自取定的响亮、雄奇、动听的名字——乌海市，这一天是 1975 年 8 月 30 日。乌海市是中国文联、中国书法家协会评选的"中国书法城"。

　　乌海市有着悠久的历史。汉元朔二年（公元前 127 年），汉武帝击败匈奴楼烦王、白羊王，收复河南地（辖境今巴彦淖尔市乌加河以南、鄂尔多斯高原），在今海勃湾地区设置沃野县，又增设朔方郡。

　　魏晋时，今乌达地区为西部鲜卑所占据，南北朝时为前凉、后凉、北凉所割据。

　　隋朝时期，海勃湾地区属突厥汗之西境，为东突厥游牧地。唐贞观元年（公元 627 年），分天下为十道，绥、银、丰、胜等州属关内道。关内道的灵州是隋朝灵武郡管辖地区，是黄河由南向北的东岸狭长地带，包括今鄂托克旗西部、鄂托克前旗西部及海勃湾地区。

　　宋、辽时期，西北地区兴起的党项族趁宋、辽连年交战之际，据银、夏、绥、宥、静五州之地。宋宝元元年（1038 年），党项族李元昊称帝建立西夏国。今海勃湾地区为西夏灵州之地，乌达地区为西夏贺兰山防区。

元朝，乌海地区为宁夏行省中兴路管辖。

明朝，乌达地区为甘州、肃州二卫的边外地。

清顺治六年（1649 年），清廷将鄂尔多斯地区划为 6 旗，实行盟旗制，海勃湾地区为鄂尔多斯右翼中旗（鄂托克旗）之西北境。清康熙二十六年（1697 年），始设阿拉善和硕特旗。今乌达地区属阿拉善旗管辖。

1950 年 3 月 31 日，成立阿拉善和硕特旗自治区人民政府，隶属宁夏省。1954 年 4 月 25 日，成立宁夏省蒙古自治区，辖阿拉善旗、磴口县。同年 9 月，宁夏省制撤销，自治区改归甘肃省管辖，后又改为甘肃省巴音浩特蒙古自治州。1956 年 4 月 13 日，将巴音浩特蒙古自治州划归内蒙古自治区，改为巴彦淖尔盟，乌达地区仍归巴彦淖尔盟阿拉善旗所辖。

1958 年以后，随着国家对西部煤炭资源的开发，乌达矿务局、卓子山矿务局（1973 年改称海勃湾矿务局）相继成立。1961 年，乌达市、海勃湾市成立，分别归属巴彦淖尔盟和伊克昭盟。根据经济发展的需要，1976 年 1 月 10 日，经国务院批准，两个县级市合并成自治区直辖的乌海市。1979 年 12 月，将 3 个办事处改设为区，同时，将拉僧庙办事处更名为海南区。

乌海市是一座新兴的资源型工业城市。1958 年，随着包兰铁路的开通，乌海的煤炭资源开始大规模开发。1976 年建市以后，特别是改革开放 20 多年来，乌海经济和社会发展迅速，逐步形成了能源、煤化工、建材、冶金四大支柱产业。乌海是我国西北地区重要的煤化工基地，也是国内电石、硅铁等高能产品的重要产地。

近几年，乌海城市建设日新月异，基础设施日臻完善，城市面貌焕然一新。道路由 11 公里发展到了 305 公里，建成了 6 座立交桥和环城公路，建成了万客隆、九鹏、金盘等大型购物中心；修建并改造了人民广场、人民公园等游人休憩场所。

乌海市具有丰富的旅游资源，有三大世界级的旅游资源，一是卓子山岩画群，是新石器至青铜时代北方游牧民族的艺术珍品，分布广、数量多、内容丰富、风格古朴，在国内外岩画界占有很高的地位；二是被学术界称为"活化石"的国家级保护植物四合木；三是拥有亚洲之最，长 40 米、底径 1 米的石炭纪硅化木。

四、赤峰市

赤峰市 4A 级景区、3A 级景区如表 5-3 所示。

表 5-3　赤峰市 4A 级景区、3A 级景区

等级	景区名称					
4A 级景区	克旗阿斯哈图石林	克旗达里诺尔湖	喀旗亲王府	翁旗玉龙沙湖	宁城道须沟	喀旗美林谷
3A 级景区	敖汉温泉城	召庙北五台	道谷南山生态旅游度假区	马鞍山国家森林公园	曼陀山庄	紫蒙湖旅游风景区

赤峰市位于内蒙古自治区东南部、蒙冀辽三省区交会处，与河北承德市、辽宁朝阳市接壤。"赤峰"是蒙古语"乌兰哈达"的汉译，因城区东北部有一座赭红色山峰而得名。位于东经 116°22′~120°59′、北纬 41°17′~45°24′。本市市花为大丽花和玫瑰，市树为油松。全市总面积 9 万平方公里，现辖红山区、元宝山区、松山区、宁城县、林西县、阿鲁科尔沁旗、

巴林左旗、克什克腾旗、翁牛特旗、喀喇沁旗、敖汉旗、巴林右旗等 3 区 7 旗 2 县，有蒙古、汉、回、满等 30 个民族。截至 2014 年，总人口 430.38 万人。

早在 1 万年以前，赤峰地区就有人类生存。新石器时代，繁衍生息在这一带的先民，创造了光辉灿烂的"红山文化"。境内的古文化还有兴隆洼文化、赵宝沟文化、富河文化、小河沿文化等。这些古文化证明赤峰地区的古文化和中原地区一样，是远古中华文明的重要源流之一。

夏、商、周至春秋时期，活动在这一带的主要是东胡族。战国初期，全境属东胡管辖。秦初，南部属燕国和辽西、右北平郡，北部属东胡，后属乌恒。东汉中期到三国前期，全境悉属鲜卑。魏晋南北朝时期，初属鲜卑、后属北朝的后赵、前燕、前秦、后燕、北燕和后魏、东魏、北齐、北周。隋唐时期分别设饶乐都督府和松漠都督府。辽时，契丹族建立了辽王朝，设上京临潢府、中京大定府。金时属北京路。元时属中书省和辽阳行省大宁路、全宁路、应昌路、上都路。明时，初属大宁卫、全宁卫、应昌卫，后属兀良哈三卫。清代，赤峰市大部分地区属昭乌达盟，南部一部分属卓索图盟。民国前期属热河特别区；日伪时期南部属伪热河省，北部属伪兴安西省。

抗日战争胜利后，赤峰境内分别建立了热中、热北、热辽、乌丹 4 个专署，隶属热河省。1949 年 5 月，将克什克腾旗、林西县、阿鲁科尔沁旗、巴林右旗、巴林左旗划归为内蒙古自治区。1955 年 12 月，热河省撤销，又将赤峰县、宁城县、乌丹县、喀喇沁旗、翁牛特旗、敖汉旗划归为内蒙古自治区，并与北部 5 个旗县合并为昭乌达盟。1969 年，昭乌达盟划归辽宁省。1979 年，又划回内蒙古自治区。1983 年 10 月 10 日，经国务院批准，撤盟建市，实行市管县体制。

赤峰经济发展潜力巨大，现已形成以医药、食品、有色金属、能源为主导产业的工业体系，成为自治区东部的工业和农牧业基地。城市基础设施不断完善，城市水平明显提高，城区主要广场是玉龙广场；步行一条街是集商家、博物、文化于一体的休闲、娱乐、购物综合场所，现已成为赤峰市一道亮丽的风景线。近年来，赤峰先后被评为国家卫生城市、全国创建文明村先进市、全国双拥模范城等。敖汉旗被联合国环境规划署授予"全球 500 佳"环境奖。

赤峰市是内蒙古的文物大市，是中华第一龙的故乡。全市发现的各个历史时期文化遗存共有 6 800 余处，占内蒙古自治区发现总数量的近一半。其中重要发现达 160 余处，文物保护单位共 311 处，国家重点文物保护单位 25 处。在翁牛特旗出土的红山文化标志性器物——玉龙，被史学界定为"天下第一龙"。

赤峰市旅游资源丰富，草原、沙漠、森林、温泉等自然资源和红山文化、草原青铜文化、契丹文化、辽文化、蒙古族文化等人文资源富集。赤峰市有国家森林公园 6 处、国家级自然保护区 6 处、地热温泉 3 处。2004 年被评为中国优秀旅游城市。

五、通辽市

通辽市 4A 级、3A 级景区如表 5-4 所示。

表 5-4　通辽市 4A 级景区、3A 级景区

等级	景区名称			
4A 级景区	孝庄园旅游区	大青沟自然保护区	—	—
3A 级景区	宝古图沙漠旅游区	银砂九岛旅游区	奈曼王府	青龙山洼旅游区

　　通辽市原称哲里木盟，位于内蒙古自治区东部。地处松辽平原西端，科尔沁草原腹地，东邻吉林省，西接赤峰市，南依辽宁省，西北和北部分别与锡林郭勒盟、兴安盟为邻，属东北和华北地区的交会处。位于东经119°5′至123°43′，北纬42°15′至45°41′。全市总面积5.9万平方公里。现辖科尔沁区、霍林郭勒市、科尔沁左翼中旗、科尔沁左翼后旗、开鲁县、库伦旗、奈曼旗、扎鲁特旗。2014年年末，全市总人口312.40万人，蒙古族占全市总人口的50%，是全国、全区蒙古族人口最集中的地区。

　　早在5 000多年前，科尔沁草原就已经有人类繁衍生息。大约3 000年前，这里的古代居民已进入阶级社会。夏家店下层文化遗迹和生活器具，证实了通辽土地上的第一代居民是东胡族和山戎族。春秋时期，燕国在今通辽的中南部地区，为防御东胡人入侵，修筑了燕长城。今天，在奈曼旗、库伦旗境内仍清晰可辨其遗迹。秦王朝统一中国后，通辽的中南部地区属辽东郡与辽西郡管辖。

　　西汉初期，匈奴主宰了包括通辽境内的大漠南北广大地区。继之而起的鲜卑和乌桓族相继统治了该地区。南北朝时期，在鲜卑人生活近500年的科尔沁草原上，又兴起了新的民族——契丹。契丹族自4世纪中叶就游牧于西拉木伦河和老哈河流域。在隋唐之际，当时的整个通辽都在以契丹人为地方长官的中原王朝的统一控制之下。各民族经济、文化等方面相互交流的广度和深度，都大大超过以前任何时期，进入一个新的发展阶段。

　　通辽市是蒙古民族的发祥地之一。1206年，成吉思汗统一蒙古各部，建立蒙古帝国，通辽纳入蒙古帝国的版图。到了元朝时期，通辽归辽阳行中书省大宁路管辖。明朝统一蒙古高原后，又属"三卫"所辖之地，大部分属"扶余卫"管辖。16世纪末，努尔哈赤称帝，改国号为"大金"，通辽基本上受大金所控制。清朝崇德元年（1636年）建哲里木盟。1912年中华民国成立以后，哲里木盟10旗归北洋政府管辖，同时受东三省监督和节制。伪满洲国时期（1932—1945年），哲里木盟先后改称兴安南分省、兴安南省、兴安南地区，分别隶属于兴安局、蒙政部、兴安总省。解放战争时期，哲里木盟先后改称哲里木省、哲里木盟，分别隶属于东蒙古人民自治政府、兴安省、辽西省、辽吉省、辽北省。

　　1949年4月，哲里木盟划归内蒙古自治区。1953年3月，哲里木盟建制撤销，所属各旗县市归内蒙古东部区行政公署管辖。1954年4月，内蒙古东部区行政公署撤销，哲里木盟建制恢复，管辖范围与撤销前相同。1969年7月，哲里木盟划归吉林省。1979年7月，哲里木盟复归内蒙古自治区。1999年10月，撤销地级哲里木盟建制，成立地级通辽市。

　　近几年，通辽市为了加快经济发展和社会进步，加强了基础设施建设。城区新建、改建了具有不同功能的大型广场4个，休闲公园2个，绿地游园21处，改造了西拉木伦公园和迎宾广场；完成了明仁大街蓝水灯长廊、西拉木伦大街七彩灯长廊、建国路彩虹桥长廊、和平路槐花灯长廊和新建大街拉链灯长廊等亮化工程；启动了3.26平方公里的森林公园建设工程和奥林匹克体育场建设工程。东方文化广场、室内游泳馆、新世纪大酒店、团结路贸易区、贸易步行街、金街步行街、香港步行街成为通辽市民主要的休闲和购物场所。

　　通辽悠久的历史和优美的自然风光为旅游业发展奠定了基础。历史古迹有先秦时期的燕长城、元代的佛塔、清时的福源寺等；自然旅游资源有草原、绿洲、沙漠以及点缀其间的湖泊、山峰，景色瑰丽。著名的已开发景区包括：有沙漠大峡谷之称的国家级自然保护区大青沟，亚洲最大的沙漠水库莫力庙水库，美丽的珠日河草原旅游区等。作为全国最集中的蒙古族聚居区之一，浓郁的民族风情也是最大的旅游特色。通辽市旅游宾馆、饭店等各类设施齐全。每年一度的赛马节及草原那达幕吸引着众多国内外游客。

六、鄂尔多斯市

鄂尔多斯市5A级、4A级、3A级景区如表5-5所示。

表5-5　鄂尔多斯市5A级、4A级、3A级景区

等级	景区名称				
5A级景区	响沙湾	成吉思汗陵	—	—	—
4A级景区	恩格贝生态旅游区	鄂尔多斯草原旅游区	上海庙大草原欢乐区	布龙湖温泉度假村	准格尔召旅游区
3A级景区	巴图湾旅游区	九城宫生态园	七星湖沙漠生态旅游区	世珍园	—

鄂尔多斯市位于内蒙古自治区西南部，地处鄂尔多斯高原腹地。东、南、西与晋、陕、宁接壤，北及东北与草原钢城包头以及自治区首府呼和浩特隔河相望。位于东经106°42′40″~111°27′20″、北纬37°35′24″~40°5′40″。现辖伊金霍洛旗、达拉特旗、乌审旗、准格尔旗、杭锦旗、鄂托克旗、鄂托克前旗和东胜等8个旗区，总面积8.7万平方公里。2014年年末，总人口203.49万人，是以蒙古族为主体、汉族占多数的地级市。

鄂尔多斯市原为伊克昭盟，"伊克昭"汉意为"大庙"。鄂尔多斯是蒙古语，意为"众多的宫殿"，也译作"八白室"。成吉思汗去世之后，窝阔台汗为了纪念成吉思汗，在哈拉和林建立了纪念宫帐，祭祀成吉思汗的遗物，故为鄂尔多斯。

35 000年以前，"河套人"就在鄂尔多斯市乌审旗境内的萨拉乌素河（又名无定河、红柳河）流域繁衍生息，创造了著名的古代"鄂尔多斯"文化，史称"河套人文化"。成汤灭夏后，鄂尔多斯的西南部被獯鬻统治。商朝建立后，鄂尔多斯西南部被划为鬼方。商朝灭亡之后，周筑城设防，历史上被称为朔方城，在今鄂尔多斯东北部置榆中。公元前5世纪末，今鄂尔多斯东部的准格尔旗一带为魏国行政辖区，名上郡。公元前221年，秦始皇统一中国，在鄂尔多斯设立郡、县。公元前127年，西汉在今鄂尔多斯达拉特旗北部地区设五原郡。公元50年，东汉又将今鄂尔多斯地区分隶于朔方郡、五原郡、云中郡、河西郡、上郡。唐朝建立后，唐太宗于672年将今鄂尔多斯地区划入关内道领属。916年，辽在今准格尔旗、达拉特旗、东胜区、伊金霍洛旗东部地区设振武军，废弃胜州；929年，在今达拉特旗、准格尔旗北部置西南面招讨司（治天德军），下辖富民县、振武县；在今准格尔旗南部及东胜区东部一带设全肃州；在今达拉特旗、准格尔旗东部设东胜州，下辖榆林县、河滨县；在今达拉特旗、准格尔旗北设云内州，下辖柔服县、宁人县。五代十国时期，鄂尔多斯分别被党项羌人、灵武节度使（亦称朔方节度使或灵盐节度使）、振武节度使占领，并延续很长一段时间。明朝在鄂尔多斯南部修筑长城，加设边关。1371年，明朝在今鄂尔多斯南部设察罕脑儿卫，在东胜北部设东胜卫。清顺治六年（1649年），清朝将蒙古族鄂尔多斯部分为6个旗。

1936年10月，在鄂托克旗南部设立中共三段地区工作委员会，后又成立中共伊克昭盟工委。1949年7月7日，伊克昭盟东工委和西工委合并，成立中共伊克昭盟委员会。中华人民共和国成立后，各旗县组建政权，辖7旗1县。1949年11月26日，在札萨克旗召开伊

克昭盟第一次人民代表大会，在新街建立伊克昭盟人民自治政务委员会。1951 年 11 月 10
日，伊克昭盟自治政务委员会改称为伊克昭盟自治区人民政府。2001 年 2 月 26 日，撤销伊
克昭盟，设立地级鄂尔多斯市。

鄂尔多斯交通便利，以包神、大准、准东铁路和 109、210 国道为骨干，组成了四通八
达的陆路交通网，包东高速、东苏高速、新磴高速已建成通车，鄂尔多斯机场、呼准、东乌
铁路和城大、呼鄂高速公路正在建设。"大运输"建设为鄂尔多斯市的发展提供了便捷的交
通运输条件。

改革开放以后，鄂尔多斯市的经济迅速崛起，以煤炭、电力、天然气等为主的新兴产业
成为地区经济的支柱。鄂尔多斯市是自治区经济发展最快的盟市之一，与呼和浩特市、包头
市并驾齐驱，成为带动自治区经济发展的"三驾马车"之一，也是我国中西部地区最具发
展活力的城市之一。近几年，鄂尔多斯市建设发展迅速，街道宽敞、整洁，道路两旁绿树成
荫。东胜区政府广场是市民悠闲游玩的好地方；民生广场是鄂尔多斯主要的商贸中心。

鄂尔多斯市是内蒙古自治区人文和自然景观最为丰富的地区，而且具有鲜明的民族特
色。人文旅游资源主要有"鄂尔多斯人"文化遗址、成吉思汗陵寝、战国时期的秦长城、
藏传佛教寺准格尔等。同时，鄂尔多斯地区作为元朝的皇室封地，其歌舞文化、服饰文化、
饮食文化具有元朝宫廷文化的独特色彩，构成了鄂尔多斯浓郁而独特的民族文化和民族风
情。自然旅游资源主要有响沙湾、库布其沙漠、毛乌素沙地、沙漠绿洲恩格贝、晋蒙黄河大
峡谷。

七、呼伦贝尔市

呼伦贝尔市 4A 级、3A 级景区如表 5-6 所示。

表 5-6　呼伦贝尔市 4A 级、3A 级景区

等级	景区名称		
4A 级景区	呼伦贝尔草原	—	—
3A 级景区	布苏里度假山庄	海拉尔国家森林公园	红花尔基森林公园	呼和若尔草原旅游区
	莫尔道嘎国家森林公园	扎兰屯秀水山庄	中国达斡尔民族园	国门

呼伦贝尔市位于内蒙古自治区东部，地处东经 115°31′~126°04′、北纬 47°05′~53°20′。
全市总面积 26.3 万平方公里，占自治区总面积的 21.4%。本市市花为杜鹃，市树为樟子松。
呼伦贝尔市南部与兴安盟相连，东部以嫩江为界与黑龙江省为邻，北部和西北部以额尔古纳
河为界与俄罗斯接壤，西部和西南部同蒙古国交界。呼伦贝尔市现辖海拉尔区、满洲里市、
扎兰屯市、牙克石市、根河市、额尔古纳市、阿荣旗、莫力达瓦达斡尔族自治旗、鄂伦春自
治旗、鄂温克自治旗、新巴尔虎左旗、新巴尔虎右旗、陈巴尔虎旗等 13 个旗市区。呼伦贝
尔市花为兴安杜鹃，市树为樟子松。2014 年年末，全市总人口数为 252.95 万人。呼伦贝尔
市是多民族聚居区，全市共有 35 个民族。自治区 3 个少数民族自治旗都在呼伦贝尔市，在
全自治区 19 个民族乡（苏木）中，呼伦贝尔市占 14 个。

在两三万年前，古人类——扎赉诺尔人就在呼伦湖一带创造了呼伦贝尔的原始文化。

公元前 209 年，强大起来的匈奴族征服东胡族，统一了北方草原，呼伦贝尔地区属其三
部领地之一的左贤王庭辖地。公元 1 世纪后，拓跋鲜卑族南迁大泽（即呼伦湖），从此开始

了其入主中原的准备。在蒙古族统治时期，成吉思汗将呼伦贝尔草原的大部分地区分封给他的大弟哈撒尔，其余部分分封给他的二弟合赤温·额勒赤及外戚德薛禅家族，岭东地区分封给他的幼弟帖木哥·斡赤斤。元朝创立行省制后，1288 年，诸王封地纳入行省。

清朝建立后，设立呼伦贝尔都统统辖呼伦贝尔地区。由鄂温克、达斡尔、巴尔虎蒙古、鄂伦春人组成的布特哈八旗兵、索伦八旗兵和巴尔虎八旗兵，他们勇猛善战，镇守边疆，为防御沙俄入侵，保障驿站畅通，维护边疆安宁做出了贡献。

民国时期，岭西地区曾于 1912—1920 年实行地方自治，脱离黑龙江省。1920 年后重归黑龙江将军节制，仍设副都统衙门。

东北沦陷时期，岭东为兴安东省，岭西为兴安北省。

1945 年 8 月日本投降，10 月岭西地区建立呼伦贝尔自治省政府，1946 年 10 月改称呼伦贝尔自治政府。1948 年 1 月 1 日改称呼伦贝尔盟，归属内蒙古自治区政府，1945 年 10 月在岭东地区建立纳文慕仁省，1946 年 6 月改称纳文慕仁盟，受兴安省政府领导，1947 年 5 月归属内蒙古自治政府领导。1949 年 4 月，呼伦贝尔盟和纳文慕仁盟合并，称呼伦贝尔纳文慕仁盟，简称呼纳盟。

1953 年 4 月 1 日，成立内蒙古自治区东部行政公署，简称东部行署。1954 年 4 月 30 日，撤销东部区行政公署，将原兴安盟和呼纳盟所辖地区合并，改称呼伦贝尔盟，成立呼伦贝尔盟人民政府。2001 年 10 月 10 日，国务院批准撤销呼伦贝尔盟设立地级呼伦贝尔市，撤销海拉尔市设立海拉尔区。

近年来，呼伦贝尔市通过发展绿色食品产业、乳肉草业和特色旅游业，充分发挥口岸经济的作用，经济快速发展。成吉思汗广场集广场、公园于一体，是居民集会、休闲的最佳去处。

呼伦贝尔市旅游资源丰富，具有 1.25 亿亩的天然优质草原；大兴安岭原始森林有天然林地 2.03 亿亩，森林中有野生动物 400 多种，野生植物 1 000 多种；市辖区的呼伦湖和贝尔湖也是美景之一；呼伦贝尔市与俄罗斯、蒙古国接壤，有长达 1 723 公里的中俄蒙三国边境线。目前开放的口岸城市额尔古纳、满洲里等也成为享誉国内外的旅游城市；呼伦贝尔民俗也极具代表性，目前，除蒙古族外，鄂伦春、鄂温克、达斡尔三个少数民族独特的民族风情也使呼伦贝尔的民俗旅游资源更加丰富。2003 年，该市以海拉尔区为"创优"主体，被评为中国优秀旅游城市。

八、乌兰浩特市

乌兰浩特市 3A 级景区如表 5-7 所示。

表 5-7 乌兰浩特市 3A 级景区

等级	景区名称				
3A 级景区	成吉思汗庙	五一会址	乌兰夫办公旧址	内蒙古自治政府办公楼旧址	王爷庙	古城遗址

乌兰浩特，蒙古语意为"红色的城市"，是新中国第一个少数民族自治区——内蒙古自治区的诞生地。位于东经 119°28′~123°38′、北纬 44°14′~47°39′。全市总面积 0.08 万平方公里。现辖 4 个镇、7 个街道办事处、56 个村（嘎查）、54 个居委会。2005 年总人口 28.68

万人。有蒙古、汉、满、朝鲜、回等 17 个民族，其中蒙古族人口占总人口的 22.5%。

乌兰浩特原名王爷庙，因清代第三代札萨克图郡王鄂齐尔于清康熙三十年（公元 1691 年）在此建家庙而得名。日伪统治时期为伪满兴安总省所在地。1947 年 5 月 1 日，内蒙古自治区人民政府在此成立，同年 12 月，改名为乌兰浩特市。1949 年 12 月，自治区政府西迁。1958 年 7 月，撤销乌兰浩特市建制，并入科右前旗。1969 年 8 月，随科右前旗划归吉林省白城地区管辖。1979 年，随科右前旗划归呼伦贝尔盟。1980 年 7 月，国务院批准恢复乌兰浩特市建制。现在，乌兰浩特市为中共兴安盟委、行署所在地，是全盟政治、经济和文化中心。

自治区成立以来，乌兰浩特市从昔日一个只有 3 万人口的小城镇发展成为拥有 30 万人口的工农并举、多业发展的现代化城市。特别是 1980 年以来，乌兰浩特市经济总量持续扩大，综合经济实力不断提升。2006 年，全市地区生产总值达 418 121 万元，是复建初期 1980 年的 18 倍，26 年间年平均增长 11.8%。目前，乌兰浩特市已经形成电力、化工、绿色农畜产品及制药、冶金建材、烟草六大支柱产业为主的工业发展格局。公路、铁路、航空及城市基础设施建设速度加快。2005 年乌兰浩特市首次跨入中国西部百强县（市）行列。

乌兰浩特市是兴安盟的旅游中心。深厚的蒙古族文化底蕴、悠久的红色革命历史、优美的自然风光共同构筑了旅游业发展的基础。乌兰浩特在"十一五"期间打造了一条蒙古族文化街，充分挖掘蒙古族文化内涵，集中展示乌兰浩特的文化特色。坐落在罕山之巅的全国唯一的成吉思汗庙，壮观雄伟，象征着乌兰浩特市悠久的民族文化和历史。以成吉思汗庙为中心的罕山公园中，建有儿童乐园、民族旅游村、碧波荡漾的敖嫩湖和象征着团结奋进的铜雕八骏马以及乌兰夫办公旧址、五一会址、五一广场、内蒙古民族解放纪念馆等。

九、锡林浩特市

锡林浩特市位于锡林郭勒盟中部，是锡林郭勒盟政治、经济、文化教育和交通中心，素有"草原明珠"的美称。锡林浩特市现辖 7 个城镇街道办事处，1 个镇、2 个苏木、5 个国有农牧场，全市总面积 1.48 万平方公里，总人口 25.2 万人，有蒙古、汉、鄂伦春、鄂温克等 17 个民族。

锡林浩特市的城镇建设和初始发展源于宗教活动。1743 年，著名的贝子庙开始兴建。1946 年，中国共产党在此建立了工作机构和政权机构，领导各族人民开展民主革命。1953 年，贝子庙改名为锡林浩特，1963 年改为阿巴哈纳尔旗，1983 年撤旗设锡林浩特市。

锡林浩特市拥有美丽的草原自然风光、古朴的蒙古族风情以及独特的生产生活方式、众多的文物古迹、悠久的历史文化和宜人的避暑气候，旅游开发潜力巨大。近年来，草原旅游业已经成为三大特色产业之一。在已经开发的众多旅游产品中，有依托草原旅游资源的祭敖包、蒙古族歌舞、服饰表演、体验牧户生产生活等，也有自行车拉力赛、摩托车、汽车越野赛、狩猎、滑冰、滑雪等特种专项旅游项目。蒙古族文化广场位于河西开发区内，是一处规模宏大、内涵丰富、历史真实、艺术精湛、蒙古族风情浓郁的集中反映蒙古族历史文化的新兴人文旅游景区。2000 年锡林浩特市被评为中国优秀旅游城市，成为内蒙古自治区最早获此殊荣的两大城市之一（另一个是包头市）。

十、乌兰察布市

乌兰察布市 4A 级、3A 级景区如表 5-8 所示。

表 5-8　乌兰察布市 4A 级、3A 级景区

等级	景区名称
4A 级景区	格根塔拉草原旅游中心
3A 级景区	黄花沟国家地质公园

乌兰察布市位于内蒙古自治区中部，地处东经 112°02′~114°48′，北纬 40°10′~42°17′。东部与河北省接壤，东北部与锡林郭勒盟相邻，南部与山西省相连，西部与呼和浩特市毗连，北部与蒙古国交界。1 个市辖区、1 个县级市、5 个县、4 个旗，分别是集宁区、丰镇市、卓资县、化德县、商都县、兴和县、凉城县、察哈尔右翼前旗、察哈尔右翼中旗、察哈尔右翼后旗、四子王旗。全市总面积 5.45 万平方公里。2014 年年末，乌兰察布市总人口为 211.71 万人，汉族占多数，其他有回族、壮族、达斡尔族、朝鲜族、鄂温克族、苗族、藏族、维吾尔族等 20 多个少数民族。

乌兰察布市历史悠久，文化源远流长。仰韶时期，这片土地孕育了著名的古子沟文化和老虎山文化。战国时，乌兰察布区域的大部分是赵国和匈奴的领地。秦始皇统一六国后，又在赵地设置云中、代郡、雁门三郡。秦亡后，匈奴乘中原楚汉相争，无暇他顾之机，大举南进，这里大部分地区为匈奴所占据。西汉时，匈奴还在今天的乌兰察布市四子王旗境内，建立了最高的政府机关——中部单于庭。北魏前夕，鲜卑在盛乐（呼市和林格尔土城）定都，建立代政权。隋唐时，突厥又在今和林格尔境内建大利城进行管辖。以后的宋、元、明、清历代，这里都是北方少数民族契丹、女真、瓦剌、蒙古相继生息之地。据《绥远通志》记载，乌兰察布系蒙古语，汉译"红山口"。清天聪六年（公元 1633 年），四子王部落，乌拉特前、中、后三旗，茂明安部落，喀尔喀右翼部落（即达尔罕旗）等六个部落首次会盟于此。1914 年隶属绥远特别区。1949 年，绥远省解放后，将全省调整为四个专员公署、两个盟、一个中心旗、一个省直辖旗。1950 年 4 月，建立乌兰察布盟人民自治政府，隶属绥远省。同年 8 月，改称乌兰察布盟自治区人民政府。1954 年 3 月，改称乌兰察布盟人民政府，归内蒙古自治区人民政府领导。1955 年，改称乌兰察布盟人民委员会。1958 年 4 月，改称乌兰察布盟行政公署。2004 年撤盟改称乌兰察布市。

乌兰察布市是发展绿色食品的大市，绿色食品主要有马铃薯、莜麦、荞麦、大麦等。此外乌兰察布市还是畜牧业大市，牲畜以牛、羊、马为主。工业主要有四大支柱，分别是能源、建材、化工和农畜产品加工业。乌兰察布市政建设突飞猛进，集宁区中心广场是乌兰察布市的主要广场；老虎山是集宁区的重要名胜。

乌兰察布市地域辽阔，自然景观类型多样，民族风情浓郁，历史文化悠久。具备打造以草原民族风情和历史文化旅游为主，集观光、休闲、度假和生态旅游为一体的特色旅游区的基本条件。全市已形成"一个中心、八大区域"的总体布局，旅游业已真正成为涵盖全市 11 个旗县市区的大产业。

"一个中心"是以乌兰察布市政治、经济、文化中心集宁区为旅游发展的中心。"八大区域"分别是凉城环岱海山水风光旅游区，察右中旗辉腾锡勒高山草甸草原旅游区，察右后旗火山岩地貌考古旅游区，四子王旗格根塔拉草原旅游区，兴和县涝沥海人文生态园综合旅游区以及苏木山人造森林旅游区，察右前旗黄旗海、大淖、小淖湖泊旅游景区，红召（九龙湾）山水草原、原始次生森林旅游景区，商都、化德草原生态旅游区。

十一、巴彦淖尔市

巴彦淖尔系蒙古语，意为"富饶的湖泊"，因境内有著名的乌梁素海及众多湖泊而得名。巴彦淖尔市位于内蒙古自治区西部，地理坐标为东经105°12′~109°53′，北纬40°13′~42°28′，东与包头市、乌兰察布市为邻，南与鄂尔多斯市隔河相望，西与阿拉善盟毗连，北与蒙古国接壤。巴彦淖尔市辖临河区、五原县、磴口县、杭锦后旗、乌拉特前旗、乌拉特中旗和乌拉特后旗1区2县4旗。市政府设在临河区。全市总面积6.5万平方公里。2014年年末，总人口167.23万人，有蒙古、汉、回、满、达斡尔等20多个民族。

早在原始社会，巴彦淖尔市境内阴山以北地区就有人类居住。夏商西周至春秋，鬼方、猃狁等民族游牧于此。战国时，赵国云中郡管辖此地。秦时，秦九原郡范围达到阴山南。西汉武帝元朔二年（公元前127年）设五原、朔方二郡。东汉初匈奴南单于分部众屯此地，东汉末年朔方郡、五原郡废。东汉末至十六国，南匈奴等民族游牧于此。北魏，怀朔、沃野二镇在境内有建置。唐初属丰州辖境，后为中、西受降城境域。宋、辽、金、夏，巴彦淖尔地区东境迭次属辽、金国，西境为西夏国属地。元时统归中书省直辖。清朝时期，后套地区属伊克昭盟鄂尔多斯左翼后旗、右翼后旗地。顺治五年（1648年）设置乌拉特前旗、乌拉特中旗、乌拉特后旗（今乌加河以北以东）。清光绪二十九年（1903年）设五原厅。

民国元年五原厅改县。民国三年（1914年）设绥远特别行政区。民国十四年（1925年）设置临河、大余太设治局，民国十六年（1927年）设置磴口县。民国十七年（1928年）绥远特别行政区改设为绥远省。

1949年，绥远和平解放。1956年，甘肃省所辖巴音浩特蒙古自治州和额济纳自治州划回内蒙古自治区，成立巴彦淖尔盟，盟政府驻巴彦浩特市，辖阿拉善旗、额济纳旗、磴口县和巴彦浩特市。1958年，河套行政区、巴彦淖尔盟合并，成立新的巴彦淖尔盟。1984年12月，临河县改设为临河市（县级）。2003年12月1日，国务院批准撤销巴彦淖尔盟和县级临河市，设立巴彦淖尔市和临河区。

巴彦淖尔市交通便利，京包兰铁路、110国道、丹东、北京、拉萨高速公路贯通全境，距乌海市民航机场80公里。直拨电话、电子信息通往世界各地，临河区为市政府所在地。

巴彦淖尔市境内二狼山白山羊很多，驰名中外，享有盛誉。山南是著名的河套平原，俗称自古"黄河百害、唯富一套"，现有耕地面积40多万公顷，拥有我国最大的一首制灌黄河枢纽工程。此外，这里还盛产小麦、玉米、油葵、甜菜、瓜果、药材等，是国家重要的商品粮基地。巴彦淖尔影剧院广场是临河区的主要广场。

巴彦淖尔市拥有众多的历史古迹和具有北方风情的自然景观。有极具考古价值的恐龙化石区和阴山岩画，也有汉墓群、古庙宇、古城池和秦汉长城遗址，更有闻名世界的黄河水利枢纽，还有乌梁素海、乌拉山国家森林公园、乌拉特草原和大沙漠的自然风光。维信国际高尔夫度假村也是旅游休闲的好去处。

第二节　特色旅游城镇

内蒙古的旅游接待体系中包括区域旅游中心城市和特色旅游城镇两类，区域旅游中心是游客的主要集散中心，包括呼和浩特市、包头市、赤峰市等主要旅游城市。特色旅游城镇包括巴彦浩特镇、扎兰屯市、阿尔山市等，这些城镇各具特色、独具魅力，在旅游接待中同样扮演着重要角色。

一、巴彦浩特镇

巴彦浩特镇的 4A 级景区为腾格里沙漠、南寺。

巴彦浩特镇东邻贺兰山，西靠腾格里沙漠边缘，始建于清康熙年间，原名定远营，蒙古语意为"富饶的城"，素有"塞外小北京"之称。它是阿拉善盟政治、经济、文化和旅游服务中心。全镇总面积 5 433.8 平方公里。有蒙古、汉、回、满等 14 个民族，11 万人，辖 4 个街道办事处、16 个社区居委会、7 个牧业嘎查、5 个农业村，驻镇单位 556 个，是一个典型的工农互动、农牧结合、城乡一体的建制城镇。

巴彦浩特镇距离银川市、乌海市等地较近，在呼—包—银经济圈的辐射范围内，有利于与上述地区开展经济技术合作与交流，实现优势互补和经济互动。巴彦浩特镇交通便利，银巴公路、乌巴公路、巴额公路、巴达公路是镇区的主要出口，是阿拉善盟"南连北开"的交通枢纽城镇。

巴彦浩特镇分为新、旧两区，中间地带为生态园景观区。近年来该镇城镇化进程加快，水、电、路、通信等基础设施建设日臻完善。以健康花园、土尔扈特小区为代表的新型住宅小区，新世纪广场、多功能体育场、生态公园及东关村改造、巴彦浩特污水处理厂等基础设施建设，使城镇面貌焕然一新。

巴彦浩特镇历史悠久，民族文化丰富多彩，风土人情绚丽多姿。境内人文景观和自然景观交相辉映，共同构成独特丰富的旅游资源。六世达赖喇嘛灵塔——南寺（现为国家 4A 级旅游景区）与北寺、月亮湖、天鹅湖等生态沙漠旅游景点及镇区内新世纪广场、阿拉善王府、生态公园、王陵公园、奇石一条街、赛马场等人文宗教旅游景点形成了精品旅游环线，茂密的原始森林、浩瀚的沙漠秘境、晶莹的奇石玉器吸引了众多游客观光旅游，成为新的经济增长点。同时，近几年来推出的"农（牧）家游"，以其自成一体的风景和独特的饮食文化深受游客的好评。

2006 年以来，巴彦浩特镇提出全镇未来的工作要突出旅游业的主导地位，以旅游业的发展壮大作为拉动第三产业发展的突破口。倾力打造巴彦浩特镇的中心城镇地位，按照阿拉善民族文化中心、知名边城、绿色产业基地的城市定位，以其特有的历史文化、民族文化为主题，整合原通古淖尔苏木丰富的沙漠、绿洲、湿地旅游资源，构建以"两寺""三湖""百家农牧家游"为重点的生态沙漠旅游主题公园。目前全镇"农（牧）家游"已发展到 28 户，从业人员达 100 多人，建成了阿左旗鑫凯生态旅游公司、宏源山庄等观光农业景点。

二、扎兰屯市

扎兰屯市位于内蒙古自治区东部、呼伦贝尔市南端，背倚大兴安岭，面眺松嫩平原，是呼伦贝尔市对外交流的窗口，地理位置优越。全市总面积 1.69 万平方公里，总人口 43 万人，由 22 个民族构成。

扎兰屯市历史悠久。在距今 7 000 年前的新石器时期，扎兰屯市域内的雅鲁河、绰尔河流域已有人类活动。康熙 30 年（1691 年），清朝在此设立扎兰衙门，扎兰屯市因此而得名。1901 年中东铁路修筑通车后，扎兰屯地区人口渐增，农、工、商各业初露端倪。1932 年伪满洲国在此设立布特哈旗；1947 年 5 月 1 日，由内蒙古自治政府纳文慕仁盟政府领导；1949 年 1 月后布特哈旗为呼纳盟辖区，1969 年划归黑龙江省，1979 年复归内蒙古自治区。1983 年经国务院批准，布特哈旗改建制为扎兰屯市，为县级市。

扎兰屯市产业门类齐全，已初步培植起一批重点骨干企业，育中成药、精制糖、色拉油、低残留农药等产品在国内外市场享有较高声誉。初步形成了农牧结合型经济，粮食生产具备了常年产 4 亿公斤[①]的能力，牲畜过 150 万头（只）。俄罗斯木材、粮食、牲畜、农机等有形市场初具规模，正在逐渐成为大兴安岭东部地区的工商业中心。

扎兰屯市交通便利，是呼伦贝尔境内最大的铁路中转站和货物集散地。旅游资源得天独厚，山水风光以山险、石怪、水秀、林茂、兽奇、鸟异著称，被誉为"北国江南""塞外苏杭"，拥有吊桥、秀水、鹿鸣山庄、柴河、浩饶山等景区，被黑龙江人形象地比喻为"黑龙江省的后花园"。1997 年 10 月，扎兰屯市被列为国家级重点风景名胜区，2004 年被正式批准为中国优秀旅游城市。市内迎宾广场、雀园广场、吊桥公园是居民主要的休闲场所。

近几年，扎兰屯市旅游业发展迅速，依托"国家重点风景名胜区、中国优秀旅游城市和中国特色魅力城市"等品牌，以建设旅游休闲地为目标，发挥旅游业对第三产业的带动作用，并着力打造"中国北疆独具特色的旅游名城"。

三、牙克石市

牙克石市位于呼伦贝尔市中部，东连嫩江流域，与阿荣旗、鄂伦春自治旗接壤；南与扎兰屯市相连；西部与额尔古纳市、陈巴尔虎旗、鄂温克族自治旗相邻；北接根河市。全市总面积 27 590 平方公里，占呼伦贝尔市总面积的 11.11%。

牙克石市辖 12 个镇 6 个街道办事处，全市有人口 43 万人，其中城镇人口 381 万人。有蒙古、汉、回、满、达斡尔、朝鲜、鄂温克、鄂伦春等 25 个民族。

牙克石（满语）意为"要塞"，史称扎敦昂昂。百年前是索伦旗游牧、狩猎的地方，清朝雍正十年在此设立驿站。1901 年中东铁路西线通车。设牙克石车站，1950 年设立喜桂图旗（喜桂图蒙语意为森林），1983 年 10 月 10 日国务院批准撤旗建市（县级）。

牙克石是滨洲、牙林两条铁路干线和国道 301 线的交通枢纽，是通往国内最大的陆路口岸满洲里的必经之路，是大兴安岭林区的政治、经济、文化中心，地理位置十分重要。

牙克石市自然资源丰富。森林总面积为 175 万公顷。市域内栖息着 323 种动物，有驼鹿、梅花鹿等 16 种国家重点保护的动物，堪称天然动物园。有 3 000 多种野生植物。不仅有黄芪、掌参等名贵药材，还有可食用的蘑菇、木耳、猴头、金针菜、蕨菜等山珍，有经济价值的无污染的木本和草本植物 200 多种。野生浆果间绿树青草丛中，红豆、笃斯等是酿造果酒的最佳原料，微量元素含量极高。林地边缘河流两岸还生长着杜鹃、蔷薇、稠李子、山丁子、榛子等数十种灌木。

得天独厚的自然景观给牙克石市旅游业提供了便利条件。林海雪原构成大兴安岭独特的风格。喇嘛山、狩猎场、原始森林、历史战争遗址、滑雪场形成牙克石的旅游优势。凤凰山庄是牙克石最著名的景区，位于市东南郊 8 公里处，有森林别墅、滑雪场、水上乐园、射击场、儿童游乐场、跑马场、野生动物养殖场等七大景区。它是自治区重点旅游开发项目，占

---

① 1 公斤＝1 千克。

地 99 公顷，是集旅游、度假、避暑、滑雪于一体的综合性旅游度假场所。

牙克石市的旅游业是在 20 世纪 90 年代初开始逐步发展起来的，经过近 20 年的不断努力，旅游框架已基本形成。

四、阿尔山市

阿尔山市坐落在大兴安岭之巅，位于锡林郭勒、呼伦贝尔、科尔沁三大草原的交汇处；西北部与蒙古国东方省毗邻；地处东北亚经济圈腹地和中国东北经济区西端出口，是联合国开发计划署规划的东北亚运输主干线的连接点。阿尔山市总面积 7 408.7 平方公里，居住着蒙古、汉、朝鲜、回等 13 个民族，总人口 5.6 万人，辖 5 个镇、3 个街道办事处。

阿尔山全称"哈伦阿尔山"，蒙古语"哈伦"意为"热"，阿尔山意为"圣水"。1956 年阿尔山建镇，属于科尔沁右翼前旗；1992 年建立阿尔山经济开发区；1996 年 6 月 10 日，经国务院批准，设立阿尔山市，是内蒙古自治区最年轻的县级市。

阿尔山市不仅是内蒙古自治区最年轻的城市，还是内蒙古著名的矿泉疗养和旅游休闲胜地。阿尔山人口稀少，原始森林、草原、矿泉资源保护完好，与瑞士风光极为相似。

阿尔山市自然资源丰富，尤其是矿泉资源和旅游资源得天独厚，开发潜力巨大。阿尔山市具有世界罕见的大矿泉群，在温泉街南端的狭长地带有 48 眼矿泉；还有亚洲最大的火山熔岩群落，面积为 200 平方公里的石塘林，堪称古今奇观。地下蕴藏着丰富的地热资源，现已开发利用的项目有温泉洗浴和温泉游泳。阿尔山市境内山川秀美，空气清新，植被完好。现已开发的自然景观主要有天池、地池、石塘林、三潭峡、杜鹃湖、玫瑰峰、樟松岭、哈拉哈河、好森沟风景区、鸡冠山、无底洞等。

阿尔山森林与草原相拥，冰雪与温泉相伴，特别是冰雪与温泉的组合堪称绝配。阿尔山温泉构成疗养度假特色、冰雪构成运动休闲特色、火山构成科考观光特色、气候构成避暑特色，加上阿尔山拥有中蒙国际性季节开放口岸，是三大草原托起的城市，这些资源决定了阿尔山旅游的组合度世界罕见。圣水节和冰雪节是阿尔山的主要旅游节庆活动。

自撤镇建市后，阿尔山遵循"旅游观光、疗养度假、边贸口岸、保健饮料"四位一体的建市方针，确定阿尔山的城市性质为旅游疗养城市，主导产业是旅游疗养业，并提出了"旅游立市、旅游兴市"的口号。阿尔山先后被评为全国文明风景旅游区示范点和国家地质公园、国家级森林公园、中国优秀旅游城市。

五、根河市

根河市地处大兴安岭北段西坡，与鄂伦春旗、额尔古纳市、牙克石市以及黑龙江省漠河县、塔河县毗邻。全市总面积 2 万多平方公里，是中国纬度最高的城市之一，是内蒙古自治区平均气温最低的旗市。

根河蒙古语为葛根高勒，意为"清澈透明的河"。根河市行政区划变革比较频繁，1946 年，经呼伦贝尔自治政府批准，成立了额尔古纳左翼旗公署。1966 年 4 月 1 日，国务院批准撤销额尔古纳旗，设额尔古纳左旗。1994 年 4 月 28 日，经国务院批准撤销额尔古纳左旗，设立根河市。现辖 5 镇 1 乡 3 个办事处。近年来根河市国民经济得到迅速发展，木材采运业和加工业仍然是国民经济的主导产业，形成了以国有林业为主的林区经济。根河市的森林资源居内蒙古自治区之首。主要树种有兴安落叶松、樟子松、白桦、山杨等。境内野生动植物种类繁多，经济价值巨大，如大兴安岭独有的各种鱼类20多种，此外，根河市矿藏资源丰富，已经探明储量的有铅、锌、银、黄金等，其中以铅锌矿储量最大。

根河市地处大兴安岭腹地，具有独特的自然环境和人文环境，旅游资源极为丰富，有满归国家森林公园、狍玛自然保护区、奥克里堆山、鹿鸣山景区、伊克萨玛风光、景观路原始森林风景区等自然景观，也有敖鲁古雅鄂温克独特的民俗景观：敖鲁古雅部落、敖鲁古雅国际生态狩猎部落，具有时尚运动特色的敖鲁古雅滑雪场，还有林业木屋度假村、玉泉生态旅游度假村。根河市立足自身的特色，重点推出森林旅游、冰雪旅游、敖鲁古雅具有民族特点的民俗旅游。

近年来，随着呼伦贝尔旅游区开发的不断深入，根河市作为呼伦贝尔森林旅游的主要地区吸引了不少国内外游客，初步形成了行、住、食、游、购、娱等旅游接待设施，建立了旅游管理机构，城市基础设施逐步齐全，旅游服务逐步走向规范化，旅游业的产业体系已初具规模。2005年，接待国内外游客21万多人次，完成旅游收入13 450万元，全社会旅游营业收入连续5年以年均30%以上速度高速增长。2005年被评为"全国优秀旅游目的地"。

根河市旅游以"特色"和"精品"构筑发展框架，充分利用当地的绿色资源、民俗资源和冰雪资源等，精心打造特色旅游品牌。

六、热水镇

热水镇位于赤峰市宁城县西部、距承德市150公里、距平泉县城50公里，总面积148平方公里。

热水镇是集旅游、疗养、度假、娱乐、休闲于一体的旅游城镇。据史料记载，公元1681年，清朝康熙大帝巡视塞外，出喜峰口绕宁城驻跸八里罕，随臣高士奇看了热水汤泉，即兴挥毫，写下了"夕照西下岭，平楚生荒烟。旌旗散晚猎，万马奔前川。忽看碧草际，一水流潺潺。深涧转澄澈，暖气如沸煎。小坐濯寺缨，云是古汤泉。远听饶吹发，帷幕灯光悬。四望尽螟色，圆月明山巅"的赞美五言诗。

热水镇最为有名的是"热水温泉"。温泉水含有钙、钠、铁、钾等20多种化学元素和人体必需的微量元素。对治疗皮肤病、风湿性关节炎、脊椎炎、腰肌劳损、创伤后遗症、高血压、神经衰弱、消化系统疾病等疗效显著，其中对皮肤病、运动系统疾病有效治愈率达95%以上。

多年来，热水镇充分利用地下热水资源优势，以辽中京遗址内的"大明塔"、黑里河原始次生林森林公园、打虎石水库、喇嘛洞石窟等周边旅游景点为依托，形成优势互补的紧密关系，把热水打造成了适应国内外广大旅客需求的康乐度假旅游区。

热水镇已被建设部列入全国500家小城镇建设的重点城镇之一。

七、达来呼布镇

达来呼布镇位于内蒙古自治区最西端，是阿拉善盟额济纳旗政府所在地，西南与甘肃省相邻、北与蒙古国接壤，是以蒙古族为主体的少数民族边境镇。

额济纳胡杨节已被内蒙古自治区列入"全区三大节庆活动"之一。"神舟六号"的发射成功也提高了当地的知名度。随着旅游业的不断发展，从2001年起，到额旗旅游的人数快速增加，旅游综合收入随之递增。旅游业发展的需求推动了达来呼布镇基础设施建设的迅猛发展。镇区面积进一步扩大，服务功能不断健全，镇区"示范、辐射、窗口、支撑"四大功能得以有效发挥。

八、室韦镇

室韦镇位于呼伦贝尔额尔古纳市北部，额尔古纳河南岸，是我国现行最北部的乡（镇）之一，是国家开放的一类口岸。

室韦镇虽小，但历史久远。史料记载，早在隋、唐时期，蒙兀室韦部落就居住在这里。清光绪三十四年（1908 年），设吉拉林设治局，管理辖境行政事宜；民国九年（1920 年）在这里设置室韦县。19 世纪末，沙俄贵族、资本家进入我国开矿、经商，俄国农民也越境放牧打草，并逐渐定居下来。我国山东、河南、河北"闯关东"的贫困农民也来这里采金、伐木、打猎，许多华俄青年男女结成夫妻，生男育女，逐渐形成了"华俄后裔"。

室韦俄罗斯族民族乡是我国唯一的俄罗斯民族乡，是以我国俄罗斯族和华俄后裔为主体的聚集地，大部分仍保留着较为完好的俄罗斯文化和生活习俗。2005 年，室韦被评为全国十大魅力古镇。

九、满洲里市

满洲里位于内蒙古自治区东北部，呼伦贝尔草原西部，地处中俄蒙三国交界地区，是我国最大的陆路口岸。全市总面积 696 平方公里，居住着蒙古、汉、回、满、俄罗斯、达斡尔、鄂温克等 20 个民族。

满洲里原称"霍勒津布拉格"，蒙古语义为"旺盛的泉水"。1901 年因东清铁路的修建而得名，俄语为"满洲里亚"，音译成汉语变成了"满洲里"。满洲里历史悠久，周、秦时为东胡居地；西汉时为匈奴左贤王庭辖域；东汉、三国、晋时为鲜卑居地；南北朝时先后为柔然、突厥辖地；隋时属于突厥的南室韦居地；唐时为西室居地，于上京道乌古敌烈统军司；金时为塔塔儿居地，受辖于东北路括讨；元时受辖于岭北行省和林路；明时为蒙古人居地，受辖于奴儿干指挥使司斡难河卫海剌儿千户所，清时为蒙古族居地。1734 年后由呼伦贝尔副都统统治；清雍正年间同俄国签订了一系列界约后，开始设官镇守。

1901 年俄国根据《中俄密约》（1896 年）建成和西伯利亚铁路相连的东清铁路，并将进入中国的首站定名满洲里。此后，随着人口的增加，具有了城市雏形。1905 年根据《中日满洲善后条约》以满洲里为商埠，城市规模迅速扩大。1908 年正式设立满洲里海关，逐渐成为陆运口岸名城。1927 年 3 月满洲里建制市级行政单位。1985 年，经内蒙古自治区人民政府批准为准地级市。1992 年 3 月国家批准满洲里市为首批沿边开放城市。

目前，满洲里市以创建全国文明城市为契机全力塑造口岸特色品牌城市形象，在城市环境、城市建设、城市文化等方面都上了一个新台阶，2007 年又获全国魅力城市殊荣。该市是口岸城市，也是融三国文化风情、闻名中外的东亚之窗。该市的建筑就充分体现了口岸城市的特点，有古朴的传统建筑、雕琢精美的欧式建筑和富有时代气息的现代建筑。外环路的建设使满洲里的城区规模扩大到了原来的 3 倍；中俄友好体育、文化、医疗三大中心和俄罗斯艺术馆、现代歌舞剧院、俄语大学、科技馆、鲜卑古墓陈列馆等一大批建筑的建成，使得满洲里的城市个性更加彰显。

满洲里市旅游资源得天独厚，魅力无穷，被誉为"北疆明珠"。东方文化与俄罗斯风情的完美结合，铸就了教堂、水塔、木刻楞、俄罗斯艺术博物馆等充满异国情调的景观；绿草如茵的呼伦贝尔大草原，碧波荡漾的呼伦湖，巍峨耸立的国门，承继远古文明的扎赉诺尔文化，闻名的二卡湿地生态旅游景区，古老神秘的"三少民族"等旅游资源也魅力非凡。俄罗斯艺术馆经过多年的开发和建设更加完善。满洲里市已初步形成了出入境旅游、草原观光旅游、红色旅游、休闲度假旅游和购物旅游并存的多元化旅游产品结构，呈现出边境旅游和国内旅游共同发展、互为补充的格局。2003年该市被国家旅游局命名为中国优秀旅游城市。随着满洲里旅游业的不断发展，旅游设施不断改善，旅游服务水平不断提升。

十、二连浩特市

二连浩特市位于锡林郭勒盟西北部，二连是蒙古语的汉译音，源于市郊额仁达布苏津尔（现译二连盐池）之名。距蒙古国9公里，是全国13个沿边开放城市之一。是我国与蒙古国接壤的唯一一个铁路口岸，也是中国距首都北京最近的陆路口岸，更是中蒙贸易最重要的门户，还是连接中国和俄罗斯、中北亚国家乃至欧洲的枢纽城市和进出口物资集散地。二连浩特市有3个市辖办事处，14个居民委员会，1个国有农场。辖地总面积约450平方公里；全市有蒙古、汉、回、满、朝鲜、达斡尔、鄂温克等9个民族，人口约10万人，其中当地居民约2万人，其余为常驻流动人口。

二连浩特市历史悠久，在战国秦汉时期为匈奴故地。后汉开始有鲜卑人入居，北朝时柔然进入，隋唐时突厥游牧于此，辽时属托洲地，金时为蒙古部落游牧之地，元时属中书省上都路，北元时属察哈尔部苏尼特部托克。清崇德七年（1642年）开始属苏尼特右旗，清嘉庆二十五年（1820年）在二连盐池西北坡设立"伊林"驿站，同治年间（1862—1874年）内地商人带领盐工在此捞盐往返于晋北、张家口一带。民国初年，设立电报局，开通库伦（乌兰巴托）—张家口一线的无线电报和有线电话业务。民国7年（1918年）张家口旅蒙商开办"大成张库汽车公司"，开通张家口至库伦汽车运输线，二连盐池成为这条运输线上的重要站点之一，站名"滂北"。

1956年，中蒙苏国际铁路运线开通，以二连车站为中心的建筑便成为二连浩特的雏形。1956年锡林郭勒公署决定成立二连镇，隶属苏尼特右旗。1957年，内蒙古自治区人民委员会决定将二连升格为准县级，在二连后加浩特，隶属锡林郭勒盟。1966年经国务院批准设市。1969年内蒙古自治区革委会决定，二连浩特市划归乌兰察布盟管辖。1980年重新划回锡林郭勒盟。1985年1月，自治区人民政府决定将二连浩特升格为准地级市，1985年6月，国务院正式批准二连浩特市为甲类开放城市；1992年国务院批准其成为全国13个沿边对外开放城市之一。通信、环保等公共设施齐全。以外贸为龙头的第三产业连续5年占地区生产总值75%以上。第三产业是二连浩特市的支柱产业，其中边贸、旅游、商品流通是发展的重点。

二连浩特市旅游资源十分丰富，主要分为三类：历史遗迹类、城镇类和社会风情类。历史遗迹类旅游资源记载了二连浩特的发展历史，如"伊林"驿站，驿站遗址仍依稀可见，成为二连浩特市因路兴盛的历史佐证；二连盐池，有大面积的恐龙化石；二连浩特市的欧洲建筑风格，市区雄伟的国门，神圣的界碑构成了独特的城镇景观。此外，该市周围为苏尼特牧民的游牧地，对面是蒙古国，因此有着较为丰富的蒙古民族风情资源。主要开发的旅游产品有边境游、跨国游、草原风情游、恐龙之乡游等。目前，该市围绕恐龙遗迹这一稀有资源，先后开发建成了恐龙墓地景区、恐龙博物馆、恐龙广场、恐龙公园等一大批旅游景点和设施。在市区内 208 国道两侧竖立了 48 条形态各异的恐龙雕塑，建成恐龙景观大道，吸引了众多国内外游客，充分展示二连浩特恐龙之乡的文化特色。

二连浩特市是内蒙古自治区重要的旅游接待地。2006 年全年接待海外旅游者达到 51.7 万人次，同比增长 25.6%；接待国内游客 29.2 万人次，同比增长 8.1%，国内旅游创收 2.2 亿元人民币。国内旅客中边境游游客大幅增长，其中扎门乌德市"一日游"、乌兰巴托"多日游"游客居多。

十一、额尔古纳市

额尔古纳市位于内蒙古自治区大兴安岭西北麓，呼伦贝尔草原北端，额尔古纳河右岸，为内蒙古自治区纬度最高的城市。额尔古纳市辖 2 镇 3 乡 1 个街道办事处，分别是黑山头镇、莫尔道嘎镇；三河民族乡、上库力乡、室韦俄罗新民族乡；新城街道办事处。全市总面积 2.8 万平方公里。市内有蒙古、回、俄罗斯、汉等 16 个民族，总人口数在 2005 年年末约为 8.5 万人。

早在隋唐时期，室韦活跃在这里，唐代曾设室韦都督府进行管辖，成吉思汗统一蒙古草原后，对蒙古草原实行"领户分封制"。额尔古纳河、根河流域和呼伦湖，是成吉思汗的二弟合撒儿的领地，黑山头古城就是他们的主要居住地。雍正五年（1727 年）清朝政府在额尔古纳河流域设置了卡伦，管理边务和内政，一直延续到民国。1920 年建室韦县和奇乾设治局，1921 年改奇乾设治局为奇乾县。1933 年，伪满洲国改室韦县和奇乾县为额尔古纳左翼旗和额尔古纳右翼旗。1948 年合为额尔古纳旗，人民政府设在三河镇。1966 年 1 月经国务院批准，撤销额尔古纳旗，分设左右两旗，并将 1961 年划给陈旗的三河、上库力、拉布达林划回额尔古纳右旗。1975 年旗政府迁至拉布达林。1994 年 8 月 8 日，额尔古纳右旗改为额尔古纳市。

历史、人文、生态是额尔古纳市借资源优势打出的旅游王牌。全生态夏季旅游胜地是额尔古纳市的旅游市场定位，经过挖掘、创新已经成为旅游拳头产品，其中骑马游、自驾车游、生态森林游、民俗风情游等一些高端旅游产品每年吸引着众多的国内外游客，极大地提高了额尔古纳旅游的文化品位；代表额尔古纳参加中国最佳魅力名镇评选活动的室韦俄罗斯族民族乡，以其独特的资源优势和文化底蕴获得了中国十佳魅力名镇；同时依托地缘优势，开辟了额尔古纳到俄罗斯的跨国旅游。

近年来，额尔古纳市提出了"奶业立市、旅游兴市、外贸活市"的发展战略，将旅游业列为全市四大支柱产业之一。额尔古纳市大力实施旅游兴市和可持续发展战略，正努力把本市打造成为北方旅游名城、经贸城和文化名市。

十二、策克口岸

策克口岸位于阿拉善盟额济纳旗境内，距蒙古国南戈壁省西柏库伦口岸 35 公里，是众多的中蒙边境口岸之一，属二类陆路口岸。2004 年，策克口岸升级为双边性常年开放口岸，成为我国西北地区连接蒙古国的重要交通枢纽、商贸中心、货物集散地和资源大通道，是继满洲里、二连浩特之后的内蒙古自治区第三大陆路口岸。

随着对外经贸合作的加强，国家加大了口岸建设的力度，策克口岸的基础设施得到了根本改善。与此同时，通过招商引资，策克口岸贸易经济区建设步伐不断加快，已具备了金融、贸易、商业、工业加工、仓储及居住休闲、娱乐等综合城市功能。

策克口岸贸易经济区的基本定位是：以贸易活动为主（煤、金属、日用品、毛皮等），以服务业为主，以手工业、轻工业加工为辅助，具有特色旅游业的新型现代化边境贸易服务区。国门和边防哨所是策克的常规景点。国门距策克口岸20公里左右，哨所就在策克口岸镇边。

现在餐饮旅游业已成为策克口岸另一个新的亮点。策克将继续利用口岸优势，发展跨国境的商贸旅游和观光旅游，并且依托民俗、历史文化、传统文化、自然生态、都市风情等主要旅游资源，重点开发了民俗、历史文化、都市观光、休闲度假、民族风情和文化考古等旅游产品。

第三节　主要旅游线路

一、呼包鄂经济核心旅游圈

本区以呼和浩特市为主中心，以包头市为副中心、鄂尔多斯市为辅助中心，以110、109、210等主要交通干道国道为轴线，按照呼和浩特—包头—东胜—准格尔—呼和浩特，包头—东胜—杭锦旗—乌拉特前旗—包头，呼和浩特—四子王旗—集宁—凉城—和林格尔—呼和浩特这三条核心旅游环线进行布局，开发旅游区内、自治区内和国内的旅游线路，并联结成区域大网络。本区交通发达，有两条高速公路、三条铁路和三个机场。三个中心城市集中了内蒙古自治区大部分的五星级、四星级酒店及大部分国际、国内旅行社。本旅游区是全区旅游设施配套最完善、服务最规范、旅游产品最为成熟的旅游协作区。

优先发展的旅游景区：

本旅游区优先发展的旅游景区共有21个，分布在5个盟市。分别是呼和浩特市宗教历史文化旅游区、大青山生态旅游区、托克托黄河风情旅游区、白石头沟生态旅游区、哈达门生态休闲度假区、哈素海敕勒川文化旅游区、五当召宗教文化旅游区、美岱召—九峰山旅游区、新宝草原文化旅游区、固阳秦长城遗址旅游区、成吉思汗陵旅游区、黄河大峡谷旅游区、响沙湾旅游区、恩格贝沙漠生态旅游区、阿尔寨石窟旅游区、萨拉乌苏文化遗址旅游区、岱海温泉旅游度假区、格根塔拉草原民俗旅游区、乌兰察布辉腾锡勒草原旅游区、乌梁素海生态旅游度假区、三盛公黄河风情旅游区。

呼和浩特市以草原为主题，以"沿城区带、沿大青山带、沿黄河带"为重点，突出古城名胜、民族文化和草原都市等特点优先打造6大旅游区。

沿城区带发展的旅游区主要是呼和浩特宗教历史文化旅游区，此旅游区中包括大召、昭君墓、五塔寺等景区。建设重点是挖掘宗教历史文化、召庙文化、和亲文化，重点实施乌素图召改扩建工程，治理大召等主要景区的周边环境。

沿大青山带分布的优先发展旅游区包括大青山生态旅游区、哈达门生态休闲度假区、哈素海敕勒川文化旅游区和白石头沟生态旅游区。这些旅游景区以良好的生态环境为依托，面向市民休闲旅游市场。开发森林探险、考古和休闲度假类旅游产品。

沿黄河带分布的优先发展旅游区主要是托克托黄河风情旅游区。该旅游区以黄河文化为主题，以发展漂流、沙漠考察、民俗节庆、乡村旅游等为主要目标，成为综合性的休闲度假娱乐区。

包头市优先发展的旅游区主要以开发历史文化观赏、宗教文化观光、草原风情类旅游产品为主。优先发展的固阳秦长城遗址旅游区主打历史类旅游产品。包头市的历代古长城遗址较多，其中固阳秦长城遗址最具开发潜力。五当召宗教文化旅游区、美岱召—九峰山旅游区是宗教文化观光旅游产品的代表，是包头市乃至全区的品牌产品。草原风情旅游产品中优先发展的新宝草原文化旅游区，创建了"草原小姐妹草原情旅游区"品牌。

鄂尔多斯市把成吉思汗陵旅游区、响沙湾旅游区、恩格贝沙漠生态旅游区定位为三大精品工程。成吉思汗陵是内蒙古在全世界范围内拥有唯一性的历史文化资源，是鄂尔多斯市旅游业发展的核心资源。响沙湾旅游区是我国北方距离东部主要客源地最近的沙漠旅游景区。可以利用其区位优势和知名度，开发新的旅游项目，使其成为中国最具特色的沙漠休闲旅游区，同时，扩大恩格贝景区的规模、改善接待设施、增加产品项目，促进景区开发也是未来的工作重点之一。黄河大峡谷旅游区、阿尔寨石窟旅游区、萨拉乌苏文化遗址旅游区也都被列为重点建设工程。

巴彦淖尔市优先发展三盛公黄河风情旅游区和乌梁素海生态旅游度假区，其中三盛公黄河风情旅游区。以三盛公水利枢纽工程为中心，深刻挖掘水利文化和河套文化，目标是成为集观光旅游、休闲度假、水上娱乐、科学于一体的综合性文化旅游区。而乌梁素海生态旅游度假区的发展目标是湿地生态旅游区。

乌兰察布市优先发展的旅游景区有 3 个，分别是岱海温泉旅游度假区、格根塔拉草原民俗旅游区、乌兰察布辉腾锡勒草原旅游区。岱海旅游区重点建设民俗滑雪场及星级宾馆等项目，促进该区域内生态观光、休闲度假、历史和工业旅游的协调发展。格根塔拉草原民俗旅游区的目标是建设成为集观光、民俗体验等为一体的综合性草原风情旅游区。而乌兰察布辉腾锡勒草原旅游区则要建成集生态观赏、风电观光等为一体的综合性高山草甸草原景区。

旅游中心城市：

呼和浩特市是内蒙古自治区的首府，是自治区的政治、经济、文化中心，2006 年被命名为中国历史文化名城，是内蒙古西部的旅游集散地，2003 年被国家旅游局评为中国优秀旅游城市。呼和浩特市已确立"天堂草原、魅力青城"的旅游形象。

包头市是内蒙古第一大城市，也是一座园林城市，城市街道宽阔整洁、绿树成荫，风格各异的城市广场、小区景点比比皆是。目前，全市已建成公园 10 处，街头景点 80 多处，大型绿化广场 17 个，一个花园型城市已初具规模，初步形成"草原休闲之都"的旅游形象。2002 年，包头市被授予联合国最佳人居奖。包头市还是连接中国华北、西北的重要交通枢纽和中国西部重要的邮电通信中心，现已基本形成了铁路、公路、航空综合发展的交通网络格局。

东胜区是鄂尔多斯市政府所在地，是内蒙古西部重要的交通枢纽。东胜区的经济实力强，社会经济综合发展指数在全国百强县（市）中排名 25 位，经济综合实力跨入自治区旗县（区）十强行列。东胜区先后被命名为全国环境综合整治优秀城市、全国卫生先进城市、全国文化先进城市、西部投资环境最佳区和自治区星级文明城市。

二、东北部草原、森林和冰雪旅游区

（一）概况

本区包括呼伦贝尔市、兴安盟和通辽市一部分地区，总面积约 37 万平方公里。以海拉尔区、阿尔山市、科尔沁区和乌兰浩特市为客源组织中心，以东北地区为基本客源市场，形成环东北三省的旅游开发带。这一区域北部与俄罗斯和蒙古国接壤，南部与东北三省相邻。有草原、森林、火山、温泉、河流、湿地、湖泊、冰雪、民俗和口岸等 10 大类旅游资源，适宜发展草原民俗文化、自然生态、边贸、冰雪和温泉度假等旅游产品。

本区沿主要交通通道形成两条旅游发展轴线和一条旅游通道，即沿 301 国道（滨洲铁路）的交通通道，形成哈尔滨—齐齐哈尔—扎兰屯—牙克石—海拉尔—满洲里旅游发展轴线；沿白（白城）—阿（阿尔山）公路和铁路的交通通道，形成长春—白城—乌兰浩特—阿尔山旅游发展轴线，沿京通铁路的旅游通道，以长春、沈阳等东北大城市为客源对象，形成沈阳（或长春）—大青沟—科尔沁区—扎鲁特旗—霍林郭勒市草原生态与沙地生态旅游通道。

（二）优先发展的旅游区

呼伦贝尔市以"呼伦贝尔大草原"为主题，重点开发了草原观光、森林生态观光、冰雪娱乐、水域休闲度假、口岸观光与购物、特殊地质景观与森林生态度假、湿地生态系统观光、历史与文化观光等 8 大类旅游产品。为了形成品牌旅游产品，提高知名度，呼伦贝尔市未来将重点打造 8 大旅游区，即额尔古纳生态旅游区、呼和诺尔草原生态旅游区、呼伦贝尔核心草原旅游区、牙克石凤凰山旅游度假区、阿尔山—柴河旅游区、鄂伦春民俗文化旅游区、尼尔基湖旅游度假区、扎兰屯—阿荣旗旅游区。目标是把这些旅游区建设成为国内一流、国际知名的综合旅游胜地。

兴安盟明确提出了"旅游兴盟"的发展战略，形成以阿尔山为龙头，以乌兰浩特为中心，带动扎赉特旗、科右前旗、科右中旗的全面发展的格局，全力打造"神泉雪城""蒙元文化""红色文化"和"科尔沁文化"四大品牌。为发挥阿尔山的龙头带动作用，兴安盟优先发展阿尔山—柴河旅游区。重点开发森林、温泉、湖泊、火山遗迹、滑雪等旅游产品。

（三）中心节点城市

以海拉尔区为一级旅游中心城市，满洲里、阿尔山、乌兰浩特为二级旅游中心城市。

海拉尔区是本区域的旅游中心城市。该区位于呼伦贝尔草原与大兴安岭森林的结合带，北靠东三省，西与俄罗斯、蒙古国接壤，可以承担起交通枢纽、旅游窗口和服务中心的功能。海拉尔区旅游资源丰富、旅游业较为发达，集中体现"呼伦贝尔，天堂草原"的旅游形象。

满洲里市、阿尔山市、乌兰浩特市作为二级旅游中心城市是旅游区的依托城市和旅游集散中心，承担区域性交通中心和区域性旅游管理中心的功能。

满洲里市是我国最大的陆路口岸城市，是自治区的计划单列市，地处中、俄、蒙三国的交界处，目前已经形成的铁路、公路、航空交通网络把满洲里与俄罗斯、东三省和自治区其他地区联系紧密起来。

乌兰浩特市是进出阿尔山旅游区的中转枢纽和沟通兴安盟与呼伦贝尔市的节点城市。

三、东部草原、民俗与辽文化旅游区

（一）概况

本区包括锡林郭勒盟、赤峰市和通辽市的大部分地区。以草原风光、蒙古族民俗和辽文化为主要旅游资源。典型地质景观是本旅游区特有的旅游资源，具有开发成为旅游佳品的资源潜质。该区重点发展的旅游产品有草原生态观光、休闲度假、自驾车、自然科考、文化考古等。

重点打造锡林浩特—西乌珠穆沁—克什克腾旗—锡林浩特、赤峰红山区—翁牛特—巴林右旗—克什克腾旗—乌兰察布统—红山区两条旅游环线。

（二）优先发展的旅游区

东部草原、民俗与辽文化旅游区将优先发展 15 个重点旅游区，分布在 3 个盟市。

锡林郭勒盟旅游资源丰富，先后推出草原生态游、文化古迹游、民俗风情游、边境游等旅游产品。目前，锡林郭勒盟将自己的特色定位为中国最具特色的草原生态；原汁原味的蒙古民俗风情；最能体现蒙元帝国辉煌历史的元上都遗址；清朝北疆巩固、民族团结的生动历史见证；联系蒙古国与欧洲的国门重镇；京津冀地区最重要的生态屏障；华北避暑旅游胜地。为集中体现这些特色，锡林郭勒盟把全盟划分为三个旅游大区，即中部草原民俗旅游区、北部边境旅游区和南部草原旅游区。优先发展锡林浩特草原文化旅游区、二连—苏尼特边境旅游区、元上都历史文化旅游区等景区。

赤峰市目前已经形成了具有地区特色的草原旅游、沙漠旅游、森林旅游、地质奇观旅游、古迹旅游和民俗旅游的产品结构。未来的发展趋势是提升传统旅游产品的档次，将观光游览向休闲度假的深层次推进。重点建设包括克什克腾旗世界地质公园旅游区、赤峰—辽文化旅游区、喀喇沁—宁城旅游区、翁牛特玉龙沙湖旅游度假区、塞罕乌拉自然生态旅游区和乌兰布统草原度假区在内的 6 大旅游区。

通辽市围绕国道 304 线，依托大青沟、科尔沁区、珠日河草原、霍林郭勒草原等四个核心区域的特色资源，构建"一线四区"的旅游产品体系，以"科尔沁赛马"为主线，开发建设具有通辽特色的"孝庄故里—科尔沁草原文化之旅"旅游热线。第一区是以大青沟为中心的原始森林、沙漠风光、古迹观赏、蒙古族民俗文化旅游度假区域，优先开发的旅游区是大青沟生态休闲旅游区、阿古拉双合尔山民俗旅游区；第二区是以通辽为中心的蒙古族民族风情表演、会议、商贸和娱乐、沙湖疗养度假旅游区域，优先发展科尔沁草原生态旅游区；第三区是以珠日河为中心的蒙古族风情、草原风光旅游度假区域，优先开发珠日河草原文化旅游区；第四区是以扎鲁特、霍林郭勒原始草原为中心的原始草原风光、蒙古族民俗风情旅游度假区域，优先发展霍林郭勒旅游区。

（三）中心节点城市

该线路以北京为一级旅游中心城市，以赤峰市和锡林浩特市为二级旅游中心城市。这一区域紧靠北京、天津等大城市。随着北京、天津地区经济的发展，人们生活水平不断提高，出游已经成为人们生活必不可少的一部分，这就为这个区域提供了大量客源。同时随着 2008 年北京奥运会的举办，世界各地的客流也将在这些城市集中。赤峰市和锡林郭勒盟应重视与这些城市的合作，推出满足客源旅游需求的产品，以使此类大城市的旅游线路向内蒙

古延伸，以期达到分享客源的目的。

四、西部沙漠、宗教文化和地理旅游区

（一）概况

本区包括阿拉善盟、乌海市。特色旅游资源包括宗教寺庙、沙漠景观、丝路遗迹、航天科普、贺兰山和胡杨林景区自然生态景观等。开发的主要旅游产品有沙漠探险旅游、宗教朝圣旅游、丝路访古旅游、生态旅游、航天科普旅游等。

（二）优先发展旅游区

阿拉善盟优先发展的旅游区有以下四个，即腾格里沙漠月亮湖旅游区、贺兰山南寺宗教文化旅游区、额济纳胡杨林生态旅游度假区和阿拉善国家沙漠地质公园。优先发展旅游区的确定与阿拉善盟发展旅游业的整体战略紧密相关。阿拉善盟旅游业的发展目标是成为以观光旅游为基础，度假旅游、生态旅游、文化旅游、民俗旅游为辅助，探险旅游、边境旅游为特色的旅游基地。在旅游产品开发时以农区、草原、森林、沙漠、水体、高原、湖泊为主线，以河套文化、蒙古族乌拉特部落文化、阴山文化为灵魂，以培育精品，打造品牌为发展战略。

乌海市将继续按照"东挂西连"的总体策略，坚持"吃住在乌海，游玩在周边"发展战略，主动将乌海市融入旅游发展大市场中。

五、四条精品旅游线路

在四大旅游区整合开发的基础上，内蒙古自治区重点推出四条精品旅游线路，即呼包鄂、乌兰察布、巴彦淖尔民族文化，民俗风情，草原沙漠游；呼伦贝尔、满洲里、阿尔山草原森林，火山温泉，民族风情游；锡林郭勒、克什克腾、喀喇沁地质奇观，民族文化，草原风情游；阿拉善、乌海大漠秘境、岩画访古、航天科技游。四条精品线路以中心城市为区域旅游集散中心，以铁路、公路和航空线路为骨架，以重点旅游城镇和旅游景区（点）为依托，对线路上的食、行、住、游、购、娱六个要素进行全面整合。

（一）呼—包—鄂乌兰察布巴彦淖尔民族文化、民族风情、草原沙漠游

这条线路是以蒙古族文化、草原、沙漠观光为核心的旅游线路，是内蒙古旅游业最发达的一条线路，也是配套设施最完善的一条旅游线路。这条线上的主要景区有：格根塔拉草原、希拉穆仁草原、昭君墓、五当召、响沙湾、成吉思汗陵、恩格贝等。

围绕着蒙古族文化、草原、沙漠观光这一主题，又推出了三条分线路。

第一条旅游线路以草原、沙漠、民俗风情与历史文化为主要旅游内容，以水域、湖泊和工农业观光旅游等为补充，交通方式以飞机、汽车为主，大部分景区位于公路主干道附近，交通条件较好。

第二条旅游线路是以北京为旅游客源地的大环线，以温带草原、蒙古族文化和中蒙边境风情旅游为主，兼有文物古迹、自然观光和温泉度假游。在交通方面，远途以飞机、火车为主，短途以汽车客运为主，交通方便。

第三条旅游线路以银川市及周边地区为主要客源地，是银川市旅游线路的延长线。旅游内容以民族风情、民族文化与文物古迹旅游为主，兼有草原、湖泊观光旅游，交通方式以汽

车为主，公路状况较好。

（二）呼伦贝尔—满洲里—阿尔山草原森林、火山温泉、民族风情游

这条旅游线路是以呼伦贝尔、满洲里口岸和阿尔山为核心的草原、森林、冰雪、边贸旅游线，是内蒙古最具吸引力的旅游线路。主要旅游景区有：呼伦贝尔草原、大兴安岭森林、阿尔山温泉、额尔古纳界河、边城满洲里等。

目前围绕着草原、森林、冰雪、边贸旅游的主线，已经形成了两条分线路。

第一条是发挥本线路的草原、森林、冰雪、民族风情、温泉度假优势，形成的地跨兴安盟和呼伦贝尔市两个盟市的旅游线路。这条旅游线路把内蒙古东部地区与相邻的吉林省和黑龙江省连接起来，形成了区域协作的态势。

第二条是以发挥内蒙古边境优势为特点，大力发展中、俄、蒙三国边贸旅游的线路。

（三）锡林郭勒—克什克腾—喀喇沁地质奇观、民族文化、草原风情游

这是以草原、蒙古族文化、辽文化、地质奇观、温泉资源为核心的旅游线路，也是内蒙古最具文化魅力的旅游产品。主要景区有：锡林郭勒草原、游牧文化、元上都遗址、辽上京遗址、阿斯哈图石林、喀喇沁清代蒙古王府、热水温泉等。

该旅游线路地跨锡林郭勒盟和赤峰市的主要地带（区），沿线涵盖了两地最精华的旅游景观，而且与承德、围场、丰宁等周边知名旅游区资源互补、道路交通联系便捷，全线都为二级以上公路；集通、锡桑铁路连接了该线路的核心景点和主要城市；拥有锡林浩特和赤峰两个机场，开通了北京至上述两市的航线，方便中外游客的进出，旅游发展条件十分优越。该线路以草原风光、蒙古族民俗为主要资源特色，与北京、承德等城市形成了有效的资源互补，以辽、元、明、清的历史文化为纽带，可以组合成形式多样、内容丰富、特色鲜明的旅游线路，有潜力成为中国北方重要的旅游热线。

第一条分线路以北京为旅游线路起始点，锡林郭勒盟锡林浩特市、赤峰克什克腾旗、赤峰市红区、喀喇沁旗为旅游中心城市和重要的旅游节点，以 G207、G303、G306、G206、省际大通道五条公路为旅游通道，区外在张家口、承德与 G110、G101 两条国道主干公路连接。该线路的旅游主题是草原生态、民族风情、蒙元文化与地质奇观旅游，其核心旅游区是元上都遗址、锡林浩特周边草原、贝子庙、乌珠穆沁草原、阿斯哈图石林、喀喇沁清代蒙古王府、辽中京遗址、大明塔、二连浩特口岸等。

本条线路从北京进入锡林郭勒盟现有两条旅游通道，一条是由张家口沿 G207 线到达太仆寺旗后到锡林浩特；另一条是由河北沿 S304 线到达多伦县后，经正蓝旗到锡林浩特。从承德进入赤峰现有两条通道，一条是沿锦茅一级公路（S206）到达喀喇沁旗后到赤峰，再到克什克腾世界地质公园；另一条是经河北平泉县沿 S306 线到达宁城，而后再到赤峰市区。

第二条分线路以沈阳市为旅游客源的组织中心和旅游线路的起止点，以通辽市科尔沁区、科尔沁左翼后旗、红山区、敖汉旗为旅游中心城市和重要的旅游景点，以 G303、G304、省际大通道、赤（峰）大（板）高速公路四条公路为旅游通道，区外在朝阳、彰武与 G101 和京沈高速公路连接。从通辽科尔沁区又分别向霍林郭勒和乌兰浩特两个方向延伸旅游支线。该线路将通辽市、赤峰市和兴安盟三地的主要旅游景点和旅游城镇连接起来，组成了内容丰富、独特的旅游线路。该分线路的旅游主题是草原生态、辽文化访古与温泉度假旅游，其核心旅游景区是大青沟自然保护区、珠日河草原、辽上京遗址、巴林奇石馆、赛罕乌拉自然保护区、玉龙沙湖、敖汉古人类遗址、五角枫疏林草原等。

这条线路将赤峰、通辽和兴安盟范围内的主要旅游资源连接起来，线路上有沙漠、草原、森林、辽文化遗址等多种旅游景观，资源价值高，组合优势明显；并与邻近的辽宁省各主要旅游城市存在明显的资源互补，可以利用便捷的公路交通，连接组合起跨区域的旅游线路，以加强对东北三省游客的吸引力。全线为黑色路面，路面等级均在二级以上，通达性良好。集通、京通、通霍等铁路将线路的主要城市连接起来，游客可乘火车进出本区域；游客也可以通过通辽、赤峰、乌兰浩特三个机场进入本线路；而且，科左后旗距离沈阳较近，可以依托沈阳机场运送游客，旅游发展条件十分优越。这条线路具备开发草原休闲度假、辽文化访古、自驾车越野的资源基础和交通条件，可以成为中国东北地区草原文化旅游热线。

（四）阿拉善—乌海大漠秘境—岩画访古—航天科技游

阿拉善盟的宗教朝圣、民俗文化、航天科普、沙漠观光旅游线路上集中了腾格里沙漠、额济纳胡杨林、阴山岩画等内蒙古最为神奇的精华旅游产品。这条线路是内蒙古最具发展潜力的线路。线路上旅游资源类型多样、特色突出、景观差异明显，多数旅游资源具有独特性、稀缺性和不可替代性，是全国乃至世界级的旅游精品、绝品。

第一条分线路以银川市、乌海市为旅游起始点，阿拉善盟巴彦浩特为旅游中心城市，以银巴公路、乌巴公路为旅游通道，在银川、乌海与国道（G110）主干公路连接。这条旅游路线涵盖了阿拉善左旗最精华的旅游景观，且距离银川较近，仅110公里，可以充分利用银川完善的交通设施，方便与北京、上海等国内主要旅游客源地联系。同时，与银川旅游区资源互补，有利于形成黄金旅游环线。全线为二级以上公路，有银川和乌海两个机场，旅游发展条件优越，可成为中国西北重要的旅游热线。

该线路包含的人文景观有吉兰泰盐湖、贺兰山狩猎场、北寺、阿拉善王府、延福寺、南寺。自然景观有西部梦幻峡谷、天鹅湖、月亮湖、通湖湿地草原等。

第二条分线路以银川市、酒泉（或嘉峪关）为旅游客源组织中心，以阿拉善左旗和额济纳旗为旅游线路的核心旅游片区。线路上包含了阿拉善大漠秘境、岩画访古与航天科技等核心景观，品位高、特色强，是整个阿拉善旅游线路的主体。银川机场、东风航天城军用机场——鼎新机场可以方便游客的进出。该线路旅游资源丰富、独特，沿线景观多变，人烟稀少，保持着原始自然状态，是越野探险、自驾车旅游、摄影采风的最佳路线。阿拉善盟额济纳旗拥有内蒙古自治区第三大常年开关的策克口岸，与蒙古国南戈壁省西柏库仕口岸相对，2004年过货总量达到200万吨。现在策克口岸已成为我国西北地区连接国内外的一个重要交通枢纽、商贸中心、货物集散地和资源大通道，具备发展边境商贸旅游的条件。该线路涉及的人文景观有：东风航天城（东风烈士陵园、展览馆、发射塔）、黑城遗址、策克口岸、居延文化遗址、北寺、阿拉善王府、延福寺、南寺。自然景观有额济纳河、怪树林、胡杨林、神树、居延海、哈布茨盖怪石林、天鹅湖和月亮湖。

第三条分线路以银川市、酒泉（或嘉峪关）为旅游客源组织中心，以阿拉善左旗和阿拉善右旗为旅游线路的核心区域。这条线路包含了阿拉善盟腾格里、巴丹吉林两大沙漠和贺兰山、雅布赖山两大山脉的精华部分，有沙漠奇观：奇峰、鸣沙、湖泊、神泉、寺庙，山地奇观：森林、峡谷、古寺、岩画景观，更有怪石林：海森楚鲁、哈布茨盖和曼德拉山岩画奇观，旅游资源特色突出、品位高。该线与河西走廊可以组成跨区域的旅游线路，可以增加本线路的旅游内容。但是交通状况却限制了该线路的发展，线路中部分路段为沙石路面，即使是黑色路面的等级也较低，旅游的可进入性较差。在此主体线路的基础上，以银川和兰州为游客组织中心，以穿越腾格里、巴丹吉林沙漠，进行沙漠探险为主题，可以开辟一条分支线路。线路中涉及的主要人文景观有东风航天城（东风烈士陵园、展览馆、发射塔）、曼德拉山岩画、北寺、阿拉善王府、延福寺、南寺。主要的自然景观有海参楚鲁怪石城、红墩子峡谷、巴丹吉林沙漠、雅布赖山、哈布茨盖怪石林、天鹅湖和月亮湖。

参 考 文 献

[1] 内蒙古旅游局. 内蒙古导游基础知识 [M]. 呼和浩特：内蒙古人民出版社，1990.

[2] 乌铁红，郝晓兰. 内蒙古旅游基础知识 [M]. 北京：中国旅游出版社，2015.

[3] 余德辉. 内蒙古旅游 [M]. 呼和浩特：内蒙古人民出版社，2005.

[4] 赵广华. 内蒙古精品旅游线路 [M]. 呼和浩特：远方出版社，2005.

[5] 内蒙古社科院历史所《蒙古族通史》编写组. 蒙古族通史 [M]. 北京：民族出版社，1991.

[6] 卢挺，云珍龙，文鸣. 内蒙古旅游景点博览 [M]. 呼和浩特：内蒙古人民出版社，2001.

[7] 内蒙古旅游局. 内蒙古导游基础知识 [M]. 呼和浩特：内蒙古人民出版社，1990.

[8] 中国科学院地理科学与资源研究所旅游研究与规划设计中心，等. 内蒙古旅游发展总体规划 [M]. 北京：商务印书馆，2004.

[9] 晴帆. 内蒙古 [M]. 北京：中国大百科全书出版社，2003.

[10] 毅松，白海，涂建军. 来自森林草原的人们 [M]. 呼和浩特：内蒙古人民出版社，2003.

[11] 张秀华. 蒙古族生活掠影 [M]. 沈阳：沈阳出版社，2001.

[12] 潘照东，刘俊宝. 内蒙古主要城市由来 [M]. 呼和浩特：内蒙古人民出版社，2003.

[13] 戴贤，云布龙. 中国西部概览——内蒙古卷 [M]. 北京：民族出版社，2000.

[14] 李海峰，李海华. 内蒙古之旅 [M]. 广州：广东出版社，2001.

[15] 王迅，苏赫巴鲁. 蒙古族风俗志（上）[M]. 北京：中央民族学院出版社，1990.

[16] 盖山林文. 中国岩画 [M]. 广州：广东旅游出版社，1996.

[17] 钟敬文. 民俗学概论 [M]. 上海：上海文艺出版社，2009.

[18] 色音，乌云. 内蒙古草原的民俗与旅游 [M]. 北京：旅游教育出版社，1996.

[19] 乌云巴图，格根莎日. 内蒙古旅游文化丛书：蒙古族服饰文化 [M]. 呼和浩特：内蒙古人民出版社，2003.

[20] 莎日娜，乌冉，巴图吉日嘎啦. 内蒙古旅游文化丛书：蒙古族民俗风情 [M]. 呼和浩特：内蒙古人民出版社，2003.